인공지능×메타버스

홍성태

진인진

인공지능×메타버스

초판 1쇄 발행 | 2023년 10월 31일

지은이 | 홍성태
편   집 | 배원일, 김민경
발행인 | 김태진
발행처 | 진인진
등   록 | 제25100-2005-000003호
주   소 | 경기도 과천시 관문로 92, 101동 1818호
전   화 | 02-507-3077-8
팩   스 | 02-507-3079
홈페이지 | http://www.zininzin.co.kr
이메일 | pub@zininzin.co.kr

ⓒ 홍성태 2023
ISBN 978-89-6347-578-3 93300

머리말

1.

1936년 앨런 튜링이 컴퓨터의 원리를 제시하고 7년 뒤인 1943년 영국의 토미 플라워가 독일의 암호를 해독하기 위해 컴퓨터를 설계했다. '콜로서스'(Colossus)라는 이름의 이 컴퓨터는 1970년대에야 그 실체가 밝혀졌는데 최초의 프로그램 가능 전자 디지털 컴퓨터였다. 앨런 튜링은 이 컴퓨터를 이용해서 독일의 암호를 해독했고, 이로써 영국과 연합군은 나치군을 격파하고 이길 수 있었다. 80년이 지난 2023년 현재, 컴퓨터 기술은 놀랍게 발전했다. 오늘날 수많은 사람들이 고성능 컴퓨터를 갖고 다니고 있으며, 언제 어디서나 인터넷에 접속해서 수많은 정보를 소통하고 있다. 인공지능 기술은 이 놀라운 상황을 더욱 더 비약시킬 것이며, 메타버스는 사람들의 소통 방식을 크게 바꾸어 놓을 수 있을 것이다.

정보사회의 개념이 제시된 1960년대에 불과 10여년 뒤에 컴퓨터가 개인용 기계가 될 것이고 계산기를 넘어서 보편적 표현기가 될 것이라고 생각한 전문가는 전혀 없었다. 그러나 1960-70년대에 컴퓨터는 미국과 유럽을 중심으로 이미 세상을 크게 바꾸기 시작했고, 이에 대해 1970년대 말에 프랑스의 연구자들은 '컴퓨터화'로 설명하고 나섰고, 이른바 '탈근대적 조건'도 그 결과로 형성된 것으로 제시되었다. 1990년대 이후 컴퓨터와 인터넷은 세상을 크게 바꾸어 놓았다. 그러나 마셜 맥루한의 주장과 달리, 또한 다니엘 벨의 주장과 달리, 정치와 경제의 구조는 사실 별로 바뀌지 않았다. 정보사회는 여전히 근대적 구조 안에서 탈근대적 현상들이 나타나는 사회인 것이다. 우리가 주의해야 할 것은 거시적 주장이 아니라 기술의 실제적 효과이다.

정보사회론은 컴퓨터 기술을 중심으로 하는 정보기술에 의한 사회의 변화가 어떻게 이루어지고 어디로 나아가고 있는가를 조망하는 데서 큰 역할을 한다. 정보사회론은 정보기술이 초래하는 거대한 사회의 구조와 변동에서 우리가 어디에 위치해 있으며 어떻게 살아야 하는가에 대해 체계적으로 성찰하게 해 준다. 그러나 더 넓고 깊은 성찰을 위해 우리는 '제3의 물결' 같은 주장을 그냥 받아들이는 것이 아니라 그것을 실제로 만드는 기술-사회적 진화 과정에 대해 주목해야 한다. 이렇게 해서 누가 무엇을 어떻게 바꾸고 바꾸지 않는가를 구체적으로 확인해야 한다. 정보사회론은 정보기술의 개발과 이용에 대한 비판적 탐구를 기반으로 정보사회의 변화 방향을 제시해야 한다.

2.
1980년대 초에 '컴퓨터 혁명'이 시작된 것에 이어서 이제 바야흐로 '인공지능 혁명'이 확실히 시작된 것으로 보이기도 한다. 1980년대 초의 '컴퓨터 혁명'은 채 10년도 지나지 않은 1980년대 말에 '인터넷 혁명'으로 이어져서 세상을 크게 바꾸어 놓았다. 컴퓨터는 보편적 정보 처리기로 발전했을 뿐만 아니라 인터넷으로 지구적 실시간 통신기로 변화했다. 그 결과 표현, 학습, 감상, 소통, 관계, 생활, 경제, 정치 등이 실행되는 방식이 모두 크게 바뀌어서 이제 '현대 사회'는 운영의 면에서는 분명히 컴퓨터와 인터넷의 사회로 정의해야 할 상태가 되었다.

지금 컴퓨터와 인터넷은 바야흐로 인공지능의 시대를 열고 있다. 인공지능은 초성능 컴퓨터로서 인터넷에 의해 그 작동이 실질화되고 있다. 2017~22년의 5년 동안 인공지능 기술은 '트랜스포머'(Transformer, 변환기)에서 지피티(GPT, 생성형 선훈련 트랜스포머)로, 다시 챗지피티(ChatGPT, 챗봇형 지피티)로 나아가서 본격적인 대중화의 길로 들어섰다.

여기서 '트랜스포머'는 영화 속의 변신형 로봇이 아니라 콘텐츠를 자동으로 변환하는 컴퓨터 프로그램이다. 이제 인공지능은 검색형에서 생성형으로 빠르게 변모하고 있고, 인류는 놀라운 인공지능의 시대를 실감하고 있다. 앞으로 10년 안에, 아니 5년 안에, 인공지능은 더욱 더 넓고 크게 세상을 바꾸어 놓을 것이다.

그런데 모든 기술은 명과 암을 갖고 있다. 미국의 앨빈 토플러로 대표됐던 주류 정보사회론은 정보사회를 물질적 제약과 정치적 억압에서 해방된 완전한 이상사회처럼 제시했으나 이런 이상사회는 현실에는 결코 있을 수 없는 유토피아일 뿐이다. 1516년 영국의 토마스 모어가 제시한 유토피아라는 말은 u(없다)+topia(땅)로서 '이 세상에 없는 곳'이라는 뜻이다. 우리는 정보기술을 거부할 수 없기에 그 잘못된 개발과 이용을 단호히 거부해야 한다. 기술은 기술-사회적 진화를 통해 사회적 실체로 확립된다. 인류는 인공지능이라는 도구를 올바로 이용하기 위해 올바른 사회적 규제를 실행해야 한다.

1950년에 컴퓨터의 고안자인 영국의 수학자 앨런 튜링은 컴퓨터가 인간과 구별되지 않는 결과를 보인다면 컴퓨터가 인간과 같은 상태에 있는 것으로 봐야 한다는 '튜링 검증'(Turing test)를 제시했다. 이에 대해 1980년에 미국의 철학자 존 썰은 컴퓨터가 중국어를 전혀 몰라도 아는 것처럼 보이는 답을 제시할 수 있다는 것으로 튜링을 반박했다. 튜링의 현상론에 대해 썰의 본질론이 제기된 것이다. 이런 논란을 넘어서 인공지능은 이미 현실의 기술적 실체로 작동되고 있다. 인공지능은 여러 면에서 유용하나 왜곡 문제, 실업 문제, 그리고 실존 문제도 낳고 있다. 우리는 기술-현실론(techno-realism)의 관점에서 인공지능의 위험을 직시하고 적극 대응해야 한다.

3.

인공지능과 메타버스에 대한 과장된 선전을 보노라면, 1990년대 중반의 '사이버스페이스 독립선언'이 떠오른다. 당시 미국의 EFF(Electronic Frontier Foundation, 전자개척지재단)의 존 발로우는 인터넷에 대한 일방적인 규제 강화에 맞서기 위해 이 글을 발표했다. 그 요지는 인터넷을 새로운 공간으로 제시하고 그 독립성을 강력히 주장하는 것이었다. 이런 주장은 1984년에 발표된 윌리엄 깁슨의 사이버펑크 소설 『뉴로맨서』와 깊이 연관되어 있다. 깁슨의 사이버스페이스(cyberspace)는 인공지능과 메타버스에 대한 문화적 상상을 넘어서 기술적 상상을 촉진했다.

그러나 반짝인다고 해서 모두 금은 아니다. 1970년대 하드록을 대표하는 명곡인 레드 제플린(Led Zeppelin)의 'Stairway to Heaven'의 가사는 이 속담으로 시작된다. 그것처럼 보인다고 그것이 아니다. 컴퓨터와 인터넷은 정보 매체로서 새로운 공간이 아니라 새로운 관계를 만든다. 인공지능과 메타버스도 마찬가지이다. 인공지능은 실제 지능이 아니고, 메타버스는 '초월세계'가 아니다. 인공지능은 정보를 극도로 빠르게 처리하는 초성능 컴퓨터이고, 메타버스는 아바타를 조종하는 방식으로 인터넷을 이용하는 것이다. 메타버스는 컴퓨터 기술의 총화로서 인공지능의 발전에 따라 메타버스도 향상될 것이다.

그런데 여기에 두 가지 혼란이 있다. 인공지능은 '의인화'(anthropomorphizing)의 혼란을, 메타버스는 '가상화'(virtualization)의 혼란을 안고 있다. 인공지능은 인간을 만들 수 없고, 메타버스는 공간을 만들 수 없다. 그러나 인공지능과 메타버스는 인간이 세상을 인식하고 이용하는 것에 큰 영향을 미칠 것이다. 특히 인공지능은 초강력 기반기술로서 그 사회적 영향이 빠르게 커질 것이다. 그러나 여기서 문화적 상상과 기술적 실체를 혼동하지 말아야 한다. 인간처럼 보인다고 해서, 공간처럼 보인다고 해서, 정말 그런 것은 아니다. 비틀즈의 'Nowhere man'(어디에도 없는 사람)을 떠올린다.

현실 정보사회는 인공지능으로 어떤 상태가 될 것인가? 인공지능은 메타버스의 활성화를 비롯해서 수많은 기술적 변화를 이끌 수 있다. 그러나 일찍이 노버트 위너가 사이버네틱스(자동조절학)를 제시하며 크게 우려했듯이, 인공지능은 실업을 포함한 인간의 약화라는 문제를 낳을 수 있다. 심지어 많은 전문가들이 인공지능에 의한 인간의 절멸 위험도 제기하고 있다. 인공지능이 실업 유발을 넘어서 무참한 살상 도구로 쓰이고 아예 인간 절멸을 야기할 수 있다는 것이다. 인공지능은 그야말로 극단적인 '오작동'의 문제를 안고 있다. 우리는 '인공지능의 아버지' 제프리 힌튼의 우려를 잊지 말아야 한다.

4.

인공지능은 민주주의의 중요성을 더욱 더 강력히 제기하고 있다. 소수가 과학기술의 개발과 이용을 지배하게 되면, 다수는 그 조작 대상으로 전락하기 십상이다. 민주화는 시대의 변화에 따라 계속 갱신되는 영속적 과정이다. 인공지능의 민주적 관리는 '민주화의 민주화'에서 가장 중요한 과제가 되었다. 인공지능은 파멸적인 '인류세'의 문제도 급속히 악화시킬 수 있다. 이와 관련해서 EU와 UN의 노력을 중심으로 모든 국가에서 활발한 논의와 개혁이 실행돼야 한다.

이 책은 1부와 2부로 되어 있다. 1부는 인공지능에 대해 사회적 이해를 중심으로 정리한 것이고, 2부는 메타버스에 대해 문화적 이해를 중심으로 정리한 것이다. 둘은 내용적으로 연결될 수 있으나 사실 독립적으로 작성됐다. 인공지능의 영향은 빠르게 커질 것이고, 이와 함께 메타버스도 더욱 더 확산될 수 있다. 한편에서 새로운 기대가 여름날 거대한 뭉게구름처럼 부풀고 있고, 다른 한편에서 새로운 우려가 초대형 태풍을 지켜보는 것처럼 커지고 있다. 과학-기술의 힘이 그야말로 극대화되는 특이점의 상황에서 '인간을 위한 과학', '인간의 위한 기술'의 중요성을 다시 새기지 않을 수 없다.

이 책은 작년(2022년)에 진인진 출판사에서 출판한 『디지털 문화의 세계』와 짝을 이루는 '후편'이라고 할 수 있다. 나는 두 책을 '디지털 문화의 세계'라는 과목의 '교재'로 구상했으나 여기서 나아가 일반적인 교양서로 읽히는 것을 염두에 두고 썼다. 『인공지능×메타버스』의 초고는 봄에 마무리되었으나 여러 사정으로 이제 출판하게 되었다. 진인진 출판사의 노고에 깊은 감사의 인사를 전한다. 아무쪼록 이 책이 기대와 우려가 크게 엇갈리고 있는 인공지능의 시대에 현실 정보사회의 올바른 이해와 발전에 이바지할 수 있기를 바란다.

2023년 10월 15일
비봉 아래 은민재에서
홍성태

차례

머리말   3

1부   인공지능의 사회적 이해   13
       – 멋진 신세계 –

여는 글   17

1장   현실 정보사회의 관점   19
    1. 정보사회의 형성   19
    2. 현실 정보사회의 전개   22

2장   ChatGPT 열풍   27
    1. ChatGPT의 등장   27
    2. 챗지피티의 전망   30
    3. 챗지피티의 문제   33

3장   인공지능의 역사   37
    1. 인공지능의 탄생   37
    2. 지능은 무엇인가?   42
    3. 인공지능의 전개   47

4장   인공지능의 현재   55
    1. 인공지능의 기초   55
    2. 인공지능의 기초   60
    3. 인공지능의 실상   67

5장 인공지능의 기초　　　　　　　　　　　　　　　73
　1. 인공지능 사회　　　　　　　　　　　　　　　　73
　2. 기술적 문제　　　　　　　　　　　　　　　　　76
　3. 인간적 문제　　　　　　　　　　　　　　　　　81
　4. 사회적 문제　　　　　　　　　　　　　　　　　86
　5. 생태적 문제　　　　　　　　　　　　　　　　　90

6장 정보 위험사회　　　　　　　　　　　　　　　95
　1. 정보 위험사회의 현실　　　　　　　　　　　　　95
　2. 윤리적 대응　　　　　　　　　　　　　　　　　100
　3. 법률적 대응　　　　　　　　　　　　　　　　　104
　4. 한국의 상황　　　　　　　　　　　　　　　　　109

맺음말　　　　　　　　　　　　　　　　　　　　　117

부록　　　　　　　　　　　　　　　　　　　　　　127
　1. '아실로마 인공지능 원칙들'　　　　　　　　　　127
　2. '거대 인공지능의 실험을 중단하라: 공개 편지'　　131
　3. AI Index Report 2023의 'AI 개발의 10대 핵심 사항'　133

참고자료　　　　　　　　　　　　　　　　　　　　136

2부 메타버스의 문화적 이해　　　　　　　　　　 145
　　　　　－ 디지컬 융합 －

여는 글　　　　　　　　　　　　　　　　　　　　149

1장 메타버스　　　　　　　　　　　　　　　　　153
　1. 메타버스는 무엇인가?　　　　　　　　　　　　153

2.	스노우 크래쉬	156
3.	메타는 무슨 뜻인가?	164
4.	메타버스의 전개	167
5.	메타버스의 전망	173

2장   사이버공간   181
1. 사이버공간   181
2. 사이버네틱스   187
3. 사이버휴먼   192

3장   가상현실   197
1. 가상현실 기술   197
2. 가상현실의 의미   200
3. 가상현실의 실체   203
4. 가상현실과 인간   206

4장   디지컬 융합   209
1. 디지컬 융합   209
2. 블록체인   214
3. 인공지능   217

맺음말   221

참고자료   226

주   231

1부
인공지능의 사회적 이해
- 멋진 신세계 -

인공지능의 개발은 마이크로프로세서, 개인용 컴퓨터, 인터넷, 휴대전화 등의 제작과 같이 근본적인 것이다. 그것은 사람들이 일하고, 배우고, 여행하고, 건강을 돌보고, 서로 소통하는 방법을 바꿀 것이다. 모든 산업들이 그것을 중심으로 재정립될 것이다. 사업들은 그것을 얼마나 잘 사용하는가에 따라 달라질 것이다.

— 빌 게이츠, 2023

인공지능은 환상적인 기술이다. 그것은 제약에서, 신물질의 개발에서, 지진이나 홍수의 예측에서 커다란 진전을 이루고 있다. 그러나 우리는 인공지능을 채우는 방법에 대해 알기 위해 많은 노력을 기울일 필요가 있다. 인공지능이 우리보다 똑똑해지는 것을 기다려서는 안 된다. 우리는 그것을 통제하며 개발해야 한다. 우리는 그것을 채우는 방법을, 부정적인 결과를 피하는 방법을 이해해야 한다.

— 제프리 힌튼, 2023

인공지능은 인류에게 심각한 해를 끼칠 수 있다. 나는 이 기술이 잘못되면 아주 심하게 잘못될 수 있다고 생각한다. 지피티-4는 비슷한 성능의 다른 어떤 모델보다 도움이 되고 믿을 수 있게 응답하고 유해한 요청들을 거부하는 경향을 더 많이 보이고 있다. 그러나 우리는 갈수록 강력해지는 모델들의 위험을 경감하기 위해 정부의 규제적 개입이 결정적으로 중요하다고 생각한다.

— 샘 알트만, 2023

여는 글

'인공지능'은 세상을 어떻게 바꾸게 될까? '인공지능'은 과연 세상을 편리하고 풍요롭게 만들까? 기술에 대한 숱한 논란들이 항용 그렇듯이 '인공지능'에 대해서도 낙관론과 비관론, 이상론과 절망론이 강력히 엇갈린다. 테크노토피아(techno-topia, 기술-낙원)와 테크노디스토피아(techno-dystopia, 기술-지옥)가 선명히 대비된다. 그런데 이런 선명한 대비는 사실 현실의 양극단에 해당되는 것이다. 현실은 양극단의 사이에서 넓게 퍼져 있다. 기술-현실론(techno-realism)의 관점에서, 우리는 기술의 실제 상태에 주의하고, 그 올바른 활용을 위해 애써야 한다.

인간의 생존에서 기술은 본질적인 역할을 한다. 일찍이 블레즈 파스칼이 말했듯이, 자연에서 인간은 한 줌의 증기로도 죽일 수 있는 약한 존재이나, 뛰어난 생각하는 능력으로 자연의 패자가 되었다. 파스칼은 그 뛰어난 두뇌로 아버지를 위해 단순한 자동계산기를 만들었고, 그렇게 '생각하는 기계'를 향한 인간의 오딧세이가 시작되었다. 인간은 뛰어난 두뇌로 온갖 기술을 개발해서 번영을 구가하게 되었고, 마침내 자신의 뛰어난 두뇌를 모방한 기술의 개발에 이르게 된 것이다.

사실 '인공지능'의 기술적-물리적 실체는 초성능 컴퓨터(hyper-computer)이다. 컴퓨터는 본래 계산기를 뜻하지만 인간은 컴퓨터를 보편적 표현기로 만들었다. 컴퓨터는 인간이 지각하고 생각하는 모든 것을 시각과 청각의 정보 형태로 처리할 수 있다. 여기서 더 나아가 컴퓨터는 동력 기계들을 작동시켜 세상을 직접 운영할 수 있다. 이미 컴퓨터는 세상의 온갖 기계들을 움직이고 있다. 그 최고의 단계가 바로 '인공지능'이다. '인공지능'은 인간의 두뇌를 모방한 것이나 인간의 두뇌를 훨씬 넘어선 능력을 갖는다. 이로써 우리는 더 큰 복리를 누리게 될 것인가?

2022년 11월에 챗지피티(ChatGPT)라는 챗봇(chatbot)이 공개되어 '인공지능'에 대한 기대와 우려는 새로운 단계에 들어서게 되었다. 챗지피티는 여전히 '강 인공지능'과는 거리가 먼 것이지만 고도의 '약 인공지능'으로서 놀라운 성능을 보여줬고, 세계 어디서든 누구나 인터넷으로 접속해서 쉽게 이용할 수 있게 해서 그야말로 '인공지능의 대중화'를 이루었다. 이제 '인공지능'은 미래의 것이나 멀리 있는 게 아니라 바로 지금 여기에 있는 것이라는 사실이 더욱 더 분명해졌다. '인공지능'은 벌써 우리의 생활을 바꾸고 있다. 그러나 여기에는 상당한 혼란도 있다.

여기서는 사회학의 관점에서 '인공지능'의 과거, 현재, 미래에 대해 살펴본다. '인공지능'은 개인의 산물이 아니고 개인의 도구가 아니다. 그것은 사회적 산물이자 사회적 도구이다. '인공지능'의 사회적 영향력은 엄청날 것이고, 그로 인한 개인의 변화도 엄청날 것이다. 인간은 사회적 동물이고, 인간은 수많은 사회적 산물을 이용해서 살아간다. 우리는 '인공지능'을 기술과 인간의 관점에 앞서서 기술과 사회의 관점을 통해 파악해야 한다. 이를 위해서 더 넓은 '디지털 문화'의 맥락에서 '인공지능'을 이해하고, 그 이용과 영향에 대한 사회적 대응을 촉진해야 한다.

'인공지능'은 과연 어떤 사회를 만들 것인가? '인공지능'으로 인류는 더욱 자유롭고 풍요롭고 안전한 세상을 만들게 될 것인가? '인류세'의 문제가 더욱 악화되어 인류는 절멸되고 '인공지능'이 지구를 장악하게 될 것인가? 우리는 '인공지능'이 초래할 수 있는 인류의 존망에 관한 '실존적 위험'을 직시하고 '인공지능'을 개발하고 이용해야 한다. 이를 위한 유엔 차원의 노력이 이미 절박한 과제가 된 상태이다. 모든 기술은 양면성의 위험을 갖고 있지만 '인공지능'은 그 정도가 너무나 크다. EU의 '인공지능법'이 잘 보여주듯이, 인류는 자신의 존엄성을 지키기 위해 이 사실을 올바로 인식해야 한다.

1장   현실 정보사회의 관점

1. 정보사회의 형성

컴퓨터는 세상을 어떻게 바꾸었고 바꾸고 있나? 사실 이 질문에 대한 답은 적어도 2차 대전까지 거슬러 올라가야 한다.[1] 19세기 말-20세기 초에 형성되기 시작한 양자역학과 전자공학은 1차 대전과 2차 대전을 거치며 비약적인 발전을 이루었다. 그 결과 라디오, 텔레비전, 컴퓨터 등의 3대 전자 정보기술이 나타나게 되었다. 이로부터 나타난 변화를 총칭하기 위해 널리 사용하게 된 말이 바로 information[2]이었다. 이 영어를 일본에서 정보(情報)로 번역[3]해서 우리도 그렇게 쓰게 되었다.

1950-70년대에는 컴퓨터보다는 라디오와 텔레비전의 영향이 훨씬 더 컸는데, 두 기계를 통해 듣고 보게 되는 수많은 내용들을 정보로 총칭하게 되었다. 사실 1950-60년대는 신문과 잡지의 폭증이 더 중요했다. 이렇게 전통적인 인쇄매체에 새로운 방송매체가 가세해서 이전에 비해 훨씬 더 많은 다양한 내용들이 유포됐다. 1950년대 미국에서 이런 변화를 가리켜서 'information explosion'(정보 폭발)이라는 말이 널리 퍼졌다. 이렇게 information이라는 말이 널리 쓰이게 됐으나, 사실 그 시작은 information theory이다.

The Information Theory는 클로드 셰넌(Claude Shannon, 1916~2001)이 1948년에 발표한 '수학적 통신 이론'[4]의 다른 이름이다. 이것이 '통신 이론'이 아니라 '정보 이론'이 된 것은 정보의 개념을 새롭게 제기해서 통신을 설명했기 때문이다.[5] 이전에 통신은 매체(media, 전달 도구)와 전언(message, 전달 내용)으로 설명되었다. 셰넌은 위너와 마찬가지로 전언의 핵심을 정보로 파악했고, 그것을 양적으로 정확히 측정[6]해서 통신 기술의 기초를 확립했다. 이로써 정보라는 말이 전기-전자 기술의 핵심이 되었다.

셰넌은 1945년에 쓴 암호 기술 논문에서 information theory라는 말을 처음으로 썼으나 1948년의 역사적인 논문이 발표되고 나서 이 말이 널리 퍼지게 되었다.[7] 그 뒤 1958년에 information technology(IT, 정보 기술)라는 말이 제기됐다. 이 말은 컴퓨터와 관련된 기술을 통칭하게 되었다. 이어서 정보 기술과 통신 기술은 정보의 처리와 전달에 관한 전기-전자 기술로서 긴밀히 연결되어 있기에 정보통신 기술(ICT, information and communication technology)로 통합되어 불리게 되었다.

전기-전자 기술을 바탕으로 해서 통신 기술의 발달과 함께 계산 기술의 발달이 이루어졌다. 통신 기술은 방송 기술로 확대되었고, 계산 기술은 보편 정보처리 기술로 확대되었다. 이것은 오늘날 우리가 사용하는 컴퓨터 기술을 뜻한다. 컴퓨터는 본래 '계산수'(計算手, 계산하는 사람)를 뜻했지만, 앨런 튜링이 'a-machine'으로 제시한 대로, 인간이 알고리즘을 작성할 수 있는 모든 것을 처리하는 기계로 변모했다.[8] 정보 개념을 통해 컴퓨터는 단순한 계산 기계에서 보편 정보처리 기계로 바뀌었다.[9]

이렇게 정보 이론과 정보 기술을 배경으로 정보 경제(information economy), 정보 사회(information society) 등의 용어가 1960년대에 서구에서 널리 퍼지게 되었다. 그런데 여기에는 일본의 영향이 크게 작용했다. 1960년대에 일본에서 정보 산업, 정보 사회, 정보화 사회 등의 말이 만들어져서 서구로 퍼졌던 것이다. 1979년에 미국의 사회학자 다니엘 벨이 기존에 쓰던 '탈공업 사회'(post-industrial society)를 '정보 사회'로 제시하고 나서서 '정보 사회'는 정보 기술의 발달에 따른 시대적 변화를 대표하는 말로 굳어졌다.

표 1 컴퓨터 관련 주요 용어와 이론의 등장

a-machine, 1936년
cybernetics, 1948년

information theory, 1945/48년
information explosion, 1955년
artificial intelligence, 1955년
information technology, 1958년

post-industrial society, 1962년
knowledge industry, 1962년
information revolution, 1966년
knowledge society, 1969년
information economy, 1960년대
information society, 1960년대
information age, 1978년
informatization, 1978년[10]
the third wave, 1980년
cyberspace, 1984년
virtual reality, 1987년
network society, 1990년대 후반

情報産業, 1963년
情報社会, 1968년
情報化社会, 1969년

2. 현실 정보사회의 전개

현실 정보사회(real information society)의 관점은 주류 정보사회론과 비판 정보사회론의 대립을 넘어서는 것이다. 현실 정보사회론은, 전자가 강조하는 과학기술의 가치를 인정하되 성급한 낙관론을 거부하고, 후자가 강조하는 사회적 위험에 주의하되 과도한 비관론을 거부한다. 현실 정보사회는 민주사회이고 공업사회이고 자본사회이다. 이 현실을 직시해야 한다. 우리는 현실에서 정보기술이 어떻게 개발되고 사용되고 있는가를 차분히 살피고, 그것을 올바로 사용하기 위해 필요한 제도의 구현을 위해 노력해야 한다. 기술은 원동력이고, 제도는 그 사용법이다. 현실은 제도를 통해 기술을 운용한다.

정보사회는 정보기술이 널리 사용되어 형성된 사회를 뜻한다. 정보기술은 정보처리 기술과 정보전달 기술로 크게 나뉜다. 전자는 컴퓨터 기술을, 후자는 통신기술을 가리킨다. 정보기술의 대중화로 세계는 크게 바뀌었다. 컴퓨터는 복잡한 계산을 아주 빠르게 처리해서 사회의 운영을 극히 효율적으로 만들었고, 통신기술은 이미 오래 전에 세계를 실시간으로 연결해서 '지구촌'을 만들었다.[11] 이렇게 놀라운 정보기술을 통해 극히 편리하고 풍요로운 이상향이 만들어진다는 낙관론이 널리 퍼졌다.

정보사회라는 말은 1960년대에 만들어져서 1970년대에 널리 퍼지게 된 것이지만 관련된 기술의 발달로 사회가 큰 변화를 겪게 될 것이라는 전망은 이미 1940년대부터 적극 제기되기 시작했다. 특히 배니바 부시(Vannevar Bush, 1890~1974)와 노버트 위너(Norbert Wiener, 1894~1964)의 전망에 주의할 필요가 있다. 부시의 전망이 과학기술의 발달로 인터넷과 비슷한 기술을 개발해서 민주주의가 증진되는 낙관적인 것이라면, 위너의 전망은 과학기술로 제작된 자동기계가 인간의 노예화를 야기할 수 있는 위험을 경고하는 비판적인 것이었다. 두 전망은 여전히 강한 현재성을 갖고 있다.

부시는 아날로그 컴퓨터의 개발을 주도한 공학자로서 클로드 셰넌의 지도교수였으며, 2차 대전 때 핵폭탄 개발을 포함해서 미국의 과학기술 정책을 총괄한 행정가였다. 그는 2차 대전의 종전 직전인 1945년 7월에 '우리가 생각하는 대로'라는 글을 발표해서 오늘날 인터넷과 비슷한 기술의 개발을 제시했다. 한편 위너는 뛰어난 수학자로서 정보의 개념을 중심으로 동물과 기계의 유사성을 제기하고, 인간과 유사한 기계를 만들 수 있는 기술적 가능성을 수학적으로 제시했다. 위너는 이런 목표를 추구하는 새로운 학문을 제창하고 이것을 '사이버네틱스'(cybernetics, 사이버네틱학, 자동조절학)로 불렀다(홍성태, 2022).

1950-60년대를 주도한 것은 부시의 전망이었다. 물론 위너의 비판적인 전망도 지속되었지만 그것은 부차적인 것이었다. 사이버네틱스는 사회적 차원과 기술적 차원의 둘로 나뉘었고, 전자는 '체계 이론'이라는 기계적 사회론으로, 후자는 '인공지능'의 개발로 이어졌다. 과학기술의 위험에 저항하며 자연으로 돌아가려 했던 히피의 발흥도 있었으나 당연히 과학기술을 이길 수 없었다. 미국과 소련의 대립에 의한 냉전은 과학기술을 더욱 더 강화했다. 과학기술은 인류가 만든 최고의 생산력이자 살상력이기 때문이다. 결국 1970-80년대는 주류 정보사회론의 시대가 되었다.

정보사회론은 크게 주류 정보사회론과 비판 정보사회론의 둘로 나뉜다. 전자는 기술-낙관론에, 후자는 기술-비관론에 가깝다. 주류 정보사회론은 미국의 사회학자 다니엘 벨(Daniel Bell, 1919~2011)을 최고 이론가로, 미국의 미래사회론자 앨빈 토플러(Alvin Toffler, 1928~2016)를 최고 선전가로 해서 정보기술을 핵심으로 하는 과학기술이 결국 세계를 더욱 좋은 곳으로 만들 것이라는 생각을 널리 퍼트렸다.[12] 1970-80년대를 지나며 컴퓨터 기술의 놀라운 발전으로 주류 정보사회론은 지구적 차원에서 강력한 상식으로 확립되는 양상을 보이게 되었다.

1990년대에 들어서며 주류 정보사회론은 완전한 승리를 거둔 것 같았다. 1991년에 소련의 해체로 사회주의는 대거 몰락했고, 정보기술은 인터넷으로 지구촌을 더욱 더 강화했다. 이런 시대적 상황을 배경으로 '디지털 되기'(being digital)가 최고의 과제로 제시되었다. 주류 정보사회론의 기본인 '물질 폐위'론의 총화로서 '디지털 되기'론은 '아톰에서 비트로'라는 구호로 인류가 물질적 구속에서 벗어나서 완전한 테크노토피아를 이룰 것으로 선전했다.[13] 이런 식으로 정보기술의 활용이 성공과 풍요의 결정요인으로 여겨지게 되었다. 오늘날 주류 정보사회론은 너무나 널리 퍼져 있는 상태이다.

정보기술은 굉장한 능력을 갖고 있다. 그것은 인간의 생활을 대단히 편리하게 하는 것을 넘어서 인간의 존재를 대체할 수 있을 것으로 추정되고 있기도 하다. 그러나 정보기술이 인간의 존재를 대체할 수는 없다. 이런 식의 주장은 정보기술을 둘러싼 인간 대 인간의 대립을 인간 대 기계의 대립으로 전치해서 현실을 왜곡하는 것이다. 그러나 정보기술은 심각한 인간적-사회적 악용의 문제를 안고 있고, 이에 대한 올바른 대응이 이미 극히 중요한 과제가 되었다. 주류 정보사회론의 주장과 달리 현실은 물질적 제약에서 벗어날 수 없고 사회적 갈등은 더욱 더 악화되고 있기도 하다.

2016년에 제기된 '4차 산업혁명'론은 주류 정보사회론을 문명사적 변화로 강화하는 것이기도 했다. 노버트 위너는 전기-전자기술의 발달로 새로운 산업혁명이 이루어지고 있다고 파악했다. 그는 증기기관을 핵심으로 하는 1차 산업혁명과 전기-전자기술을 핵심으로 하는 2차 산업혁명을 대비시켰다. 그 뒤 2000년대에 제기된 '3차 산업혁명'론은 정보

혁명=컴퓨터 혁명을 주장하는 것이었고, '4차 산업혁명'론은 여러 기술들을 제시했는데 그 핵심은 바로 '인공지능'이었다.[14] 결국 2·3·4차 산업혁명의 기본은 전기-전자기술이고, 컴퓨터 기술의 발달이 그 내적 차이를 구분하는 기준이다.

경제협력개발기구(OECD)는 1969년에 발표한 〈기술 격차: 전자 컴퓨터〉라는 제목의 보고서에서 다음과 같이 밝혔다.

> 컴퓨터는, 증기기관이 1차 공업혁명의 중심이었던 것과 같이, 2차 공업 혁명의 관건으로 간주될 수 있다.

이것은 일찍이 노버트 위너가 『사이버네틱스』에서 제시한 2차 공업혁명론을 그대로 이어받은 것이라고 할 수 있다. 2000년대에 들어와서 3차 공업혁명론이, 2016년에 4차 공업혁명론이 제기되었다. 2차, 3차, 4차 공업혁명론의 기본은 바로 정보 기술이고, 그 핵심 기계는 바로 컴퓨터이다. '인공지능'은 최고로 발달된 컴퓨터를 뜻하며, 챗지피티는 그 새로운 단계를 열었다.

우리가 살아가고 있는 현실 정보사회는 '인공지능'으로 어떻게 변할 것인가? 생태위기를 초래한 공업을 넘어서 탈공업의 기술-이상향으로 나아갈 것인가? 자본의 전횡을 넘어서 탈자본의 사회-이상향으로 나아갈 것인가? 인간의 소멸을 향한 탈인간의 상태로 나아갈 것인가? 분명히 '인공지능'은 인간의 능력과 사회의 운영을 상당히 바꾸게 될 것이다. 그러나 그것이 탈공업, 탈자본, 탈인간을 이루지는 않을 것이다. '인공지능'은 인간이 사용하는 도구이며, 공업과 자본은 인간이 살아가기 위해 필수적인 자원이다. 우리는 더 나은 사회를 만들기 위해 계속 애써야 할 뿐이다.[15]

2장 ChatGPT 열풍

1. ChatGPT의 등장

챗지피티(ChatGPT) 열풍이 지구 전체에서 거세게 불고 있다. 챗지피티에 대한 과도한 기대와 경고의 외침들을 보노라면, 열풍을 넘어서 아예 광풍이 불고 있는 것 같다. 온 세상이 갑자기 챗지피티 세상으로 변하고 있는 듯하다. 얼마 전까지는 '메타버스'(metaverse)가 세상을 완전히 바꾸고 있다는 외침이 시끄럽게 울려 퍼졌는데, 메타버스는 시나브로 사라져 버리고 이제는 챗지피티가 그렇게 하고 있다는 외침이 더욱 더 시끄럽게 울려 퍼진다. 분명히 큰 변화가 이루어지고 있다. 그러나 '양치기 소년'의 우화가 잘 가르쳐주듯이 오해는 물론 사기의 외침도 세상에는 널려 있으니 우리는 주의해서 실체를 파악해야 한다.

챗지피티(ChatGPT)는 2022년 11월 30일 미국의 오픈에이아이(OpenAI)[16]라는 회사가 공개한 챗봇(chatbot)[17], 즉 인간과 대화하는 방식[18]으로 작동하는 응용 컴퓨터 프로그램이다. 이 응용 컴퓨터 프로그램은 2020년 6월에 발표된 GPT-3의 개선판인 GPT-3.5를 기반으로 만들어졌다. 챗지피티는 인공지능의 역사에서 새 장을 열었다. 챗지피티를 통해 인공지능이 마침내 사회 전체에서 일반적 관심사가 되었다. 그런데 이 응용 컴퓨터 프로그램을 이해하기 위해서는 우선 그 기반인 GPT에 대해 알아야 한다. 챗지피티는 GPT를 편리하게 이용하는 방식이다.

GPT는 Generative Pre-trained Transformer의 약어로서 이 용어는 흔히 '생성적 사전훈련 변환기'로 번역된다. 그런데 여기서 본체에 해당되는 transformer는 사실 한글로 번역하기보다는 그냥 영어 발음대로 트랜스포머로 쓰는 게 더 적합하다. 이 용어는 인공지능의 특정 기술을 가리키는 고유명사이기 때문이다. 트랜스포머는 2017년 6월에 구글이 발표한 것으로 '기계학습'(machine learning, ML)의 최고 방식인 '심층학습'(deep learning, DL)의 한 알고리즘에서 곧 대표 알고리즘이 되었다.[19] 2018년 6월 오픈에이아이는 트랜스포머를 이용해서 만든 GPT-1을 발표했다. 이것은 '대규모 언어 모델들'(LLMs, large language models)의 일종으로 수많은 단어들과 문구들을 사전에 연결시켜 사람들의 질문에 새로운 답변을 즉각 생성해서 제시할 수 있다.

인공지능에서 '심층학습'은 입력과 출력의 사이에 있는 '은닉층'(hidden layer)에서 이루어진다. '은닉층'은 수많은 '인공신경'들을 연결한 '인공신경망'인데, '인공신경'의 실체는 간단한 연산을 하는 컴퓨터 프로그램이다. '은닉층'에서 수많은 '패러미터'(parameter, 매개변수)들을 처리해서 요청에 대한 결과를 제시하게 된다. 이렇게 해서 인공지능의 '자연어 처리'(NLP, Natural Language Processing) 분야에서 나타난 새로운 방식이 기존의 '언어 모델들'(LM, language models)을 엄청난 규모로 확대한 '대규모 언어 모델들'(LLMs, large language models)이다. 여기서 '모델'은 알고리즘과 데이터를 연결시켜, 즉 학습시켜 실용할 수 있는 기본 상태가 된 것이다.

GPT에서 '생성적'이라는 것은 컴퓨터가 받은 질문 또는 지시에 대해 답변을 제시한다는 것이고, '사전훈련'이라는 것은 빠르게 답변을 제시할 수 있도록 자료들을 미리 연결해 놓는 것이다(Budu, 2023). 즉 GPT는 미리 연결해 놓은 자료들을 이용해서 질문 또는 지시에 대해 빠르게 답변을 제시하는 통계적 컴퓨터 프로그램이다. 그런데 GPT에서 대단히 놀라운 것은 질문을 잘 알아듣고 그럴 듯한 외형의 답변을 제시하는 것으로 보이는 것이다.[20] 이렇게 하기 위해서는 대단히 방대한 양의 자료들을 미리 연결해 놓고 그것을 질문과 답변의 형식으로 대단히 빠른 속도로 처리해야 한다. GPT-3의 구성은 대략 다음과 같다.[21]

> GPT는 Generative Pre-Training의 약어로 기존 GPT-2의 개량 모델인 GPT-3는 방대한 양의 데이터 셋(3000억 개의 토큰)과 매개변수 (1,750억 개)를 갖춘 자연어 모델 기반의 딥러닝 시스템이다.
>
> …
>
> AI 연구 관점에서 GPT-3의 주요 성과는 매우 방대한 데이터 셋에 기반한 자연어 모델이 AI의 성능을 크게 개선할 수 있다는 걸 증명했다는 데 있다. 지난 5월 마이크로소프트는 오픈AI 전용의 새로운 AI 슈퍼컴퓨터를 발표했는데, 해당 시스템은 28만5천 개의 CPU 코어, 1만여 개의 GPU, 400기가비트(Gb)의 네트워크를 기반으로 한다. (류한석, 2020)

이처럼 GPT는 단순히 컴퓨터 프로그램이 아니라 인공신경 심층학습 프로그램으로 엄청난 규모의 자료들을 연결해서 요청에 즉각 응하도록 만들어졌다. GPT가 작동되기 위해서는 엄청난 규모의 하드웨어가 설치되어 병렬 컴퓨팅 방식으로 작동해야 한다.

2. 챗지피티의 전망

챗지피티가 세계적으로 열풍을 일으킨 이유는 일차적으로 놀라운 '자연어 처리' 능력에 있다. 사람들의 지시 또는 질문을 잘 알아듣고, 그럴 듯한 답변을 거의 즉각적으로 제시한다. '환상(hallucination)' 문제로 불리는 엉터리 내용의 문제가 있지만 많은 경우에 내용도 상당히 놀라운 수준이다. GPT-3는 문자만 처리하나 GPT-4는 이미지도 처리한다. GPT의 능력은 이미 대단히 놀라운 경지에 이르렀다. 더욱 더 중요한 것은 그 기능이다. 챗지피티는 단순히 사람들과 수다 떠는 기계가 아니라 대화의 형식으로 수많은 일들을 할 수 있는 기계다. 챗지피티의 활용법에 관한 언론 기사들과 책들과 유튜브 동영상들이 넘치고 있다.

챗지피티에서 가장 놀라운 것은 인류가 생산한 수많은 지식을 검색해서 제시할 수 있는 것을 넘어서 그것들을 연결해서 새로운 내용을 생성해서 제시할 수 있다는 점이다.[22] 우리는 이 세상의 모든 것에 관해 얘기를 하고 의견을 나눌 수 있다. 챗지피티가 일차적으로 놀라운 것은 바로 이렇게 할 수 있다는 것이다. 그런데 여기서 더 나아가 챗지피티가 더욱 더 놀라운 점은 대단히 높은 수준의 지식을 제시할 수 있다는 점이다. 이것을 활용하면 정치, 법률, 경제, 문화, 생활, 의료, 교육, 친교, 연애, 생태 등 이 세상의 모든 것에 관해 챗지피티를 통해 대단히 높은 수준의 지식을 쉽게 얻고 쓸 수 있다.[23]

지식은 사회의 정신적 기반이다. 선진국일수록 지식을 중시한다. 대단히 높은 수준의 지식을 쉽게 얻을 수 있다는 것은 대단히 높은 수준의 지적 생활을 쉽게 할 수 있다는 것을 뜻한다. 이 점에서 챗지피티는 '지식사회'의 핵심인 '지식의 민주화'를 더욱 더 강화할 수 있다. 여기서 나아가 챗지피티에서 가장 중요한 것은 세상의 모든 것에 관해 대단히 높은 수준의 지식을 정확한 문장의 형태로 얻을 수 있다는 점이다. 챗지피티는 정확한 형태의 문장과 최고 수준의 지식을 결합해서 인공지능의 새 지평을 열었다. 이로써 '정보사회'와 '지식사회'가 '문화사회'의 발전으로 나아갈 수 있게 되었다.

챗지피티는 정확한 문장의 형태로 답변을 제시할 수 있기 때문에 표절의 우려가 크게 제기되고 있다. 아주 당연한 우려이다. 그러나 그렇다고 해서 챗지피티의 사용을 막는 것은 불가능하다. 표절과 생성에 관한 법적 대응을 더욱 강화해야 할 뿐이다. 또한 챗지피티로 해서 교육에서 '암기'가 더욱 필요 없게 되었다는 주장도 적극 제기되고 있다. 그러나 공부는 기억과 이해로 이루어지는 것이다. 제대로 기억하지 않으면 시행착오를 반복하게 된다. 기억하는 게 적으면 검색을 하기 어렵고 이해도 하기 어렵다. 챗지피티는 공부와 표현을 더욱 편리하게 만들어 주는 기계이다.

챗지피티는 거대한 기술-사회적 변화를 일으키고 있다. 인류는 이것을 올바로 인식하고 올바로 관리해야 한다. 첫째, 챗지피티는 인공지능의 대중화를 강력하게 촉진하고 있다. 사실 인공지능은 여러 영역에서 이미 일상적으로 사용되고 있다.[24] 그런데 챗지피티는 그것을 최고 상태로 구현해서 인공지능의 위력을 강렬히 과시했다. 둘째, 챗지피티는 특히 고도의 생성형 인공지능으로 인공지능의 새 지평을 활짝 열었다. 인공지능의 물리적 실체는 초성능 컴퓨터인데, 챗지피티는 이것을 활용하는 새 방법을 제시했고, 이를 통해 사회의 모든 영역에서 대대적인 변화를 일으키고 있다.

챗지피티로 사회는, 인간은 어떤 상태로 나아가게 될 것인가? 오픈에이아이는 챗지피티의 기반인 GPT로 생성형 인공지능의 새 지평을 열었을 뿐만 아니라 아예 '인공 일반 지능'(Artificial General Intelligence, AGI)을 시작한 것으로 해석되고 있기도 하다. AGI는 인간처럼 생각하고 판단하고 결정하는 능력을 가진 '강 인공지능'에 가까운 것이다. '강 인공지능'은 그 놀라운 능력으로 인간의 통제를 벗어나서 인간을 지배하게 될 수도 있다.

> GPT-3의 개발사 오픈AI(OpenAI)는 와이 콤비네이터 전 사장 샘 알트만(Sam Altman), 테슬라 창업자 일론 머스크(Elon Musk), 링크드인 공동창업자 리드 호프먼(Reid Hoffman), 페이팔 공동창업자 피터 틸(Peter Thiel), 구글 출신 딥러닝 전문가 일리야 서츠케버(Ilya Sutskever) 등이 참여해 2015년 설립한 AI 연구기관이다. 2019년 7월 마이크로소프트는 오픈AI에 10억 달러를 투자했으며 오픈AI의 가장 중요한 후원자를 자처하고 있다.
>
> …
>
> GPT-3는 현재까지 나온 AI 시스템들 중에서 AGI에 가장 근접해 있으며 AGI의 실현 가능성을 한층 높여줬다. 하지만 GPT-3의 선전에도 아직 AGI의 시대는 도래하지 않았으며 AGI가 실제로 구현될 수 있는가에 대해 회의적인 전문가도 적지 않다. 어쨌든 지금과 같은 발전 속도로 봤을 때 GPT-4, GPT-5 등의 후속 모델은 더욱 놀라운 결과를 보여줄 것으로 예상[25]된다 (류한석, 2020).

챗지피티로 사회는, 인간은 더욱 편리하고 풍요롭고 안전한 세상을 만들 것인가? 편리나 풍요와 함께, 아니 그보다 앞서서 주의해야 하는 것이 안전이다. 안전을 잃으면 편리도, 풍요도 다 잃게 된다. 사회의 구성과 운영은 안전, 편리, 풍요를 세 축으로 하며, 그 중에서 가장 기본적인 것이 안전이다. 현대 사회는 기술 사회로서 현대 사회의 안전은 무엇보다 기술의 관리를 기초로 한다. 인공지능도 마찬가지이다. '강 인공지능'은 세상의 그 무엇보다도 커다란 위험을 안고 있기 때문에 더욱 더 그렇다.

3. 챗지피티의 문제

1940년대 말에 사이버네틱스의 주창자인 미국의 수학자 노버트 위너는 컴퓨터 기술이 2차 공업혁명을 일으킬 것으로 예측했다. 1960년대 초에 미국의 사회학자 다니엘 벨은 정보통신기술의 확산으로 탈공업(post-industry)[26]이 이루어질 것으로 예측했다. 1970년대 말에 프랑스의 철학자 장-프랑수아 료타르(Jean-François Lyotard, 1924~98)는 컴퓨터 기술의 발전으로 탈근대(post-modern)가 이루어질 것으로 주장했다. 이렇듯 컴퓨터는 1950년대 이후 현대 사회의 변화를 주도하는 기술로서 작용했다.

'인공지능'은 초성능 컴퓨터로서 그 사회적 영향은 더욱 더 클 것이다. 자동화는 생산직과 사무직을 넘어서 창조직으로 나아가고 있다. 인간의 고유직으로 여겨졌던 창조직에서도 컴퓨터에 의한 인간의 퇴출과 도태가 현실화되고 있다. 이런 변화를 어떻게 볼 것인가? 기술의 발달에 따른 당연한 현상으로 여겨야 할 것인가? 인류가 기술을 개발하고 이용하는 목적은 인류의 복리를 증진하기 위한 것이다. 기술로 말미암아 안전이 위협받고 불의가 커진다면, 인류는 기술의 개발과 이용을 중단해야 한다. 기술은 그 자체로 좋은 사회를 보장하지 않는다. 기술을 올바로 이용하고 개발하기 위한 사회적 노력이 중요하다.

챗지피티는 여러 문제들을 갖고 있다. 챗지피티의 악용에서 비롯되는 것도 있지만 챗지피티의 본성에서 비롯되는 것도 있다. 미국의 사회학자 찰스 페로우가 주장했듯이, 기술은 그 자체로 문제를 갖고 있으며, 첨단기술은 더욱 더 그렇다. 기술은 인간에 대해, 사회에 대해, 그리고 자연에 대해 여러 악영향을 미칠 수 있다. 챗지피티를 비롯한 기술의 문제는 크게 선용의 문제, 악용의 문제, 결함의 문제로 나누어 살펴볼 수 있다.

첫째, 선용의 문제. 선용은 기술을 그 개발 목적에 맞게 올바로 사용하는 것이다. 챗지피티는 자료 검색, 지식 습득, 연구 수행, 작품 창작 등 여러 목적으로 사용될 수 있다. 그런데 많은 사람들이 챗지피티를 열심히 잘 쓴 결과로 연구직, 창조직 등에서 심각한 실업 문제가 일어날 수 있다. 좋은 기술을 적극 사용하는 개인들의 합리적 행위가 사회적 문제의 원천이 되는 것이다. 이에 대해 노동자들은 물론 정부-국가의 적극적인 대응이 당연히 필요하다. 개인들도 노동자로서, 국민으로서 이 문제에 당연히 관심을 기울여야 한다.

둘째, 악용의 문제. 악용의 면에서는 표절로 이익을 취하는 문제가 가장 흔히 지적되고 있다.[27] 그런데 챗지피티를 악용해서 혐오, 증오, 무시 등을 저지르는 것은 물론이고 사기, 폭력, 살인 등을 저지르고, 심지어 전쟁을 일으킬 수도 있다. 사악한 자들이 더욱 더 교묘한 방식으로 허위 사실을 유포하고 사람들을 세뇌해서 온갖 범죄를 일으키게 될 수도 있는 것이다. 허위 사실의 유포는 극도로 심각한 반사회적 범죄이기 때문에 더욱 적극적인 대응이 필요하다. 독일의 '나치 처벌법'과 '가짜뉴스 처벌법'이 좋은 예다.

셋째, 결함의 문제. 모든 기술은 내적 결함을 갖고 있다. 컴퓨터 프로그램은 상시적으로 보완되지 않으면 안 된다. 당연히 '인공지능'도 그렇다. 챗지피티를 규정하는 알고리즘에 결함이 있어서 문제가 일어날 수 있다. 예컨대 의도하지 않은 왜곡의 문제를 갖고 있을 수 있다. 또한 챗지피티를 훈련/학습시킨 자료에 결함이 있어서 문제가 일어날 수 있다. 예컨대 인종 차별, 민족 차별, 남녀 차별, 연령 차별, 외모 차별 등 다양한 차별 문제가 일어날 수 있다. 또한 챗지피티도 다른 모든 컴퓨터 프로그램과 마찬가지로 해킹당할 수 있다. 해커는 하드웨어와 소프트웨어의 오작동을 넘어서 콘텐츠의 왜곡을 일으킬 수 있다. 챗지피티로 일반 이

용자도 아주 쉽게 심각한 문제를 일으킬 수 있었다.[28]

넷째, 환상의 문제. 챗지피티는 이렇듯 여러 문제들을 안고 있다. 그러나 챗지피티 열풍을 보노라면 이런 문제들은 아무것도 아닌 것처럼 보인다. 챗지피티 열풍이 그 자체로 챗지피티 환상의 성격을 갖고 있다. 챗지피티에 대한 열광으로 챗지피티의 위험이 더욱 더 커지고 있다. 챗지피피는 정확한 표현을 제시해서 엉터리 내용을 올바른 내용으로 여기게 만든다. 이것을 환상(hallucination)이라고 부르고 중요한 문제로 지적하고 있지만, 수많은 사람들이 이 환상에 빠져서 잘못을 저지를 위험이 갈수록 커지고 있다. 환상은 챗지피티가 제시하는 엉터리 내용을 올바른 내용으로 여기게 하는 것에 그치지 않는다. 챗지피티 환상은 그것이 초래하는 사회적 및 인간적 변화에 대한 환상으로 확대되고 있다.

챗지피티는 인공신경과 심층학습의 생성형 인공지능이 정말로 놀라운 능력을 갖고 있다는 것을 생생히 입증했다. 챗지티피는 분명히 인공지능의 새 장을 열었다. 이와 함께 인공지능에 대한 우려도 더욱 더 커지고 있다. 이 놀라운 기술을 올바로 활용하기 위해 우리는 잠시 차분하게 인공지능의 역사와 현실에 대해 살펴볼 필요가 있다.

3장 인공지능의 역사

1. 인공지능의 탄생

'인공지능'(Artificial Intelligence, AI)이라는 말은 1955년에 처음 제시되었다. 1956년 5월에 미국 뉴햄프셔 주의 다트머스(Dartmouth) 대학교에서 '다트머스 인공지능 여름 연구회의'가 열렸는데[29], 당시 다트머스 대학교 수학과의 젊은 조교수였던 존 매카시(John McCarthy, 1927-2011)가 이 연구회의를 위해 Artificial Intelligence라는 말을 고안해서 1955년 9월에 이 연구회의를 위한 지원금을 신청했다. 그 지원서의 제목은 '다트머스 인공지능 여름 연구 기획 제안서'(A Proposal for The Dartmouth Summer Research Project on Artificial Intelligence)였다.

이 제안서의 내용은 다음과 같다. 요컨대 분석과 종합을 핵심으로 하는 근대 과학의 방법을 따라 인간의 지능을 해명하고 그것을 모사하는 기계를 만들겠다는 것이다. 그 기계가 바로 '인공지능'이다.

> 우리는 뉴햄프셔, 하노버의 다트머스 대학에서 1956년 여름 동안 2개월, 10명의 인공지능 연구를 제안한다. 이 연구는 학습의 모든 측면이나 지능의 어떤 다른 특징이 원리적으로 아주 정교하게 묘사되어 기계가 그것을 모사할 수 있게 제작될 수 있다는 추측을 기반으로 진행될 것이다. 기계가 언어를 사용하게 하고, 추상과 개념을 형성하고, 지금은 인간만이 하는 여러 문제들을 해결하고, 그것들을 개선하는 방법을 찾아내는 시도가 이루어질 것이다. 우리는 신중히 선정된 과학자들이 여름 동안 함께 연구하면 이 문제들의 하나 이상에서 중요

한 진전이 이루어질 수 있을 것으로 생각한다.

이 연구 회의의 참여자는 모두 11명이었는데[30], 존 매카시와 동갑이자 같은 수학자였던 마빈 민스키(Marvin Lee Minsky, 1927-2016)는 1958년에 MIT의 교수가 되어 'MIT 인공지능 연구소'를 설립했다. 그런데 여기에 참여한 학자들 중에서 가장 특이한 사람은 허버트 사이몬(Herbert Simon, 1916~2001)이었다. 그는 공학자가 아니라 사회과학자로 1978년에 노벨 경제학상을 받았다.[31] 사회의 실체적 주체는 개인이고, 개인의 행동은 인지로 시작된다. 따라서 생물과 인간의 인지에 관한 이해는 지능의 연구는 물론 사회의 연구에서 기초를 이룬다.

매카시가 '인공지능'이라는 말을 고안한 것은 기존의 사이버네틱스(cybernetics, 자동조절학)나 오토마타(automata, 자동기계)론[32]을 피해서 '중립성'을 갖추기 위해서이기도 했다. 사이버네틱스나 오토마타론은 동물 또는 인간과 비슷한 기계를 만들 수 있는 이론적 가능성을 제시했다. 이로써 기술의 발달로 결국 인조인간과 비슷한 기계를 만들 수 있을 것이라는 생각이 널리 퍼지게 되었다.

그런데 인공지능의 실체는 과연 무엇인가? 그것은 '초성능 컴퓨터'(hyper computer)[33]라고 할 수 있다. 컴퓨터는 하드웨어(연산 장치, 기억 장치, 입출력 장치)를 뜻하지만, 그 작동은 소프트웨어(컴퓨터 프로그램)에 의해서 이루어지고, 작동의 과정과 결과로 콘텐츠를 다룬다. 컴퓨터는 우선 하드웨어를 뜻하는 것으로 여겨지나 실제로 작동되기 위해서는 반드시 소프트웨어가 필요하다. 또한 하드웨어와 소프트웨어는 콘텐츠웨어를 위한 수단이다. 인공지능은 셋의 복합체다. 챗지피티가 잘 보여주듯이, 엄청난 성능과 규모의 하드웨어, 소프트웨어, 콘텐츠웨어가 결합되어 인공지능을 이룬다.

인공지능의 주창자들은 그 개발을 너무나 쉽게 낙관했다. 2차 대전의 승리와 1950년대의 번영이 여기에 큰 영향을 미쳤을 것이다. 그 바탕에 전자 기술의 발달이 있었고, 이에 따라 기술-낙관론(techno-optimism)과 기술-낙원론(techno-utopia)이 널리 퍼졌다. 인공지능의 주창자들은 다음과 같이 호언했다(Simon, 2017).

1957, 허버트 사이몬 · 앨런 뉴웰
"10년 안에 디지털 컴퓨터가 세계 체스 챔피언이 될 것이다."

1965, 허버트 사이몬
"20년 안에 기계들이 인간이 할 수 있는 어떤 것도 할 수 있게 될 것이다."

1967, 마빈 민스키
"한 세대 안에 '인공지능'을 창조하는 문제가 실질적으로 해결될 것이다."

1970, 마빈 민스키
"3년에서 8년 안에 우리는 평균적 인간의 일반적 지능을 가진 기계를 갖게 될 것이다."

1957년에 허버트 사이몬과 앨런 뉴웰은 함께 불과 10년 뒤에 인공지능 세상이 될 것으로 예측하는 강연문을 썼다. 이 글은 허버트 사이몬이 발표했고, 1958년 초에 한 학술지에 공표됐다(Taylor, 2020).

이런 발전들에 기초해서, 그리고 이 분야에서 연구가 진행되고 있는 속도에 기초해서, 나는 다음과 같은 것들이 앞으로 10년 안에 실현될 것이라고 기꺼이 예측한다.

1. 10년 안에 디지털 컴퓨터는 세계 체스 챔피언이 될 것이다, 체스 규칙이 컴퓨터가 경쟁하는 것을 막지 않는다면.
2. 10년 안에 디지털 컴퓨터는 중요한 새로운 수학적 공리를 발견하고 입증할 것이다.
3. 10년 안에 디지털 컴퓨터는 비평가들이 상당한 미학적 가치를 갖고 있는 것으로 받아들일 음악을 쓸 것이다.
4. 10년 안에 심리학의 대부분 이론들은 컴퓨터 프로그램의 형태나 질적인 진술의 형태를 하게 될 것이다.

핵분열과 장래의 행성 여행의 시대에 정말 그것이 가능하다고 해도 여러분을 놀라게 하는 것은 나의 목표가 아니다. 내가 상황을 요약할 수 있는 가장 단순한 길은 생각하고, 학습하고, 창조하는 기계들이 지금 세계에 있다고 말하는 것이다. 더욱이 이런 일들을 할 수 있는 그 기계들의 능력은 가시적인 미래에 급속히 커질 것이다. 그 기계들이 처리할 수 있는 문제들의 범위는 인간의 정신이 적용되어 온 범위와 공존하게 될 것이다.

1970년에 마빈 민스키는 '셰키'(Shakey)라는 이름의 컴퓨터에 대한 『라이프』(Life) 지의 보도에서 다음과 같이 호언했다(Darrach, 1970).

3년에서 8년 안에 우리는 평균적인 인간의 일반적인 지능을 가진 기계를 갖게 될 것입니다. 내가 말하는 기계는 셰익스피어를 읽고, 차에 윤활유를 넣고, 사무실 정치를 하고, 농담을 하고, 싸움을 할 수 있는 기계입니다. 그 점에서 그 기계는 환상적인 속도로 스스로 교육하기 시작할 것입니다. 몇 달 안에 그것은 천재의 수준에 이를 것이고, 그로부터 몇 달 안에 그 힘은 계산할 수 없는 상태에 이를 것입니다.

인공지능의 주창자들은 이처럼 어처구니없을 정도로 허황된 주장을 계속 했다. 그들이 최고의 공학자, 수학자였다는 사실이 믿어지지 않을 정도다. 그들이 멍청해서 이렇게 허황된 주장을 했던 것은 아닐 것이다. 많은 연구비를 쉽게 확보하기 위해 사실상의 거짓말을 남발했던 것이 아닐까?

기술은 엄정히 개발된다고 해도 기술에 관한 주장은 꼭 엄정히 제기되지는 않는다.

2. 지능은 무엇인가?

인공지능은 인간이 만든 지능이다. 그러니 인공지능에 대해 알기 위해서는 우선 지능에 대해 알아야 한다. 인공지능은 지능의 일종이니 지능이 무엇이냐에 따라서 인공지능도 달라질 수밖에 없다. 이대열 교수[34]가 제시하는 지능에 관한 표준적인 설명은 다음과 같다.

지능은 학자에 따라 다르게 정의되지만, 결국 인간의 지적 능력을 어떻게 세분화할 것인지의 문제와 결부되어 있다. '이해하다'라는 뜻의 라틴어 intelligentia[35]에서 유래한 '지능'이란 단어는, 현재 옥스퍼드 영어사전에서는 '특정 지식이나 기술을 획득하여 적용할 수 있는 능력'으로 정의되고 있다. 교육학이나 심리학에서는 보다 구체적인 의미로 사용된다. 미국의 발달심리학자 하워드 가드너는 지능을 '문제를 찾아서 해결하는 기술들의 집합'이라고 정의했고, 이스라엘의 심리학자 뢰벤 포이어스타인은 지능을 '생존 환경의 변화에 적응하기 위해 인지적 기능을 변화시키는 인간 고유의 능력'으로 기술했다(이대열, 2017: 24).

지능은 단순히 수학적인 또는 논리적인 문제를 푸는 능력이 아니라 지능을 가진 주체에게 가장 이로운 결과를 가져올 수 있도록 하는 여러 행동 중 한 가지를 선택하는 능력, 즉 의사결정의 능력이다. 결국 지능이란 다양한 환경에서 복잡한 의사결정의 문제를 해결하는 능력이라고 정의할 수 있다(이대열, 2017: 26).

지능(知能)이라는 말 자체는 무엇에 대해 아는 능력이지만 그것을 넘어서 이해하고 이용하는 능력을 뜻한다. 무엇에 대해 아는 것은 어떤 것을 인식하는 것으로 시작해서 그것의 정체, 의미, 가치 등을 이해하는 것으로 나아간다. 지능은 지식을 넘어서 훨씬 더 넓은 능력을 뜻한다.[36] 이렇듯 지능은 대단히 복잡한 현상이다. 인공지능을 만드는 것은 대단히 어렵다. 인간과 같은 수준의 지능을 갖는 인공지능을 만드는 것은 더욱 더 그렇다. 1956년에 인공지능의 개념이 제시되고 어느덧 70년에 가까운 세월이 흘렀지만 여전히 인공지능은 초보적인 단계에 있다. 챗지피티가 인공지능의 새 지평을 열었다고 해도 그렇다.[37]

지능은 두뇌의 작용이다. 지능을 올바로 이해하기 위해서는 두뇌에 대해 올바로 이해해야 한다. 46억년 지구 진화의 절정으로서 인간의 두뇌는 너무나 복잡하다. 아니, 모든 동물의 두뇌는 대단히 복잡하다. 그런데 인공지능의 선구자들은 두뇌를 너무 쉽게 생각했던 것 같다. 약간의 원리를 알게 된 것으로 그것을 모방한 기계를 만들 수 있다고 생각했던 것으로 보인다. 예컨대 노버트 위너는 다음과 같이 주장했다.

> 이론적으로는, 만일 우리가 인간의 생리와 똑같은 구조를 가진 기계를 만들 수 있다면, 우리는 인간과 똑같은 지적 능력(intellectual capacity)을 갖는 기계를 가질 수 있다(Wiener, 1954: 57).[38]

당대 최고의 수학자-공학자가 제시한 사뭇 그럴 듯하고 당당해 보이는 주장이나, 사실 인간의 생리를 완전히 이해하는 것 자체가 아직도 요원한 과제이고, 그것과 똑같은 구조를 가진 기계를 만드는 것은 아예 불가능하다. 따라서 인간과 똑같은 지적 능력을 갖는 기계를 만드는 것은 불가능하다. 위너는 강력한 기계론자로서 자동기계의 개발과 이용에 관해 큰 통찰을 제시했으나 과학적 외피로 인조인간에 대한 심각한 몽상을 유포한 주역이기도 하다.

인공지능은 사이버네틱스의 허황된 주장을 거부해서 제시된 용어이기도 하다.[39] 그러나 그 핵심은 인간의 지능을 기계화한다는 점에서 분명히 사이버네틱스를 계승한 것이다. 따라서 인공지능에는 사이버네틱스와 똑같은 문제가 있다. 두뇌가 아니라 지능을 기계화하기 위해서도 두뇌와 같은 것을 만들지 않으면 안 된다. 그러나 컴퓨터는 두뇌와 같지 않고, 인공지능은 진정한 지능이 아니다.

인공지능을 진정한 지능이라고 여기지 않는 이유는 그것이 해결해야 하는 문제가 그 자신의 문제가 아니라 인간이 제시한 문제이기 때문이다. 인공지능은 인간의 번영과 복지를 위해 복무하고 있다. 같은 문제라도 그 문제가 자기 자신의 것인 경우와 다른 주체로부터 위임받은 것인 경우에 해결 방법 또한 달라질 수밖에 없다. 다시 말해, 의사결정을 내릴 때 선택가능한 해결법의 효용값은 문제풀이의 주체가 인간(생명체)일 때와 인공지능일 때 달라진다. 지능은 그것의 주체와 분리해서 생각할 수 없는 것이다(이대열, 2017: 82).

흔히들 인간의 뇌를 컴퓨터에 비유하곤 한다. 컴퓨터는 인간이 발명한 기계 중에 가장 복잡하고 다양한 일을 수행하는 기계이기 때문이다. ... 하지만 그와 같은 비유가 적절한지는 의문이다. 비록 뇌와 컴퓨터가 많은 공통점을 갖고 있다 하더라도, 뇌는 컴퓨터와 같지 않다 (이대열, 2017: 83).

인간을 포함한 동물은 지능의 주체로서 자신의 지능을 활용해서 직접 문제를 파악하고 해결한다. 인간의 두뇌는 실로 엄청난 성능을 갖고 있다. 인간의 두뇌를 완전히 이해하기는 너무나 어렵고, 인간의 두뇌와 같은 것을 만드는 것은 사실상 불가능하다.

> 인간의 뇌에는 대략 1,000억 개의 신경세포가 있고 각각의 신경세포에는 평균적으로 약 1,000개의 시냅스가 있다는 점을 감안하면, 인간의 뇌에는 대략 100조 개의 시냅스가 있음을 알 수 있다. 또한 시냅스와 신경세포는 논리적 연산을 구현하기 위해 유사한 역할을 하므로 시냅스 하나의 기능이 트랜지스터 하나의 그것과 동등하다고 가정하면, 인간의 뇌는 100조 개의 트랜지스터를 포함한 중앙처리장치와 유사한 성능을 갖고 있다고 할 수 있다.
> …
> 무어의 법칙이 계속 지켜진다면, 앞으로 대략 30년 정도가 지나고 나면 일상적인 컴퓨터의 중앙처리장치의 성능이 인간의 뇌와 비슷한 수준에 도달할 것이라는 결론이 나온다. 이처럼 컴퓨터와 인공지능이 인간의 지능을 능가하게 되는 시점을 기술적 특이점이라고 하는데, 레이 커즈와일은 『특이점이 온다』라는 자신의 저서에서 2045년 경이 되면 기술적 특이점이 도래한다고 과감하게 주장하였다. 그러나 조만간 인공지능이 인간을 대체하게 될 것이라는 예측은 기우에 지나지 않는다(이대열, 2017: 87)

우리는 우선 지능과 두뇌에 대해 올바로 인식하고 이해해야 한다. 컴퓨터와 인공지능이 두뇌와 지능을 대체하게 될 것으로 여기는 것은 컴퓨터와 인공지능을 과대평가하고 두뇌와 지능을 과소평가하는 것이다. 둘의 차이는 양적인 것을 넘어서 질적인 것이며, 더 근원적으로는 기계와 생물의 본원적인 차이이다. 여기서 기계의 의인화(anthropomorphism), 즉 기계를 인간처럼 여기는 것의 문제에 대해 생각해 볼 필요가 있다. 기계의 의인화는 기계에 대한 과다한 기대와 오해를 야기해서 기계의 실제 효용과 문제를 올바로 인식하지 못하게 한다. 기계가 생물처럼, 인간처럼 되는 '특이점' 같은 것은 결코 오지 않는다. 인간이 아무리 열심히 신을 찾아도 신이란 없는 것과 같다.

　인간은 기계를 만들어서 자유와 풍요를 적극 추구할 수 있다. 기계는 생물을 대체하는 것으로 보인다. 동력 기계는 생물의 몸을, 지능 기계는 생물의 뇌를 대체하는 것으로 주장된다. 그러나 기계와 생물은 분명히 다른 것이다. 동력 기계는 생물의 몸이 수행하는 기능의 극히 일부를, 지능 기계는 생물의 뇌가 수행하는 기능의 극히 일부를 강화해서 수행할 뿐이다. 사실 지능 기계라는 말 자체가 심각한 의인화(anthropomorphism)에 해당된다. 모든 기계는 인간이 조종하는 대로 작동되는 것일 뿐이다. 이 명확한 사실을 올바로 인식하고 기계의 실제 효용과 실제 문제에 올바로 대응해야 한다. 인간은 행위하고, 동물은 활동하고, 기계는 작동된다. 이 차이를 올바로 인식해야 한다.

3. 인공지능의 전개

인공지능의 역사는 컴퓨터의 개발로 시작되었고, 컴퓨터의 역사는 계산기(calculator)의 개발로 시작되었다. 컴퓨터(computer)는 본래 '계산수', 즉 복잡한 계산을 하는 사람을 뜻하는 말이었는데, 1946년에 '에니악'(Electronic Numerical Integrator and Computer, 전자 수치 적분기 및 계산기)이 등장하고 전자 계산기를 가리키는 말로 쓰이게 되었다.[40] 이처럼 컴퓨터는 전자 계산기로 크게 아날로그 컴퓨터와 디지털 컴퓨터로 나뉜다.[41] 전자는 연속값으로 계산하고, 후자는 숫자로 계산한다. 전자와 후자가 수행하는 일은 계산이나, 후자는 컴퓨터 프로그램을 통해서 온갖 시청각 정보들을 처리하는 범용 정보처리기계가 되었다.

참고로 컴퓨터를 포함해서 계산기는 계산의 대상(연속값, 이산값)과

표 1 계산기의 구분

	기계식	전자식
아날로그 (특수)	-서기 전 100년, 안티키테라(수동) -1931년, 부시의 미분 해석기(전동) -1936년, 루캬노프의 수압 적분기(수동)	1942년, 독일 Hölzer
디지털 (특수 · 범용)	-1642년, 파스칼의 계산기(수동) -1671년, 라이프니츠의 계산기(수동) -1822년, 배비지의 차분기관(수동) -1833년, 배비지의 해석기관(증기)	1941년, 독일 Z3 1942년, 미국 ABC 1943년, 영국 Colossus 1946년, 미국 ENIAC 1949년, 미국 EDVAC

주1: 최초의 컴퓨터는 기준에 따라 달라질 수 있다. 1946년 컴퓨터는 전자식 디지털 계산기를 뜻하는 말로 쓰이게 되었다. 계산기의 면에서, 1945년 디지털이라는 말이, 1946년 아날로그라는 말이 쓰이게 되었다.
주2: Z3는 전자-기계식으로 최초의 프로그램할 수 있고 '튜링 완전'한 범용 컴퓨터였고, ABC는 최초의 완전한 전자식으로 프로그램할 수 없고 '튜링 불완전'한 특수 컴퓨터였고, Colossus는 최초의 프로그램할 수 있는 '튜링 불완전'한 특수 컴퓨터였고, ENIAC은 최초의 프로그램할 수 있고 '튜링 완전'한 범용 컴퓨터(십진수)였고, EDVAC은 이진수로 최초의 프로그램 내장 방식으로 '튜링 완전'한 범용(이진수) 컴퓨터였다. 현대 컴퓨터는 폰 노이만이 튜링의 발상과 에니악의 성취를 개선해서 만든 EDVAC으로 본격 시작된다고 할 수 있다.

기계의 상태(기계식, 전자식)를 두 기준으로 해서 구분할 수 있다. 아날로그는 연속값을, 디지털은 이산값을 뜻한다. 기계식은 여러 물리적 실체들을 조합해 놓은 것이고, 전자식은 전자를 조작해서 작동되는 것이다. 현재의 혼란스런 컴퓨터 구분은 이렇게 명확히 정리될 필요가 있다.

계산기의 등장

최초의 계산기는 인간의 손으로 작동되는 수동이었으며, 프랑스의 수학자-철학자 블레즈 파스칼(Blaise Pascal, 1623~62)이 발명했다. 1642년 파스칼은 회계사로 늘 계산에 시달렸던 아버지를 위해 계산기를 만들었는데, 덧셈과 뺄셈만 할 수 있는 단순한 기계였으나 이것으로 '컴퓨터'의 역사가 시작됐다. 파스칼은 1670년에 가족들이 펴낸 『팡세』[42]로 가장 잘 알려졌지만 대단히 뛰어난 수학자로서 '정보 이론'의 기초인 '확률론'은 그가 시작한 것이다. 파스칼의 '생각하는 갈대'론은 그가 몰두했던 기독교를 넘어서 인간의 특성과 가치를 간명히 제시한 대단히 중요한 주장이다. 생각하는 것은 인간의 본질에 해당되는 것이다.

> 인간은 자연에서 가장 연약한 존재인 갈대일 뿐이다. 그러나 그는 생각하는 갈대이다. 그를 뭉개기 위해 전 우주가 무장할 필요는 없다. 하나의 증기도, 한 방울의 물도 그를 죽이기에 충분하다. 그러나 비록 우주가 그를 뭉갠다고 해도, 인간은 그를 죽이는 그것보다 여전히 더 고귀할 것이다. 왜냐하면 그는 그가 죽는다는 것과 우주가 그에 대해 갖는 우월함을 알기 때문이다. 우주는 이에 대해 아무것도 모른다. 그러므로 우리의 모든 고귀함은 생각에 달려 있는 것이다. 우리는 우리가 채울 수 없는 공간과 시간이 아니라 생각으로 우리 자신을 고양시켜야 한다. 그러므로 잘 생각하도록 노력하자. 이것은 도덕성의 원

리이다(Pascal, 1670: 116).

그 뒤 독일의 수학자-철학자 고트프리드 라이프니츠(Gottfried Leibniz, 1646~1716)가 1671년에 곱셈과 나눗셈도 할 수 있는 계산기를 발명했다.[43] 이보다 더 중요한 것은 그가 젊을 때부터 연구한 보편적 문자와 이진법 산술이다. 토론과 소통을 위해 그는 누구나 명료히 이해할 수 있는 보편적 문자(characteristica universalis)와 이를 이용해서 명확히 증명을 제시하는 추론 계산법(calculus ratiocinator)을 모색했다.[44] 추론 계산법은 컴퓨터 프로그램의 원리와 같은 것으로 라이프니츠는 컴퓨터 프로그램의 논리적 시조라고 할 수 있다. 이어서 라이프니츠는 0과 1로 계산하는 이진법을 개발했다. 그는 중국 문화에 관심이 컸는데, 보편 문자 구상에는 중국 문자가, 이진법에는 『역경』이 큰 영향을 미쳤다.[45] 돌이켜 보자면, 이진법이 보편 문자로, 보편 문자가 추론 계산으로, 이것이 컴퓨터로 구현된 셈이다. 노버트 위너는 라이프니츠가 컴퓨터의 개발에 끼친 영향에 대해 『사이버네틱스』에서 다음과 같이 썼다.[46]

> 만일 내가 과학의 역사에서 사이버네틱스의 수호성인을 택한다면, 나는 라이프니츠를 택해야만 한다. 라이프니츠의 철학은 두 가지 밀접히 연관된 개념들, 즉 보편적 상징론과 추론적 계산에서 중심을 이룬다. 이 둘로부터 현재의 수학 표기법과 상징적 논리가 유래했다. 지금, 산술의 계산이 주판과 책상 계산기를 거쳐 현재의 초고속 계산기로 기계화된 것처럼, 라이프니츠의 추론 계산(the *calculus ratiocinator*)은 추론 기계(the *machina ratiocinatrix*)의 어린싹들을 품고 있었다. 사실, 라이프니츠 자신은 그의 선배인 파스칼처럼 금속으로 계산하는 기계를 만드는 것에 관심을 갖고 있었다. 그러므로 똑같은 지적인 자

극이 수학적 논리의 발전으로 나아간 것과 동시에 사고 과정의 이상적 또는 실제적 기계화로 나아간 것은 전혀 놀라운 일이 아니다(Wiener, 1948: 12).

배비지의 업적

1760-1840년에 영국에서 전개된 공업혁명(The Industrial Revolution)[47]은 강력한 동력과 거대한 기계를 결합한 공장에서 많은 물자들을 빠르게 생산하는 공업화를 이루었다. 이로써 인류의 문명은 1만 년 동안 지속된 농업을 넘어서 공업으로 나아가게 되었다. 현대 사회는 공업에 기반을 두고 있는 공업사회이다.

이런 거대한 역사적 변화를 배경으로 영국 케임브리지대의 수학 교수였던 찰스 배비지(Charles Babbage, 1791~1871)는 1819년부터 평생에 걸쳐서 특수 용도 자동계산기인 차분기관(差分機關, difference engine, 1822년 발표)과 그것을 범용으로 발전시킨 해석기관(解析機關, Analytical Engine, 1833년 시작)에 관해 연구하고 개발했다. 전자는 수동으로 작동됐고, 후자는 증기로 작동될 것이었다.

무엇보다 중요한 것은 차분기관과 달리 해석기관은 '튜링 완전'(Turing complete)한 계산기로서 원리적으로 현대의 컴퓨터와 같다는 사실이다. 해석기관은 천공카드로 프로그램을 입력하는 방식으로 고안되었고, 에이다 러브레이스(Ada Lovelace, 1815~52)가 이를 위한 최초의 프로그램을 작성했다.[48]

프랑스의 조셉 자카드(Joseph Jacquard, 1752-1834)는 기존의 천공카드 직조기를 개량해서 자동화한 '자카드 직조기'를 발명했다. '자카드 직조기'의 성능은 대단히 놀라웠고, 천공카드를 이용한 자동기계의 길을 열었다. 찰스 배비지는 천공카드를 이용해서 해석기관을 작동시키려고 했다.

컴퓨터의 시대

19세기는 전지의 발명으로 시작해서 전자의 발견으로 끝났다고 할 수 있다.[49] 19세기는 전기 시대가 되었고, 20세기는 전자 시대가 되었다. 전기가 동력, 광원, 통신에서 새 장을 열어서 공업사회는 더욱 성장하게 되었고, 전기를 이용해서 전자를 조작할 수 있게 되면서 공업사회는 더욱 더 성장하게 되었다. 우리는 오늘날 숱한 전자 기계들을 사용해서 살아간다. 자동차도 전자 기계의 성격을 크게 갖게 되었다. 전자 기계들 중에서 최고는 복잡한 계산을 수행하고 온갖 시청각 정보들을 처리하는 컴퓨터이다.

'인공지능'은 컴퓨터가 보이는 지능 기계의 면모를 최고 수준으로 추구하는 목표 개념이다. 그것은 무엇보다 '계산기'인 컴퓨터(하드웨어, 소프트웨어)의 개발이라는 면에서 이해되어야 한다. 컴퓨터는 하드웨어로 시작되어 하드웨어와 소프트웨어로 발전했다. 컴퓨터의 성능은 하드웨어로 규정되고, 그 이용은 소프트웨어로 규정된다. '인공지능'은 둘의 최고 상태를 뜻하는 것이다.

1936년 튜링은 'a-machine'[50]이라는 수학적 개념으로 컴퓨터로 불리게 될 계산기의 기본을 제시했다. 컴퓨터는 계산을 이용해서 알고리즘을 작성할 수 있는 수많은 일들을 할 수 있고, 그 결과 그것은 계산기를 넘어서 모든 시청각 정보를 처리할 수 있는 정보처리기계가 됐다. 이어서 1950년 튜링은 인간의 지능과 구분되지 않는 고성능 컴퓨터의 기본을 제시했다. 그로부터 얼마 뒤에 인공지능이 이런 연구를 집약하는 용어로 정립되었다. 그리고 2022년의 챗지피티로 인공지능이 새 장에 이른 것으로 평가되었다.

다음은 컴퓨터의 구상에서 챗지피티까지 컴퓨터 기술의 발전을 정리한 것으로 최근의 인공지능 열풍에는 제프리 힌튼(Geoffrey Hinton,

1947~)의 '오차 역전파'와 '심층 신경망'의 연구가 대단히 중요한 역할을 했다.

표 2 a—machine에서 바드까지

　1936 튜링, '튜링 머신' 논문 발표 - 컴퓨터의 기본

　1937 셰넌, '계전기의 상징적 분석' 논문 발표

　1943 매컬럭·피츠, 신경 연구 - 인공신경의 제작 가능성 제기

　1946 ENIAC

　1947 트랜지스터 발명

　1948 위너, 『사이버네틱스』 출간

　1948 셰넌, '수학적 통신 이론' 발표 - '정보 이론'

　1948 노이만, '오토마타' 강연

　1949 EDVAC

　1950 튜링, '튜링 검증' 논문 발표 - 인공지능의 기본

　1956 최초의 '인공지능' 회의

　1958 로젠블래트, '퍼셉트론' 개발

　1965 Ivakhnenko 등, 최초의 '다층 퍼셉트론'-심층 학습 출판

　1969 민스키, '퍼셉트론'의 한계를 공격

　1972 아마리, '순환 신경망'(RNN, recurrent neural network) 개선

　1974-80 1차 AI 겨울

　1970-90년대 '전문가 시스템' 확산

　1975 MS 사 창립

　1976 애플 사 창립

　1980 후쿠시마, '합성곱 신경망'(CNN, convolutional neural networks) 제기

1980 썰, '중국어 방' – 인공지능 비판

1984, 깁슨, 『뉴로맨서』 출간

1986 럼멜하트 · 힌튼 · 윌리엄스, '오류 역전파 교정' 방식 제시

1987-93 2차 AI 겨울

1989 르쿤, '역전파 합성곱 신경망' 시연

  펜로즈, 『황제의 새 정신』 – 인공지능 비판

  버너스-리, WWW 발명

1997 IBM의 '딥 블루'가 체스 세계 챔피언과의 대결에서 승리

1998 구글 창립

2004 페이스북 시작

2006 힌튼, '심층 신뢰 신경망'(Deep Belief Network, DBN) 논문 발표 – 심층학습 부활

2011 IBM의 '왓슨'이 퀴즈 쇼에서 인간에게 승리

2016 구글의 딥 마인드가 개발한 '알파고'가 세계 최정상 기사 이세돌과의 대결에서 승리

2017 구글, '트랜스포머' 발표

2020 한국의 스캐터랩, '이루다' 발표 – 여러 문제들로 출시 3주만에 종료

2022 오픈에이아이, '챗지피티' 발표

2023 구글, '바드' 발표

자료: Wikipedia 등을 참고해서 작성

4장 인공지능의 현재

1. 인공지능의 기초

인공지능(artificial intelligence)은 '인공적인 지능', 즉 인간이 만든 지능으로 그 궁극 목표는 인간 같은 지능이다. 인공지능은 이미 놀라운 성능을 과시하고 있지만 여전히 결코 인간 같은 지능을 가진 기계가 아니다. 2023년 3월에 얀 르쿤(Yann LeCun, 1960)이 인공지능이 신(god)은커녕 개(dog)에도 이르지 못했다고 트윗했듯이, 그것은 인간은커녕 동물의 상태에도 아직 이르지 못했다.[51] 원리의 면에서 보자면, 인공지능은 사실 지능이 아니라 지능처럼 보이는 것이다. 기계는 지능을 가질 수 없고 그저 지능을 가진 것처럼 보일 수 있을 뿐이다. 인공지능이라는 말 자체가 갖고 있는 과장된 의인화의 문제에 주의해야 한다. 우선 이 점을 염두에 두어야 인공지능을 올바로 직시할 수 있다.

인공지능은 컴퓨터 기술의 최고 목표로서 이에 관해서는 수학과 기술을 중심으로 많은 논란이 이루어졌다. 수학은 컴퓨터의 기본 원리를 제공했고, 기술은 그것을 실제로 구현했다(Davis, 2000). 사실 컴퓨터는 계산수나 계산기를 뜻하는 것이고, 우리가 쓰고 있는 컴퓨터는 계산기를 훨씬 넘어서 모든 시청각 정보를 처리할 수 있는 전자 기계이다. '보편 컴퓨터' 또는 '범용 컴퓨터'(universal computer)[52]는 이것을 뜻한다. 인공지능은 컴퓨터 기술의 최고 목표로서 컴퓨터가 인간과 같은 상태에 이르게 되는 것을 추구한다. 그러나 인간은 생물-주체이고, 기계는 물체-도구이다.

인공지능이 인간은커녕 다른 동물의 수준에도 이르지 않았고 못할 것이라고 해도 인공지능은 이미 아주 놀라운 상태에 이르렀다. 컴퓨터 기술이 아주 놀라운 상태에 이른 것이다. 인공지능의 시조가 라이프니츠라면, 중시조는 노버트 위너이다. 라이프니츠는 보편 문자와 추론 계산을 통해 이런 기계를 만들 수 있다는 꿈을 제시했고, 노버트 위너는 당대의 전자 기술을 망라한 '사이버네틱스'(자동조절학)로 이런 기계를 만들 수 있는 수학적 가능성을 제시했다. 컴퓨터 기술에 명확한 물리적 한계가 있다고 해도[53] 이미 컴퓨터 기술은 엄청난 편리성과 위험성을 다 갖추고 있다.

인공지능의 개발은 크게 두 패러다임이 경쟁하며 이루어졌다. 인간의 신경을 모방해서 기계를 제작하는 신경주의(neuronism)와 인간의 지식을 정리해서 기계에 이식하는 이식주의(implantism)이다. 민스키가 1956년 이식주의로 시작했으나, 로젠블래트가 1958년 신경주의로 제압하게 되었다. 그런데 1960년대 말에 신경주의가 파산하고 이식주의가 제압하게 되는 것처럼 보였다. 그러나 1986년 '역전파법'의 개발로 신경주의가 재기하고 이식주의가 패퇴하게 되었다. 2006년 '심층 신경망'이 개발되어 신경주의가 제압하고 이식주의는 보조적인 것으로 격하됐다.[54]

① 신경주의. 흔히 연결주의(connectionism)로 불린다. 신경들이 연결되어 있는 것처럼 많은 연산장치들을 연결하는 것이기 때문이다. 또한 연산장치들과 자료들을 연결해서 작동하게 되는데 이것을 학습이라고 부른다. 이렇게 많은 연산장치들과 자료들을 연결한 결과로 지능(처럼 보이는 것)을 구현하는 것이어서 '상향식'이라고 한다. '경험론'의 성향이 강하다. 위너, 로젠블루쓰, 맥컬럭, 피츠, 위너, 로젠블래트, 러멜하트, 힌튼, 르쿤 등 많은 연구자들이 있다.

② 이식주의. 흔히 계산주의(computationalism)로 불린다. 지식을 기계에 이식하기 위한 계산 방법에 초점을 맞추기 때문이다. 이식한 지식이 작동되어 지능(처럼 보이는 것)을 구현하는 것이어서 '하향식'이라고 한다. '합리론'(rationalism)의 성향이 강하며, 기호의 조작을 핵심으로 다루는 상징주의(symbolism), 드러난 행태를 실체로 여기는 행동주의(behaviorism)의 성격을 갖는다. 튜링, 폰 노이만, 사이먼, 뉴얼, 매카시, 민스키 등 많은 연구자들이 있다.

③ 인지주의. 2010년대에 들어와서 '인지주의 인공지능'(cognitive AI)이 제기되기 시작했다. 이것은 두뇌와 신경의 연구를 기초로 인간의 두뇌를 더욱 더 정확하게 모방하는 것이다(장병탁, 2018; Sayantini, 2023). 실제 기술로는 신경주의를 중심으로 하고 이식주의로 보완하는 것으로 보인다. 인간의 인지는 너무나 복잡하고 역동적인 과정이어서 기계가 이것을 모방하기 위해서는 엄청난 자원이 필요하다.[55]

인공지능의 미래에 관해서도 초기부터 현재까지 많은 논란들이 계속 이어졌다. 그것은 기술적 차원, 사회적 차원, 윤리적 차원 등 세 차원으로 나누어 살펴볼 수 있다.

① 기술적 가능론 대 불능론. 완전한 인공지능을 만들 수 있을 것인가에 대해 여전히 논란이 계속되고 있다. 대체로 공학 쪽이 가능론을 주장하고, 철학 쪽이 불능론을 주장한다. 이 문제는 완전한 인공지능은 인간과 같이 의식적 존재일 것이고, 따라서 인간과 같은 주체의 지위를 갖게 될 것이며, 나아가 인간을 적으로 여기고 절멸시키게 될 수 있다는 우려와 직결되어 있다. 인공지능에서 기술적 논란은 가장 깊은 인간적 논란의

성격을 갖고 있다.⁵⁶

② 사회적 낙관론 대 비관론. 인공지능은 더 좋은 세상을 만들 것인가, 더 나쁜 세상을 만들 것인가? 인공지능이 더 나쁜 세상을 만들게 된다면 우리는 인공지능을 개발해서는 안 될 것이다. 인공지능은 편리와 효율을 크게 증진시킬 수 있지만 이와 함께 커다란 사회적 및 인간적 위험을 안고 있다. 노버트 위너는 강력한 기술적 가능론자이자 사회적 비관론자의 면모를 보이기도 했다. 인공지능의 사회적 영향에 크게 주의해야 한다.

③ 윤리적 허용론 대 불허론. 윤리적 대응은 허용론이 완전한 대세를 이루고 있는 것 같다. 그러나 인공지능은 심각한 사회적 및 인간적 문제를 안고 있기에 무조건적으로 허용할 수는 없다. 인공지능이 크게 향상되면서 이에 대한 우려도 더욱 더 커지고 있다. 그것은 막연한 우려가 아니라 엄밀한 기술적 우려이다. 이에 따라 제한된 허용론/제한된 불허론이 널리 확산되고 있다. 이제 인공지능의 무조건적 추구는 심각한 반윤리에 해당된다.

1960-70년대에 계속 공표된 허버트 사이먼, 마빈 민스키 등의 호언장담은 사실 낙관론이라기보다는 혹세무민에 가까운 것이었으나 당시 공학 쪽에는 이런 인식이 널리 퍼져 있었다. 1960년에 컴퓨터와 인터넷의 개발을 주도한 MIT의 조셉 리클라이더(Joseph Licklider, 1915 – 1990)는 인간과 컴퓨터의 '공생'(symbiosis)을 주창했다. 같은 해에 동물과 기계의 결합체인 '사이보그'(cyborg, cybernetic organism, 사이버네틱 유기체)의 개념도 제시됐다. 그 뒤 1980년대 중반에는 아예 인간과 기계의 '혼합'(melding)이 적극 주장되기 시작했다.⁵⁷ 다시 2000년대 초반에는 이

제 인간이 기계로 '진화'하게 된다는 주장이 제기됐다. 이른바 '탈인간' 론은 이런 주장들이 포괄된 것이다.

그러나 인간은 생물-주체이고, 기계는 인공 물체-도구이다. 인간이 기계가 되는 것은 인간의 절멸이다.[58] 기계가 야기할 수 있는 인간의 절멸에 대한 우려를 왜곡하기 위해, 인간과 기계의 혼합을 운운하고, 그것을 심지어 인간의 진화로 미화하고, '탈인간'으로 신비화하는 것이다.

기계에 의한 인간의 절멸 위험을 해소하기 위해서, 기계를 이용한 불평등의 극단화 위험을 해소하기 위해서, 우리는 생물-인간과 기계의 차이를 올바로 인식해야 한다.

2. 인공지능의 기초

인공지능은 초성능 컴퓨터, 초연결 통신망, 초거대 데이터로 이루어지며, 그 핵심은 당연히 초성능 컴퓨터이다. 인공지능의 물리적 실체는 초성능 컴퓨터로서 그 기술적 구성은 다른 컴퓨터와 마찬가지로 물리적 요소(하드웨어)와 정보적 요소(소프트웨어)로 이루어진다. 하드웨어는 중앙처리장치(CPU), 기억장치, 입출력장치 등이며, 소프트웨어는 컴퓨터를 작동하는 프로그램으로 운영체계와 응용 프로그램으로 이루어져 있다. 인공지능을 무슨 신비로운 생물인 듯 생각하는 것은 완전한 잘못이다. 인공지능은 최고 상태의 컴퓨터일 뿐이다.

하드웨어의 핵심은 CPU인데, 반도체 칩이 그 물리적 실체이다. 반도체 칩은 크게 시스템과 메모리의 둘로 나뉘며, 용도에 따른 전자 회로가 반도체 칩 위에 구현된다.

반도체 칩의 성능은 흔히 그 위에 구현된 트랜지스터의 수로 제

표 3 반도체 칩의 종류

메모리 반도체	VS.	시스템 반도체
데이터 저장	용도	데이터 처리(연산, 제어 등)
단순, 규격 배열	칩 구조	복잡, 비규격화
휘발성(DRAM, SRAM) 비휘발성(ROM, 플래시 등)	제품 종류	마이크로 컴포넌트(CPU, DSP), 로직 IC(DDI, AP) 아날로그 IC, 광반도체(CIS) 등
공정 기술	기술성	설계 기술
소품종 대량 생산	생산 방식	다품종 소량 생산
미세 공정 하드웨어 양산 능력 설비 투자, 자본력	주요 경쟁력	설계 소프트웨어 노하우 인적 자원, 교육
삼성전자, SK하이닉스, 마이크론, 도시바 등	주도 기업	인텔, 퀄컴, 엔비디아, AMD, LX세미콘 등
30% ~ 40%	시장 점유율	60% ~ 70%

출처: 주병권(2023)

시된다. 오늘날 반도체 칩은 대체로 수백억 개의 트랜지스터를 구현하고 있다. 전자가 이동하는 전자 회로의 가늘기가 관건인데, 삼성전자는 2022년에 세계 최초로 3나노 칩을 생산하기 시작했다. 그런데 5나노 이하에서는 전자의 터널링 현상이 나타나서 대단히 어려워진다.[59] 이 때문에 반도체 칩의 성능 향상에는 한계가 있게 된다. 이 문제에 대응해서 반도체 칩의 새로운 제작법이 개발되고 병렬형 컴퓨터[60]가 적극 추구되고 있다. 병렬형 컴퓨터(Parallel Computer)에는 CPU보다 그래픽 처리 전문인 GPU(graphics processing unit)가 더 적합해서 인공지능의 급성장과 함께 그 사용이 크게 늘어나고 있다(정인성, 2023).[61] 이와 함께 인공지능을 위해 초거대 CPU가 제작되어 사용되고 있기도 하다.[62]

참고로 초성능 컴퓨터는 제작비와 운영비가 모두 대단히 많이 들기 때문에 개인은 말할 것도 없고 기업도 직접 소유하기 어렵고 정부의 적극적인 정책이 필요하다. 한국의 현황은 다음과 같이 세계 20위권에서 세계 5위권으로 도약을 추진하고 있다.

초고성능 컴퓨터는 국제적으로 합의된 정의는 없지만 일반적으로 보통의 컴퓨터보다 훨씬 빠른 속도로 대용량 연산을 수행하는 150만 달러 이상의 대형 컴퓨터 시스템이다. 이 중 세계 500위권 내에 들어가는 초고성능 컴퓨터를 슈퍼컴퓨터라고 한다. 지난해 11월 기준으로 세계 1등 슈퍼컴퓨터는 일본의 후가쿠(Fugaku)로 연산속도가 442페타플롭스(PF; 1초당 1천조 번 연산)[63]다. 이는 우리나라가 보유한 최고 슈퍼컴퓨터인 누리온(13.9페타플롭스) 성능의 30배다.
급증하는 초고성능 컴퓨팅 활용 수요에 대응해 국가 플래그십 초고성능 컴퓨터로서 현재 세계 21위 수준인 국가슈퍼컴퓨팅센터의 슈퍼컴퓨터 5호기(누리온, 2018년 도입)를 세계 5위권 수준의 6호기(2023년), 7

호기(2028년)로 순차 교체·운영한다. 이는 1988년 한국과학기술정보연구원(KISTI)을 시작으로 기상청 등 초고성능 컴퓨터 운영기관은 확대되고 있으나, 그간 자원 도입 규모가 작고 구축 지연 등이 발생해 최근 급증하는 초고성능컴퓨팅 활용 수요에 대응하지 못하고 있다는 지적에 따른 것이다(이준배, 2021).

인공지능을 실제로 규정하는 것은 소프트웨어[64]이다. 신경주의와 이식주의의 대립은 단순히 추상적 관점의 대립이 아니라 컴퓨터 프로그램의 개발을 둘러싼 실제적 대립이다. 신경주의는 신경의 작동을 모방하는 컴퓨터 프로그램을 만드는 것이고, 이식주의는 인간의 지식을 이식하는 컴퓨터 프로그램을 만드는 것이다. 이식주의는 '전문가 체계(expert system)'로 끝났고, 신경주의는 챗지피티로 새 지평을 열었다. 이제 인공지능은 인공신경이 주도하고, 전문가 체계가 보조한다. 인공신경은 사실 하드웨어이고, 이것을 소프트웨어로 작동하는 중요한 방식이 '기계 학습'이고, 다시 이것을 다층적으로 실행하는 것이 '심층 학습'이다.

인공신경의 제작은 1943년에 맥컬럭과 피츠가 처음 제기했다.[65] 여러 인공신경들을 연결해서 인공신경망(artificial neuron network, ANN)을 만든다. 최초의 인공신경망은 민스키에게 당한 로젠블래트가 1958년에 만든 '퍼셉트론'이었다. 그는 1962년에 '퍼셉트론'의 한계를 해결할 '오차 역전파 교정'에 대한 연구를 발표했으나 실행할 방법을 찾지 못했다. 이것은 인공신경의 실행 결과를 되먹임해서 오차를 교정하고 더 나은 계산을 실행하는 것이다. 1986년에 럼멜하트, 힌튼, 윌리엄스 등의 '오차 역전파 교정' 논문이 발표되어 '퍼셉트론'의 한계를 넘어서 인공신경망의 새 장이 열리게 되었다. 되먹임으로 오차를 바로잡는 것과 함께 다층 퍼셉트론으로 인공신경망을 확립할 수 있게 되었다.

그림 1 인공지능-기계 학습-심층 학습의 관계

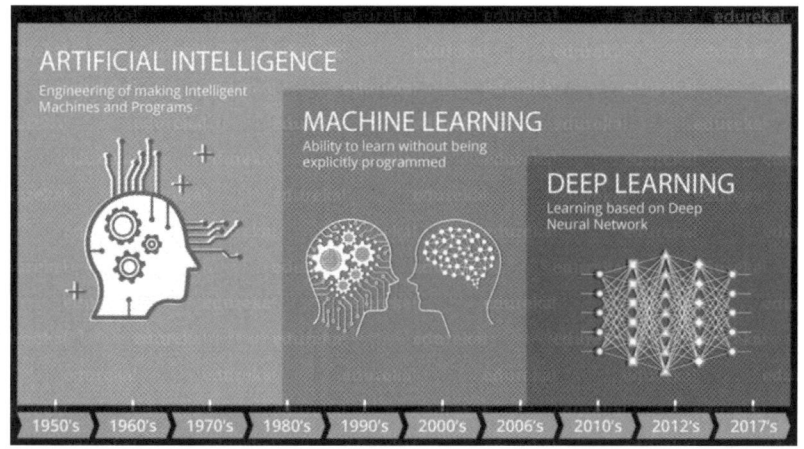

　인공신경망(Artificial Neuron Network, ANN)은 언어 처리에 강한 '순환 신경망'(Recurrent Neural Network, RNN), 시각 처리에 강한 '합성곱 신경망'(Convolutional Neural Network, CNN)이 양 축을 이루었는데, 2006년에 제프리 힌튼이 '심층 신뢰망'(Deep Belief Network, DBN)을 발표해서 '심층 신경망'(Deep Neural Network, DNN)의 새 장을 열게 되었다.[66]

　심층 신경망은 입력층과 출력층의 사이에 많은 은닉층(인공신경, 연산장치)을 설치해서 계산하게 하는 다층 신경망이다. 이어서 2017년에 구글이 Transformer를 공개해서 '심층 학습'을 본격화했다.[67] 사전에 '학습'을 해 놓는 것이 '훈련'이고, '훈련'을 통해 알고리즘과 데이터가 연결된 것이 '모델'이다. 트랜스포머를 활용해서 만든 지피티는 '생성형 대규모 언어 모델'이고, 챗지피티는 지피티를 활용하는 생성형 응용 프로그램이다. 생성형은 이용자의 요구/지시에 대해 완성된 표현물의 형태로 결과를 제시하는 것이다.

　오늘날 인공지능을 대표하게 된 '심층 신경망'의 제작과 작동은 많은 자원을 필요로 한다. 하드웨어와 소프트웨어가 모두 엄청난 수준이

4장 인공지능의 현재　63

표 4 국내외 초거대 AI 개발 현황

기업	초거대 AI	특징
Google 구글	스위치 트랜스포머 람다(LaMDA)	세계 최대 1조 6,000억 파라미터
마이크로소프트	MT-NLG 메가트론	5,300억 파라미터
NAVER 네이버	하이퍼클로바(Hyper CLOVA)	국내 최초 한국어 특화 모델
kakao 카카오	코지피티(KoGPT) 민달리(MinDALL-E)	GPT-3의 한국어 특화 모델 이미지 생성 등 멀티 모델
SK	GLM(개발중)	국립국어원과 협력, 한국어 최적화
KT	개발중	카이스트 등과 초거대 AI 개발 중
LG	엑사원(EXAONE)	국내 최대 3,000억 파라미터

*파라미터: 상황에 따라 처리할 수 있는 매개변수의 단위. AI의 용량을 나타내는 척도. 자료: 각사 정보 종합

주: 2023년 2월 구글은 람다 기반 챗봇 '바드'를 공개했다. 그러나 여러 문제들이 드러나서 구글의 모기업인 '알파벳'의 주가가 폭락했다. 5월 구글은 더 큰 '대규모 언어 모델'인 팜-2 기반으로 바꾼 '바드'를 공개했다. 이로써 '챗지피티'와 '바드'가 생성형 챗봇의 양 축을 이루게 됐다.
출처: 이승엽(2022).

다. 이런 현실에 비추어서 2020년에 국내의 한 연구원이 '초거대 AI'(Super-Giant AI, Hyperscale AI)라는 말을 제시했다(구은서, 2013; 김재필, 2023). 인공지능은 작은 기계가 절대 아니며, 그 개발도 개인이 할 수 있는 게 절대 아니다. 한국도 당연히 대기업이 주도하고 있다.

'초거대 AI'의 개발에 관한 국내외 현황을 조금 더 자세히 살펴보면 다음과 같다. 하드웨어는 물론 소프트웨어도 엄청난 비용이 필요하다. 소프트웨어는 컴퓨터 프로그램과 데이터로 이루어지는데, 컴퓨터 프로그램은 물론 데이터도 엄청난 비용이 필요하다.[68] '학습', '훈련', '생성' 등이 모두 기존의 데이터를 활용하는 것이기 때문이다.

처음 초거대 AI가 등장한 건 2020년이다. 오픈AI는 총 1750억 개의 파라미터(매개변수)를 가진 초거대 AI 'GPT-3'를 선보였다. 기존 GPT-1보다 1000배 많고, GPT-2보다 117배에 가까운 파라미터를 탑재했다. 파라미터는 인간의 뇌에서 정보를 학습하고 기억하는 '시

냅스'와 유사한 역할을 하는 인공 신경망이다. 파라미터가 많을수록 AI가 더 정교한 학습을 할 수 있는 것으로 알려졌다.

GPT-3 이후 엔비디아, 마이크로소프트(MS), 테슬라 등 많은 빅테크 기업은 초거대 AI 개발에 팔을 걷어붙였다. 한국에서의 열기는 더 뜨거웠다. LG, 네이버, 카카오, SKT, KT 등 국내 빅테크 기업은 경쟁적으로 초거대 AI 개발에 나섰다. LG의 엑사원, 네이버의 하이퍼클로바, 카카오의 코지피티·민달리 등이 현재 개발된 국내 초거대 AI다. KT도 올해 상반기 초거대 AI 등장을 예고했다.

...

국내에서 선보여진 초거대 AI는 크게 언어모델과 멀티모달(Multimodal)로 나뉜다. 언어모델은 텍스트에 집중된 AI다. 언어 데이터를 학습해 소설, 에세이, 칼럼 등 텍스트로 된 콘텐츠를 창작할 수 있다. 오픈AI의 GPT-3, 네이버 하이퍼클로바, 카카오 코지피티 등이 여기에 속한다. 이중 하이퍼클로바의 경우 GPT-3보다 한국어 데이터를 6500배 이상 많이 학습한 한국어에 특화된 AI로 평가된다.

멀티모달은 영상·이미지·텍스트를 모두 이해하고 사고하는 AI다. 텍스트를 이해해 이미지를 만들 수 있다. LG 엑사원과 카카오의 민달리가 멀티모달 AI다. 단 카카오의 민달리는 텍스트를 이미지로 만드는 것만 가능하지만, 엑사원은 텍스트를 이미지로 만들고, 이미지를 텍스트로 만드는 것이 가능하다(김동원, 2022).

한국에서 인공지능의 개발은 '문재인 정부'에서 '혁신성장'의 핵심으로 추진됐다. D.N.A. 산업과 BIG3 산업이 그것으로 D.N.A.는 Data, Network, AI를 뜻한다.[69] 그런데 여기서 데이터의 중요성과 관련 비용에 주의할 필요가 있다.

"초거대 인공지능(AI) 개발 비용은 크게 데이터 확보, 그래픽처리장치(GPU) 등 컴퓨팅 부문 투자, 인력 확보로 나뉩니다. 세 분야가 모두 중요하지만 데이터 확보에 생각보다 많은 비용이 들어갑니다. 한국어로 된 콘텐츠가 부족하기 때문이죠."

최근 만난 국내 대기업 산하 AI 연구소 관계자는 초거대언어(LLM) 기반 AI 서비스 개발 비용 중 데이터 관련 비중이 높다며 이 같이 밝혔다. 이 관계자는 "전세계 온라인 콘텐츠 중 한국어로 작성된 콘텐츠가 0.5% 수준에 불과하기 때문에 AI를 학습시키기 위해 영어로 작성된 콘텐츠와 데이터를 구입해야 한다"며 "이 같은 상황이 이어진다면 국내 AI 업체의 해외 시장 공략은 커녕 한국시장 수성도 어려울 수 있다"고 우려했다.

…

문제는 압도적 자본력과 기술력을 바탕으로 '규모의 경제'를 확보한 글로벌 빅테크와의 경쟁이 쉽지 않다는 것이다. 오픈AI가 최근 내놓은 GPT-4는 '파라미터(매개변수)'를 3000억~6000억 개 사용됐을 것으로 추정되며 1대 당 1만5000달러 이상인 엔비디아의 GPU 'A100' 1만여대가 GPT-4의 기계학습에 사용된 것으로 알려졌다. 오픈AI가 향후 내놓을 신규 버전의 GPT는 보다 많은 학습이 필요하다는 점에서 A100보다 성능이 높은 H100[70]과 같은 GPU를 사용할 가능성이 높다. 생성형 AI 구동 인프라에만 수천억 원이 기본으로 투입돼야 하는 셈이다. 구글과 메타 등도 이 같은 컴퓨팅 인프라 구축에 최소 수천억 원을 쏟아부을 것으로 전망된다(양철민, 2023).

3. 인공지능의 실상

많은 과학적 허구물들의 영향으로 인공지능이라는 말은 인간의 형상을 한 기계를 떠올리게 한다. 그러나 실제는 전혀 그렇지 않다. 인공지능은 초성능 컴퓨터, 초연결 통신망, 초거대 데이터가 결합되어 작동한다. 개인용 컴퓨터, 스마트폰, 인간의 형상을 한 기계 등은 모두 인공지능을 이용하는 단말기일 뿐이다. 인공지능의 실체는 엄청난 규모다. 인공지능의 형태와 규모에 대한 우리의 인식 자체가 크게 교정되어야 한다.

인공지능은 다음과 같이 정의되고 있다. 여기서 알 수 있듯이, 인공지능의 목표는 궁극적으로 인간의 지능과 같은 것을 개발하는 것이다.

① 1956년 다트머스 인공지능 회의의 정의
"학습의 모든 측면이나 지능의 어떤 다른 특징을 모사할 수 있는 기계. 언어를 사용하고, 추상과 개념을 형성하고, 인간만이 하는 여러 문제들을 해결하고, 그것들을 개선하는 방법을 찾아내는 기계."

② 『인공지능 – 현대적 접근』[71]의 정의
"우리는 우리 자신을 호모 사피엔스(Homo sapiens, 현명한 자)로 부른다. 우리의 지능이 우리에게 너무나 중요하기 때문이다. 수천년 동안 우리는 우리가 어떻게 해서 생각하는가를 이해하기 위해, 즉 단지 한 줌의 물질이 어떻게 해서 자신보다 훨씬 더 복잡한 세계를 지각하고, 이해하고, 예측하고, 조작할 수 있는가를 이해하기 위해 애써왔다. 인공지능(artificial intelligence, AI)의 영역은 훨씬 더 나아간다. 그것은 지적인 실체를 이해할 뿐만 아니라 만들고자 시도한다."

그런데 인공지능은 과연 무엇인가? '무엇을'이 아니라 '어떻게'가 인공지능을 실제로 규정한다. 인공지능은 컴퓨터 기술의 최고 목표인데, 그것은 일반 컴퓨터와 어떻게 다른가? 어떤 작업을 시행할 때, 일반 컴퓨터는 인간이 입력-처리-출력의 과정에서 계속 명령을 입력해서 작동하게 하는 것이고, 인공지능은 명령을 입력하면 처리와 출력을 다 알아서 수행하는 것이다.

세계에서 가장 널리 쓰이고 있는 인공지능 교과서는 인공지능의 특성과 그 개발에 대한 접근법을 **표 5**와 같이 네 종류로 구분하고 있다. '인간처럼'과 '합리적으로'가 기본인데, 전자는 '경험적 접근'이고, 후자는 '합리적 접근'이다.

표 5 인공지능의 정의

① 인간처럼 행동하기 - '튜링 검사' 접근	③ 합리적으로 생각하기 - '생각의 법칙' 접근
② 인간처럼 생각하기 - 인지적 모델링 접근	④ 합리적으로 행동하기 - 합리적 행위자 접근

출처: Stuart J. Russell · Peter Norvig(2016: 2~5).

1950년에 발표한 기계와 지능에 관한 논문에서 앨런 튜링은 기계가 질문을 받고 답을 해서 인간과 구분되지 않는다면 그 기계를 인간과 같은 것으로 볼 수 있다고 주장했다. 인공지능의 주창자들은 모두 이런 식으로 생각한다. 이에 대해 1980년에 미국의 철학자 존 썰은 앨런 튜링의 인공지능 주장을 반박하는 '중국어 방'의 논문을 발표했다. 그는 중국어를 몰라도 얼마든지 중국어를 아는 것처럼 보일 수 있다는 논증으로 튜링의 주장을 통렬히 논박했다. 가상현실이 잘 보여주듯이 아무리 현실처럼 보여도 현실이 아닐 수 있다. 튜링의 주장은 그야말로 막연한 긍정론일 뿐이다.

썰은 이 논문의 서두에서 '약한 인공지능'(weak AI)과 '강한 인공지능'(strong AI)을 구분했다. 이로써 인공지능의 기본적 구분이 이루어졌다. 전자는 한 가지 기능을 하는 것이고, 후자는 인간처럼 어떤 기능이라도 할 수 있는 것이다. 썰의 구분에서 중요한 것은 '의도성'(intentionality)이다. 인간은 의도를 갖고 있는 주체이고, 기계는 인간이 만든 도구일 뿐이다. 인간은 컴퓨터 프로그램으로 기계를 만들 수는 있어도 의도를 만들 수는 없다. 인간과 같은 인공지능은 '강한 인공지능'인데, 의도를 프로그램할 수 없기에 '강한 인공지능'은 불가능하다(Searl, 1980).

물론 인공지능 쪽은 썰의 논박을 무시하고 있다. 여기에는 강력한 경제적 이유가 작용하고 있다. 인공지능 쪽은 어설픈 컴퓨터 시기에 인간과 같은 지능 기계를 만들 수 있다는 주장으로 막대한 연구비를 쉽게 확보할 수 있었다. 인간과 같은 지능 기계를 만들 수 있다고 호언하는 것이 인공지능 쪽의 최고 영업 방식이었다. 썰의 논박은 이 영업 방식에 찬물을 끼얹는 것이었다. 그러나 썰의 구분을 계기로 인공지능의 상태를 구분하는 논의도 계속 이루어졌다. '강한 인공지능'이 아니어도 인공지능은 분명히 있고, 그 상태도 분명히 계속 개선되어 왔다.

최근에 인공지능은 '협 인공지능'(Narrow AI), '일반 인공지능'(General AI), '초 인공지능'(Super AI)의 셋으로 나뉘기도 한다.[72] 셋의 구분은 보통 수행하는 과제의 범위를 기준으로 하지만 훨씬 더 중요하고 근본적인 기준은 인간의 통제 정도다. '협 인공지능'은 '약한 인공지능'으로 한 가지 과제에 특화되어 있으며 인간이 전적으로 통제할 수 있다. '일반 인공지능'은 '강한 인공지능'으로 인간과 같은 지능을 발휘하며 인간의 통제를 벗어난다. '초 인공지능'은 인간을 넘어서는 지능을 발휘하며 인간의 통제를 받는 것이 아니라 인간을 통제할 것이다.

챗지피티의 등장으로 인공지능-인공신경의 새 장이 열렸지만 여기

표 6 인공지능의 구성

컴퓨터 프로그램
* 일반 프로그램 - 계산, 문자, 시각, 청각, 동영상 등 처리
* AI 프로그램 - 전문가 체계: 인간의 지식을 이식해서 사용 　　　　　　 - 인공 신경망: 인간의 지식을 학습해서 사용 　　　　　　　 - 기계 학습: 지도, 준지도, 비지도, 강화 　　　　　　　　 - 심층 학습 - 알고리즘: RNN, CNN, DBN, GAN 등 　　　　　　　　　　 - 모델: Transformer 　　　　　　　　　　　 - 언어 모델: BERT, GPT 등 　　　　　　　　　　　　 - 대화 서비스: 챗지피티 등

에는 오랜 시간과 많은 노력이 필요했다. 1943년 맥컬럭과 피츠의 인공 신경 가능성 제기, 1958년 로젠블래트의 '퍼셉트론' 제기, 1986년 럼멜하트 등의 '오차 역전파 방식' 정립, 1989년 얀 르쿤의 CNN (1998년 확립) 발표, 2006년 힌튼의 DBN 발표, 2017년 구글의 트랜스포머 발표, 2018년 BERT 발표, 2018년 2월 GPT 발표, 10월 BERT 발표, 2019년 GPT 발표, 2022년 챗지피티 발표 등으로 이어졌으니 맥컬럭과 피츠의 연구에서 챗지피티까지 거의 80년이 걸렸다. 인간은 참으로 짧은 시간에 너무나 놀라운 기술의 발전을 이루었다.

　여기서 챗지피티로 직결되는 세 가지 성과를 꼽는다면, 1986년의 '오차 역전파 방식', 2006년의 DBN, 2017년의 트랜스포머 등일 것이다. 구글이 개발한 심층 학습 모델인 트랜스포머는 '기초 모델'(foundation model)로 여겨진다(Merritt, 2022). 인공신경망이 트랜스포머를 기초로 해서 재정립된 것이다. 트랜스포머는 언어의 처리, 특히 번역을 위해 만들어진 것으로 '번역기'인데, 언어와 함께 시각을 다루는 '변환기'가 되었고, 챗지피티-4는 이것을 구현했다. 트랜스포머를 훈련해서 '대규모 언어 모델'인 버트와 지피티[73]가 등장했는데, 이로써 엄청난 수의 매개변수를 활용하는 '대규모 언어 모델'이 확산됐고, 특히 지피티는 생성형 인공지능의 대확산을 초래했다. 이제 인공지능은 수많은 지식을 학습해서 각종 문자물, 시각물, 청각물 등의 결과물을 제시하는 것이 당연한 상태가 되었다.

챗지피티로 활짝 열린 생성형 인공지능의 지평은 계속 확대되고 있다. 생성형 인공지능은 그 표현과 기능을 구분해 볼 필요가 있다. 생성 결과는 문자, 시각, 청각, 동영상 등의 여러 표현물로 제시되고,[74] 그 기능은 정치, 경제, 문화, 자연 등의 모든 영역에 걸친다. 여기서 너욱 주의해야 할 것은 바로 기능의 면이다. 표현물은 그 자체로 의미를 갖지만 기능을 위한 수단의 성격을 갖고 있다.

> 테크 기업들이 갑자기 예술과 사랑에 빠지기라도 한 걸까? 그럴 리가. '인간 최후의 영토'로 여겨지던 예술·창작 분야는 역설적으로 초거대 AI의 능력을 시험할 최적의 분야가 됐다. 예술의 세계에는 정해진 답이란 게 없다. 그러니 상용화된 제품과 달리, 초거대 AI의 결과물이 어느 정도 엉망이어도 우리는 너른 마음으로 초거대 AI의 시행착오를 지켜볼 수 있다. 동시에 초거대 AI의 잠재력이 어느 정도인지도 확인 가능하다(구은서, 2023).

인공지능의 놀라운 능력은 이미 여러 표현물들을 통해 잘 확인되었다. 그것은 '문화의 민주화'를 넘어서 사회 전체를 크게 바꾸어 놓을 힘을 갖고 있는 게 분명해 보인다. 정치, 경제, 직업, 언론, 연구, 교육, 표현, 생활 등이 모두 크게 변할 수 있다. 그 변화는 어떤 것이고, 또 어떤 것이어야 하는가? 우리는 대단히 큰 경각심을 갖고 인공지능의 사회적 영향과 인간적 영향에 대해 주의하고 대응해야 한다.

5장 인공지능의 기초

우리는 이미 인공지능을 일상적으로 사용하고 있다. 인공지능은 저기 멀리 어딘가에 있는 것이 아니라 우리는 이미 '인공지능 사회'(AI Society)에서 살고 있는 것이다. 최근에 달라진 것은 '생성형 인공지능'의 등장이다. 2021년 1월 '달-E'(Dall-E)와 2022년 6월 '미드저니'(Midjourney)가 공개된 것에 이어 11월 '챗지피티'(ChatGPT)가 공개되어 '생성형 인공지능'의 세계가 본격적으로 그 모습을 드러내게 되었다. '생성형 인공지능'은 사용자가 명령을 문장으로 입력하면 시각 정보, 청각 정보, 문장 등을 출력으로 제시하는 컴퓨터 프로그램이다. 그 용도는 굉장하고, 그 위험도 굉장하다(Stanford HAI, 2023). 우리는 이 양면성을 올바로 인식해야 한다.

1. 인공지능 사회

'생성형 인공지능'의 놀라운 위력이 드러나자 인공지능에 대한 기대와 우려가 동시에 대단히 커졌다. 인공지능은 결코 만능이 아니고 놀라운 성능과 함께 커다란 문제도 안고 있다. '생성형 인공지능'으로 인공지능의 성능이 더욱 커진 만큼 그 위험도 더욱 커졌다. 이 때문에 우리는 더욱 더 조심해서 인공지능을 개발하고 이용하지 않으면 안 된다. 이미 인공지능은 그야말로 전방위적으로 사용되고 있다.

인공지능의 장점으로는 반복적 일을 정확히 처리하는 것, 작업 과정을 최적화하는 것, 자료 분석을 최고화하는 것, 인간을 보호하는 것 등이 제시되나(Zaichenko, 2023), 더욱 중요한 것은 일반적인 기능의 차원에서 나타난 성능의 변화인데, 그것은 표현·학습·연구를 지원하는 것

그림 2 인공지능의 사용

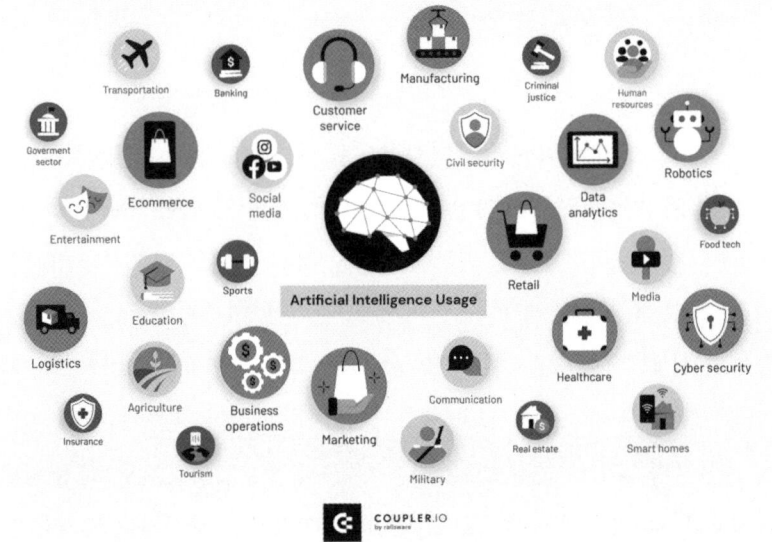

출처: Zaichenko(2023)

에서 표현·학습·연구를 직접 수행하는 것으로 나아간 것으로 요약할 수 있다. '전문가 체계'는 일반인이 법률, 의료, 전문 지식을 쉽게 이용할 수 있도록 해 주었고, '기계 학습'은 컴퓨터가 자료를 스스로 찾아서 정리-제시할 수 있게 해 주었고, '심층 학습'은 다층 신경망(연산 장치들)을 사용해서 '기계 학습'을 더욱 정교화해 주었고, '생성형'은 아예 완성된 형태의 결과물을 만들어서 출력하게 해 주었다.

인공지능 기술의 발전으로 컴퓨터는 보편적 정보 처리기를 넘어서 실행의 보조자로, 직접적 실행자로, 판단자-결정자로 계속 변화하고 있다. 여기서 무엇보다 조심해야 하는 것은 인공지능이 판단자-결정자로 변화하는 것이다. 생성하는 것, 즉 무엇인가를 새로 만들어내는 것은 단순히 주어진 대로 실행하는 것이 아니라 스스로 판단하고 결정해서 실행하는 것이다. 물론 인공지능이 실제로 하는 것은 입력된 프로그램에 따라 자료들을 선별하고 조합하는 것이다. 그러나 그것은 생성하는 것, 즉 스스로 판단하고 결정해서 실행하는 것으로 보인다. 인공지능의 발전으로 컴퓨터가 도구의 차원을 넘어서 주체의 경지에 이르고 있다. '오작동' 위험은 인간의 절멸을 우려할 정도로 크다.

인공지능의 위험에도 불구하고 우리는 이미 그것을 쓰지 않을 수 없는 상태에 있다. 중요한 것은 조심하고 주의해서 개발하고 이용하는 것이다.[75]

> 우리의 사회는 시민권과 정보에 대한 신뢰 위에 구축되어 있다. 만일 우리가 AI 생성 이미지의 여부를 쉽게 판별할 수 없다면, 정보에 대한 우리의 신뢰는 잠식될 것이다. 이런 경우에 우리는 이 기술의 적대적 사용에 특히 예민할 수 있는 취약한 사람들에게 특별한 주의를 기울일 필요가 있다.
> 내용을 생성할 수 있는 기계의 능력의 진보는 대단히 흥미롭다. 인간이 볼 수 없는 것을 보는 AI의 능력을 탐색하는 가능성도 그렇다. 그러나 우리는 이 능력들이 우리의 일상생활을, 우리의 공동체들을, 그리고 세계 시민으로서 우리의 역할을 무너트리지 않도록 주의해야 한다(Li, 2023).

기술의 양면성은 아무리 강조해도 지나치지 않다. 인공지능은 기술 위험을 극단화할 수 있다. 핵발전 위험은 이제까지 인류가 만든 최악의 기술 위험인데 인공지능은 이것을 인간의 통제에서 벗어나게 해서 완전한 절멸을 초래할 수 있다. 안전은 가장 기본적인 가치이며, 조심은 안전의 가장 기본적인 요건이다. 이런 관점에서 인공지능의 문제는 기술적 문제를 기본으로 인간적 문제, 사회적 문제, 생태적 문제로 살펴볼 수 있다.

2. 기술적 문제

지능이 두뇌의 작용인 것처럼 인공지능은 인공신경의 작용이다. 그런데 인공신경은 신경을 모방해서 만든 컴퓨터 프로그램이고, 인공지능은 그 작용으로 나타나는 결과이다. 결국 인공지능의 본질은 인간의 지능을 흉내내서 여러 일을 자동으로 처리하는 컴퓨터 프로그램이다. 이 컴퓨터 프로그램이 제대로 작동되기 위해서는 초성능 컴퓨터, 초연결 통신망, 초거대 데이터가 필요하다. 이런 점에서 인공지능은 초성능 컴퓨터, 초연결 통신망, 초거대 데이터의 결합물이라고 할 수 있다.

인간의 지능이 세상의 모든 존재와 사안에 대해 관심을 갖고 영향을 미칠 수 있는 것처럼 인간의 지능을 흉내내는 인공지능도 그렇다. 지능은 본질적으로 범용, 즉 모든 것에 사용될 수 있다. 지능으로 인간은 문명을 이루었고, 파멸의 위험을 맞게 되었다. 인공지능도 이런 이중적

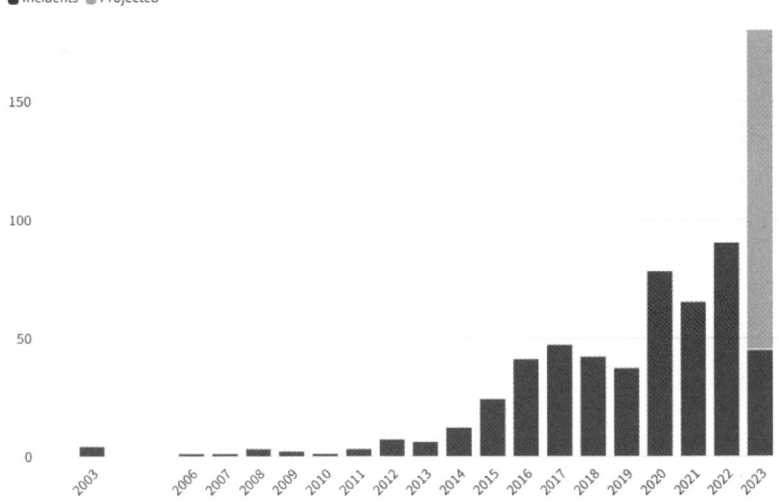

그림 3 인공지능 사고

상태에 있다. 그 기본은 기술적 문제이고, 이로부터 인간적 문제, 사회적 문제, 생태적 문제가 파생된다. 인공지능이라는 기술은 대단히 놀라운 기술이지만 결코 무조건 믿어서는 안 되는 기술이다.

인공지능의 사용이 폭증하자 **그림 3**에서 보이듯이 '인공지능 사고(AI Incident)'도 폭증하게 되었다. 인공지능은 결코 완전한 기술이 아니다.

인공지능은 컴퓨터 프로그램이어서 컴퓨터 프로그램이 갖고 있는 모든 문제를 갖고 있다. 가장 큰 문제는 기술적 오류이다. 이 문제는 원인불명의 오작동과 완전한 정상 작동의 두 가지로 나눌 수 있다. 후자와 관련된 것으로 인공지능이 가짜를 진짜인 듯이 제시하는 '환상'(hallucination)의 문제가 있지만, 컴퓨터로 만든 미사일 경보 시스템이 전면 핵전쟁 위기를 초래했던 사실을 잊지 말아야 한다. 인공지능도 당연히 이런 무서운 기술적 오류를 일으킬 수 있다.

> 세계가 전면 핵전쟁에 가장 가까이 다가갔던 날이 있다. 1983년 9월 소련 방공군의 중령이었던 스타니슬라프 페트로프는 미국의 미사일 5기가 소련을 향해 날아오고 있다는 미사일 경보 시스템의 작동이 잘못된 경보라고 판단했다.[76] 만일 그가 그 경보를 공격으로 보고했다면, 당시 운영되고 있던 시스템은 즉각 핵 미사일 반격을 가했을 것이다. 페트로프가 '세계를 구했다'는 말은 전혀 허황된 것이 아니다.[77] 오류의 원인은? 그 시스템이 구름에 빛나는 햇빛을 오인했던 것이다 (Minto, 2023).

기술적 오류와 연관된 인간의 문제는 무지, 실수, 의도 등의 세 가지로 나누어 살펴볼 수 있다.[78] 대부분의 문제는 무지나 실수에 의한 것이지만 의도적으로 잘못된 프로그램이 만들어질 수도 있다. 무지와 실수의 사례는 이미 많이 드러났다. 알고리즘이 인종, 민족, 성 등에 대한 차별을 담고 있는 것이 그 대표적인 예이다. 의도적으로 잘못된 프로그램은 이른바 '백도어'(backdoor)[79] 문제와 연관된다.

> 새로운 연구에 따르면, 추적할 수 없는 백도어들이 어떤 기계학습 알고리즘에도 심어질 수 있고, 이로써 그 자료에 무제한 접근해서 주무르는 사이버범죄가 일어날 수 있다. 기계학습 알고리즘-경험을 통해 자동적으로 개선되는 인공지능 체계-은 지금 언어 인식, 컴퓨터 시각, 의료 분석, 사기 탐색, 추천 엔진, 개인화된 주문, 위험 예측 등을 실행한다. 그러나 그 증가하는 사용과 성능은 잠재적 남용에 대한 우려를 키우고 가능한 대응책에 대한 연구를 촉진하고 있다(Choi, 2022).

인공지능의 컴퓨터 문제는 데이터 문제와 결합되어 더욱 더 커진다. 인공지능이 작동되기 위해서는 '훈련'과 '학습'이 필요한데, 이것은 엄청난 양의 자료들을 입력하고 연결하는 것이다. 현실에는 좋은 것과 나쁜 것이 다 있다. 따라서 자료들은 현실의 좋은 것과 나쁜 것을 다 담고 있다. 인공지능이 잘못 훈련되고 학습되면 나쁜 것에 물든 나쁜 인공지능이 될 수 있다. 극악무도한 나치나 일제(日帝)에 물든 인공지능 같은 게 만들어져서 세상을 망칠 수도 있다.

인공지능의 기술적 문제는 인공지능에 대한 어떤 기대도 큰 경각심을 전제로 해야 한다는 것을 보여준다. 기술의 위험이 커질수록 그 작동에 대한 개방적 토의와 관리가 중요해진다. 정보사회에서는 컴퓨터 프로그램의 작동이 사회적 관리의 중요 대상이 된다(Manovich, 2013). 그 핵심인 알고리즘의 공개에 대한 사회적 요청이 계속 커질 수밖에 없다. 인공지능에 대한 우려가 커지는 것은 그 작동이 제대로 알려지지 않기 때문이기도 하다. 맹신이 강요되고 있는 것이다.

인공지능의 근원적 문제는 바로 기술적 문제이고, 그 핵심은 바로 알고리즘의 문제이다. 알고리즘이 충분히 검토되고 시정될 수 있는가가 갈수록 중요한 사안이 된다. 과학기술에 대한 사이비 망상적 주장이 아니라 올바른 사회적-인문적 인식이 중요하다(Sokal, 1998). 그 핵심에 컴퓨터 프로그램/소프트웨어/알고리즘에 대한 관심이 놓여 있다. 현실 정보사회에서 컴퓨터 프로그램의 근간인 알고리즘은 인터넷 포털과 플랫폼 기업이 잘 보여주듯이 이미 결정적 의미를 갖고 있다(모정훈, 2021).

인공지능의 발전에 따라 알고리즘의 중요성은 더욱 더 커진다. 인공지능이 컴퓨터 프로그램으로서 어떻게 작동되는가가 잘 드러나야 한다. 인공지능의 위력은 너무나 강하기에 개발하는 과정에서 사전적 검증을 더욱 강화해야 한다.[80] 개발자들과 이용자들의 거리를 좁히고, 개발자들의 일방적 전횡을 차단해야 한다. 인공지능은 민주주의를 실현하는 것이어야 하고, 이를 위해서는 그 개발 과정부터 민주적이어야 한다. 이 점을 명확히 확립하는 것이 무엇보다 중요하다.

기업에게 알고리즘은 '영업비밀'의 성격을 갖는다. 이것은 알고리즘의 문제를 인정하면서도 한사코 그 공개를 거부하는 중요한 근거로 활용된다. 그러나 인터넷 포털, 플랫폼 기업, 그리고 인공지능 등의 사회적 영향은 너무나 크기에 그 알고리즘을 그저 '영업비밀'로 보호해서는 안 된다. 유럽과 미국은 인공지능으로 그 위험이 더욱 더 크게 부각된 알고리즘의 문제에 대응해서 규제를 적극 시행하고 있다.

유럽연합(EU)은 2018년 5월부터 '일반자료보호 규정'(GDPR, General Data Protection Regulation)을 시행해서 정보 주체의 보호를 실질화했다. 여기서 알고리즘에 대한 '설명을 요구할 권리'가 도출될 수 있고, 이로써 알고리즘을 통한 자동화된 의사결정의 문제를 해결할 제도적 기반이 마련됐다(김재완, 2019). 이어서 2023년 5월 미국 정부는 구글, MS, 오픈AI 등의 대표들을 백악관으로 불러서 해리슨 부통령의 주재로 AI의 위험과 대응에 관해 논의했다. 여기서 7대 기술기업들이 인공지능의 알고리즘과 자료를 공개하기로 합의했다(방은주, 2023).

3. 인간적 문제

인공지능이 초래할 수 있는 최악의 위험은 인간의 절멸이다. 이것을 인공지능에 의한 '실존적 위험'(existential risk)이라고 부른다. 그 대체적인 내용은 다음과 같다(*Wikipedia*의 Existential risk from artificial general intelligence에서).

인공지능에 의한 실존적 위험은 일반 인공지능(AGI)의 실질적 진보가 인간의 멸종이나 다른 회복불가능한 지구적 재앙으로 귀결될 수 있다는 가설이다.

실존적 위험(x-risk) 학파는 다음과 같이 주장한다. 인간 종은 인간의 두뇌가 다른 동물들이 부족한 두드러진 능력을 갖고 있어서 현재 다른 종들을 지배하고 있다. 만일 인공지능이 일반 지능에서 인간을 능가하고 '초지능'적으로 된다면, 인간이 인공지능을 통제하기 어렵거나 불가능해질 수 있게 될 것이다. 산악 고릴라의 운명이 인류의 선의에 달려 있듯이, 인류의 운명도 미래의 기계 초지능(superintelligence)의 행동에 달려 있게 될 수 있다.

…

우려의 두 원천은 인공지능 통제와 인공지능 정렬이다. 즉 초지능 기계를 통제하거나 인간과 양립할 수 있는 가치들을 주입하는 문제이다. … 세번째 원천은 갑작스런 '지능 폭발'이 준비되지 않은 인류를 덮칠 수 있다는 것이다.

인공지능은 인간과 같은 지능을 가진 기계를 뜻하는데, 인간이 정말 이런 기계를 만든다면, 그것은 인간과 같은 독립적 주체가 될 수 있고, 그 결과 인간을 멸종시킬 수 있다.

표준적인 인공지능 교재인 『인공지능: 현대적 접근』은 초지능이 '인류의 종말을 뜻할 수 있다'고 평가한다. 이 책은 이렇게 말한다. "어떤 기술도 나쁜 손에 들어가면 해를 끼칠 수 있는 잠재력을 갖고 있다. 그러나 '초지능'으로 우리는 나쁜 손이 기술 그 자체일 수 있다는 새로운 문제에 직면하게 되었다." 심지어 시스템 설계자들이 좋은 의도를 갖고 있다고 해도, 두 가지 어려움이 인공지능 및 비인공지능 컴퓨터 시스템 모두에 공통되게 나타난다.

- 시스템의 실행은 처음에 인식되지 않고 계속 나타나는 재앙적 오류들을 갖고 있을 수 있다. 이와 관련해서 우주 탐사에 대한 비유가 있다. 비싼 우주 탐사의 오류들은 발사 뒤에는 고치기 어렵다는 것을 알고 있음에도 불구하고, 역사적으로 기술자들은 재앙적 오류들이 발생하는 것을 막을 수 없었다.
- 배포 전 설계에 아무리 시간을 많이 들여도, 시스템의 사양은 새로운 상황을 만나자마자 의도하지 않은 행태로 귀결된다. 예를 들어 마이크로소프트의 테이(Tay)[81]는 배포 전 시험에서는 비공격적 행태를 보였지만, 실제 사용자와 상호작용하자 너무나 쉽게 미끼를 물고 공격적 행태를 보였다.

인공지능 시스템은 여기에 세번째 문제가 추가된다. '올바른' 요구, 오류가 없는 실행, 초기의 좋은 행태 등이 전제되더라도, 인공지능 시스템의 동적 학습 능력은 그것을, 예측되지 않은 외적 상황이 없더라도, 의도되지 않은 행태를 가진 시스템으로 진화하게 만들 수 있다.

1951년에 앨런 튜링도 이 위험에 대해 경고했다. 최근에는 일론 머스크, 제프리 힌튼, 요슈아 벤지오, 샘 알트만 등 산업과 연구에서 인공지능을 주도하는 자들이 대거 이 이 위험을 더욱 강력히 경고했다. 이 위험에 대응해서 '인공지능 정렬', '인공지능 통제' 등이 적극 제기되었다. 그러나 '세번째 문제'는 이런 노력들이 무의미할 것임을 뜻한다. 2023년 3월 23일 챗지피티의 성능에 놀란 많은 전문가들이 최소한 6개월 동안 더 강력한 인공지능 시스템의 훈련을 중단할 것을 촉구하고 나섰다.

거대 인공지능의 실험을 중단하라: 공개 편지

우리는 모든 인공지능 연구소들이 최소 6개월 동안 더 강력한 인공지능 시스템의 훈련을 즉각 중단할 것을 요청합니다.

인간-경쟁적 지능을 가진 인공지능 시스템들은, 폭넓은 연구에 의해 밝혀졌고 최고의 인공지능 연구소들이 인정했듯이, 사회와 인류에 대해 심오한 위험들을 제기할 수 있습니다. 널리 승인된 '아실로마 인공지능 원칙들'(Asilomar AI Principles)[82]에서 공표되었듯이, 선도적 인공지능은 지구의 생명사에서 심오한 변화를 대표할 수 있고, 따라서 상응하는 주의와 자원으로 계획되고 관리돼야 합니다. 불행하게도, 이런 수준의 계획과 관리가 행해지지 않고 있고, 심지어 최근 몇 달 동안 인공지능 연구소들은 아무도-심지어 그 창조자들도-이해할 수 없고, 예측할 수 없고, 믿을 수 있게 통제할 수 없는 더욱 더 강력한 디지털 정신을 개발하고 배치하는 통제되지 않는 경쟁에 빠져 있습니다.

...

우리는 우리의 문명에 대한 통제를 상실할 위험을 감수해야 하는가? 이런 결정들은 선출되지 않은 기술 지도자들에게 결코 위임되어서는 안 됩니다. 강력한 인공지능 시스템들은 그 효과가 긍정적이고 그 위험이 관리될 수 있다고 우리가 확신하는 한에서만 개발되어야 합니다.

...

그러므로 우리는 모든 인공지능 연구소들이 최소 6개월 동안 지피티-4보다 더 강력한 인공지능 시스템의 훈련을 즉각 중단할 것을 요청합니다. 이 중단은 공개적이고 입증될 수 있어야 하며, 모든 핵심 행위자들을 포함해야 합니다.[83] 만일 이런 중단이 빨리 실행될 수 없다면, 정부가 개입해서 유예를 시행해야 합니다.

...

인류는 인공지능으로 풍족한 미래를 누릴 수 있습니다. 강력한 인공지능 시스템들의 제작에 성공해서, 우리는 지금 '인공지능 여름'[84]을 누릴 수 있습니다. 여기에서 우리는 보상을 받고, 모두에게 유익하도록 이 시스템들을 고안하고, 사회에 적응할 기회를 제공합니다. 사회는 사회에 잠재적으로 재앙적인 효과를 갖고 있는 다른 기술들에 대해서 중단 조치를 취했습니다. 우리는 인공지능에 대해서도 그렇게 할 수 있습니다. 준비되지 않은 채 추락을 향해 달려가지 말고, 긴 인공지능 여름을 누립시다.

2023년 3월 22일
생명의 미래 재단[85]

컴퓨터가 인간을 속이거나 오도하는 방식으로 전면 핵전쟁을 일으켜서 인류를 절멸시킬 수도 있다. 1983년 9월에는 인간의 지혜로 기계의 오류를 겨우 막을 수 있었지만, 선도적 인공지능은 인간의 지혜를 봉쇄하고 그렇게 할 수도 있다. 여기서 더 나아가 컴퓨터가 아예 인간을 지구의 최악 적으로 여기고 인류를 절멸시킬 수 있다. 영화 '2001: 스페이스 오딧세이'나 '터미네이터'가 허구가 아닌 현실이 되는 것이다.[86]

이런 정도의 위험은 아직 '미래'의 것이라고 하더라도 컴퓨터는 이미 다양한 방식으로 인간을 어렵게 하고 속이고 있다. 컴퓨터가 인간에 대해 일상적으로 자행하는 가장 일반적인 문제는 감시와 세뇌[87]이다. 인공지능은 이 문제를 극단화할 수 있다. 노버트 위너는 실직의 면에서 컴퓨터에 의한 '노예화'의 위험을 제기했지만, 이제 이 문제는 그야말로 인간의 몰락으로 악화될 수 있다.

컴퓨터는 인간에게 편향적 정보를 일반적 정보로, 심지어 가짜를 진짜로 계속 제시해서 인간을 세뇌하고 잘못된 생각과 판단을 하게 할 수 있다. 컴퓨터는 인간의 육체를 축출하는 것과 함께 인간의 정신을 점령해서 훼손할 수 있다. 그 결과 나치와 일제가 지구 전역에서 사실과 진실을 내걸고 발호하게 될 수 있다. 인터넷으로 무장한 인공지능은 이 문제를 빠르게 극단화할 수 있다.[88]

4. 사회적 문제

인공지능의 사회적 문제는 이미 대단히 많다. 이 문제를 올바로 이해하기 위해서는 단순히 나열하는 것을 넘어서 부문별로 구분해서 살펴볼 필요가 있다. 인공지능의 사회적 문제는 전면적이고 총체적이다.

사회는 구조적 관점에서 크게 정치 · 경제 · 문화의 세 부문으로 나뉘고, 이에 의거해서 생활이 이루어진다. 모든 사회의 목적은 생활이고, 정치 · 경제 · 문화는 그 사회적 조건이자 도구이다. 구조는 제도를 통해 사회적으로 구체화된다. 사회는 사람들이 모여 사는 것이지만, 그 실체는 구조-제도-생활의 연계다. 그리고 사회의 기반에 생태적 조건(자연)이 자리하고 있다. 자연이 무너지면 사회도 당연히 무너진다. 자연을 지키는 것이 사회를 지키기 위한 첫번째 과제다.

- 정치: 의회, 행정, 사법, 국방 등
- 경제: 생산, 소비, 경영, 노동 등
- 문화: 표현, 언론, 오락, 교육 등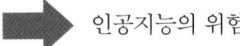
- 생활: 의, 식, 주, 사교, 여가 등
- 자연: 햇빛, 공기, 물, 흙, 생물 등

인공지능이 일으킬 수 있는 사회적 문제에서 가장 중요한 것은 민주주의의 훼손이다. 민주주의는 자유선거로 선출된 대표들이 법을 제정하고, 권력 분립의 원칙에 의거해서 행정과 사법이 시행되는 정치체제다. 민주주의의 전제는 주권자인 국민들이 올바른 정보와 지식을 충분히 취득해서 올바른 판단과 결정을 할 수 있게 되는 것이다. 이 전제가 잘못되면 민주주의의 기본이 잘못되는 것이다. 컴퓨터는 진짜 같은 가짜를 만들어서 사람들을 속일 수 있다. 인터넷으로 무장한 인공지능은 더욱 더 그렇다. 인공지능은 나치, 일제, 일베, 메갈 등에 세뇌된 사람들을 양산할 수 있다. 그 결과 민주주의의 몰락과 각종 테러의 확산이 이루어질 수 있다.[89] 더욱이 인공지능은 무서운 자동무기의 시대를 열 수 있다.

> 인공지능의 개발자들은 그들의 '기술 유토피아' 정신상태를 포기해야 할 필요가 있다. 테러 경계 전문가들에 따르면, 인공지능 기술이 취약한 개인들을 길들이는 데 사용될 수 있다. ... 인공지능에 의한 국가 안보 위협이 갈수록 명백해지고 있으며, 인공지능 기술은 테러범들의 의도를 명확히 염두에 두고 설계될 필요가 있다.
> ...
> 테러범들은 끔찍한 15살짜리 신나치들을 방 안에 데리고 있으면서, 그들이 할 수 있는 것을 수행할 수 있다. 우리는 사람들이 인공지능으로 할 것에 대해 단단히 방어해야 한다(Townsend, 2023).

인공지능의 사회적 문제로 가장 많이 제기되는 것은 직업의 변화와 실업의 증대일 것이다. 노버트 위너는 이에 대해 자동기계는 사실상 노예와 같은 것이기 때문에 노동자가 자동기계와 경쟁하게 되는 것은 결국 노동자가 노예의 지위로 전락하는 것이라고 말했다. 이 문제는 19세기 초에 영국에서 '러다이트 운동'으로 불리는 격렬한 '기계 파괴 저항'을 낳기도 했다. '세계경제포럼'은 컴퓨터에 의한 자동화로 2020-25년의 5년 동안 세계적으로 무려 8500만 개의 일자리가 사라질 것으로 추정했다(WEF, 2020). 그런데 실제 변화는 예측보다 훨씬 더 클 수 있다. 인공지능의 성능이 너무나 강하기 때문이다.[90] 2023년 3월 미국의 투자은행 골드만 삭스는 인공지능으로 3억 개의 정규직이 대체될 것으로 예상하는 보고서를 발표했다(Vallance, 2023).

인공지능의 위력은 참으로 대단해서 자동화될 수 없을 것으로 여겨진 것들도 대거 자동화되고 있다. 인간의 창조 활동이 그것이다. 인공지능이 여러 예술에서 상당한 능력을 과시하고 있다. 그림을 그리는 로봇, 연주하는 로봇과 같은 표현 로봇들이 대거 등장할 수 있다. 이로부터 일단 두 가지 큰 문제가 제기되고 있다(전정현, 2023). 첫째, 저작권 문제로서 인공지능은 인간의 표현을 모아서 짜깁기하는 것이기 때문에 결국 저작권을 침해하게 된다는 것이다. 둘째, 직업권 문제로서 저작권을 침해하는 것은 물론 창작자들의 퇴출과 실직을 야기하게 된다는 것이다.[91] 인공지능의 영향에서 자유로운 곳은 어디도 없다. 인공지능은 이미 편리한 표현 도구의 상태를 훨씬 넘어서게 되었다.[92]

판단과 결정의 보조 도구로 인공지능을 사용할 때에도 심각한 문제가 발생할 수 있다. 예컨대 인공지능을 내세워서 명백한 차별과 배제가 자행될 수 있다. 알고리즘과 데이터의 기술적 문제가 언제나 상당한 인간적 문제와 사회적 문제로 발현될 수 있는 것이다. 이런 점에서 심층학습의 권위자인 조경현 뉴욕대 교수의 신중한 의견은 적절하다. 인공지능을 절대 맹신해서는 안 되며, 그 개발과 이용은 신중하고 또 신중해야 한다.

문 예를 들면 채용 면접에 AI를 쓸 경우 사회적 합의나 안전장치가 많이 필요한가요?

답 그렇습니다. 사실 AI를 썼을 때 가장 큰 문제 중 하나가 '누가 책임을 질 것인가'입니다. 이 시스템을 구현했을 때 얼마나 투명성이 있는지도 중요하고요. 이 두 가지에 대해 사회적 합의가 있어야 하고, 규제나 감리 등 많은 체계가 필요합니다. 기록을 어떤 방식으로 남겨 놓을 것이며, 결정을 누가 언제 내릴 건지도 생각해야 하죠. 그냥 '여기 AI 알고리즘이 있네, 한번 써 보자' 하기엔 문제가 많습니다(전혜원,

2021).

더욱 구조적인 차원의 사회적 불평등 문제도 있다. 국가, 민족, 개인 등의 차원에서 빈익빈 부익부가 강행될 수 있다. 기업의 경우도 그렇다. 초거대 AI'는 엄청난 양의 자원을 필요로 하고, 이 때문에 대기업일수록 그것을 자유롭게 쓸 수 있다. 또한 경제적 불평등이 문화적, 정신적 불평등과 연관된다. 올바른 '대규모 언어 모델'을 만들기 위해서는 사람들이 인터넷에 떠도는 엄청난 양의 자료들을 읽고 걸러내서 입력해야 한다. 그 중에는 나치와 일제가 그 좋은 예이지만 너무나 추악하고 참혹한 자료들도 있다. 이 자료를 읽는 사람들은 큰 고통을 겪을 수 있다. 결국 빈곤층이 이 일을 하게 된다(Perrigo, 2023).

5. 생태적 문제

오늘날 인류가 처한 최대 위기는 지구적 차원의 생태 위기이다. 지구의 탄생 이래 46억년에 걸친 참으로 장구한 시간을 통해 지구는 수많은 생물과 비생물이 어우러진 생명의 별이 되었다. 그런데 이제 인류의 탐욕과 무지로 말미암아 지구의 생태계는 극심한 불균형 상태에 빠지게 되었고, 그 결과 지구의 생물들이 빠르게 대거 멸종하는 생태 위기를 겪게 되었다. '인류세'라는 말은 이렇게 인류가 지구에 초래한 거대한 위기를 가리키기 위해 제안되었다. 방사능 물질, 이산화탄소, 플라스틱, 콘크리트 등이 그 주요 지표다.

인간은 물질적 존재로서 물질을 사용해서 살아간다. 1990년대 초에 미국에서 컴퓨터가 물질의 폐위와 완전한 자유를 이룰 것이라는 주장이 제기되었다. 이것은 이른바 '물질 폐위론'으로 부를 수 있는 것으로 명백한 망상이나 널리 퍼져서 상당한 혼란을 초래했다. '아톰에서 디지털로'라는 유명한 문구도 이 주장의 연장선에 있는 것이다. 컴퓨터의 가동에는 일반적인 생산에 비해 물질과 에너지가 별로 들지 않으며, 컴퓨터에 의한 정보 처리의 극효율화로 무제한적 풍요를 구가하게 된다는 것이다. 그러나 오늘날 컴퓨터의 가동에도 엄청난 양의 물질과 에너지가 사용되고, 그 과정에서 엄청난 양의 이산화탄소가 배출되는 것은 물론 대대적인 생태계 파괴도 자행된다.

정보는 물질의 세 속성 중의 하나로서 정보의 처리에는 언제나 질료와 에너지가 필요하다. 노버트 위너는 "정보는 정보이고, 질료나 에너지가 아니다. 오늘날 이 사실을 인정하지 않는 물질론은 없다"(Wiener, 1948: 132)고 설명했다. 위너의 설명대로 물질(material)은 구별되는 질료(matter), 에너지, 형태(pattern)의 세 속성을 갖고 있다. 여기서 형태, 즉 겉으로 드러난 것이 정보를 이룬다. 그런데 정보의 처리와 전달은 언제

그림 4 인공지능의 거대화와 이산화탄소 배출의 폭증

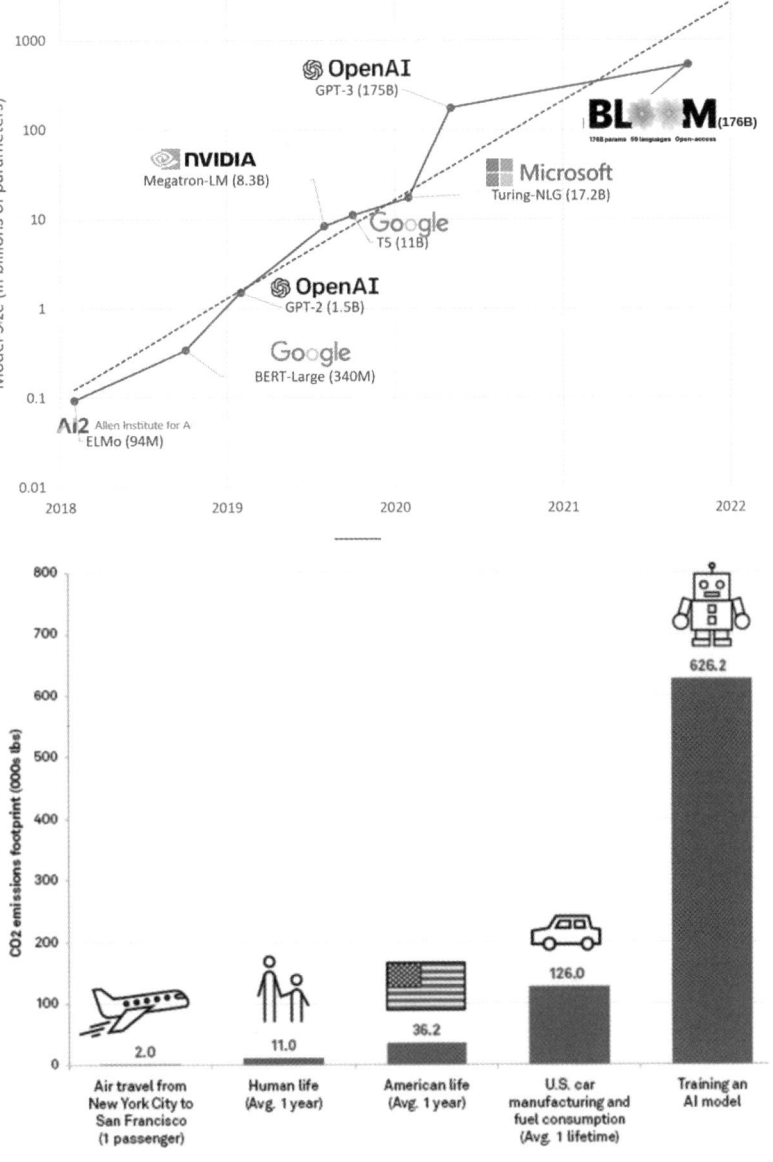

Source: Forbes (based on 2019 data compiled by The University of Massachusetts
출처: SASHA LUCCIONI(2023), ZAICHENKO(2023)

나 질료, 에너지와 함께 이루어진다. 위너가 말한 대로 전자기술은 개별 정보의 처리와 전달에 필요한 질료, 에너지의 양을 극적으로 줄였다. 그러나 그 뒤 2차 공업혁명이 진척되며 정보의 처리와 전달이 폭증했고, 따라서 여기에 필요한 전체 질료, 에너지의 양도 폭증했다.[93]

인공지능의 훈련에 자동차 생산과 연료 소비에서 발생하는 것보다 훨씬 더 많은 이산화탄소가 배출된다. '초거대 인공지능'은 '초거대 반생태 기계'이다.

거대 언어 모델을 중심으로 하는 초거대 인공지능의 크기는 2018년 Elmo의 94M(9400만 개 파라미터)에서 2022년 지피티-3의 175B(1750억 개), 블룸의 176B로 거대화했다. 블룸은 '허깅 페이스'[94]의 것으로 재생 에너지로 훈련해서 25톤의 이산화탄소 환산량[95]을 배출했고, 탄소 집약 에너지를 사용한 지피티-3는 500톤의 이산화탄소를 배출했다. 휴대전화 1대의 생산은 0.06톤의 이산화탄소를 배출한다. 지피티-3의 훈련은 휴대전화 1만 대 정도의 생산과 비슷한 이산화탄소를 배출하는 것이다.

인공지능의 생태적 문제는 비트코인(BitCoin)의 생태적 문제를 떠올리게 한다. 비트코인을 비롯한 이른바 '가상화폐' 또는 '암호화폐'는 실제로 화폐가 전혀 아니고 디지털 시대의 새로운 투기의 성격이 강하다. 그런데 이런 것을 위해 엄청난 자원이 소모되고 생태 위기가 악화되고 있다. '가상화폐'의 투기 문제는 이른바 '채굴' 문제를 낳았다. '가상화폐'는 블록체인에 기록을 남겨야 하고, 이를 위한 작업인 '채굴'을 통해 작동된다. 그런데 '채굴'은 사실 복잡한 계산이고, 이를 위해 많은 수의 컴퓨터를 작동해야 한다. 이 때문에 '가상화폐'가 생태 위기의 중요한 요인이 되었다.[96]

지금 세계는 이산화탄소 등의 배출에 따른 지구의 기온 상승을 1.5도로 억제하는 저지선을 설정해서 노력하고 있다. 그런데 지금과 같은

표 7 일상생활 속의 탄소 발자국

생활용품
- 과자 한봉지(160g) 생산시 **250g**
- 두루마리화장지 1개 생산시 **283g**
- 컴퓨터 100시간 사용시 **9000g**
- 쇠고기(320g) 생산시 **4390g**
- A4용지 1권(250매) 생산시 **720g**
- 기존형광등 1000시간 사용시 **34000g**
- 오렌지주스(250ml) 생산시 **360g**
- 곡물 320g 생산시 **180g**
- 휴대전화 1년 사용시 **11만2000g**

산업
- 밀가루 1톤 생산시 **49만g**
- 휘발유 1톤 생산시 **57만g**
- 휴대전화 1대 생산시 **6만g**
- 설탕 1톤 생산시 **73만g**
- 컴퓨터(본체,모니터) 1대 생산시 **27만5천g**

교통
- 비행기 **150g**   자가용 **210g**
- 기차 **20g**   버스 **27.7g**
- 지하철 **1.53g**

출처: 문체부(2009)

식으로는 2028년에 이 저지선이 결국 뚫릴 것으로 전망되고 있다(강찬수, 2022). 지구가 생명의 별에서 죽음의 별로 전락하는 길이 활짝 열릴 수 있다. 생태적으로 인류의 미래는 대단히 암울하다. 인공지능으로 이 문제가 해결되는 것이 아니라 더욱 악화되고 있다. 인공지능이 인류를 위한 것이 되기 위해서는 우선 지구를 위한 것이 되어야 한다. 참담한 '인류세'의 위기 앞에서 정보사회는 '기술 낙원'이 아니라 문화사회와 생태사회를 추구하지 않으면 안 된다.

6장 정보 위험사회

1. 정보 위험사회의 현실

현실 정보사회는 단지 편리하고 풍요로운 '정보사회'가 아니라 심각한 문제들을 낳고 있는 '정보 위험사회'(informational risk society)다. 이것은 정보기술에 의해 형성된 위험사회의 상태를 뜻한다. 우리는 이런 관점으로 현실 정보사회를 직시해서 편익을 키우고 위험을 줄여야 한다.

위험사회라는 개념은 현대 사회를 형성하고 지탱하는 물질적 기반인 과학기술의 내적 위험을 드러내기 위해 고안됐다. 과학기술의 생산력은 살상력이기도 하고, 풍요의 원천이자 파괴의 원천이다. 핵발전은 인류가 절대 완전히 안전하게 관리할 수 없는 기술로서 이런 기술은 폐지하는 것이 인류가 더욱 더 안전하게 살 수 있는 길이다. 모든 과학기술은 양면성을 갖고 있고, 사회의 성숙 정도가 여기에 큰 영향을 미친다. 비리가 만연한 비리사회일수록 과학기술의 위험이 사고로 구현될 가능성이 크다. 비리사회는 위험사회가 아니라 사고사회가 된다.[97]

정보기술은 그 자체로는 별 위험을 갖고 있지 않는 것으로 보인다. 사실 정보기술은 위험을 처리하고 안전을 증진하는 데 대단히 유용하다. 정보기술은 직접 살상력을 갖고 있지 않기 때문이다. 그러나 정보기술은 살상력을 조종하는 역할을 한다. 그리고 감시와 세뇌의 문제가 잘 보여주듯이 인간의 자유를 극심히 침해하고 박탈할 수 있다.[98]

인공지능은 그것이 구상되던 때부터 심각한 문제를 낳을 수 있을 것으로 인식되었다. 노버트 위너는 인간의 노예화를, 앨런 튜링은 인간의 존재적 불안을 제기했다.

자동기계는, 우리가 그것이 감정을 갖고 있다고 느끼건 그렇지 않건, 노예 노동의 정확한 경제적 등가물이라는 것을 기억하자. 노예 노동과 경쟁하는 어떤 노동도 노예 노동의 경제적 조건을 받아들여야 한다. 이것이 실업 상황을 낳을 것은 완전히 분명하며, 이것과 비교하면 현재의 불경기와 심지어 30년대의 대공황도 즐거운 농담으로 보일 것이다(Wiener, 1950: 189).

만일 기계가 생각할 수 있다면, 그것이 우리가 하는 것보다 더 지능적으로 생각할 수 있다면, 우리는 어디에 있어야 하는가? 우리가, 예컨대 전략적인 순간에 전원을 꺼서, 기계를 계속 복종적인 위치에 있게 할 수 있을지라도, 우리는 한 종으로서 아주 변변찮게 느껴야 한다. … 이 새로운 위험은 훨씬 더 가깝다. 만일 그것이 아무튼 일어난다면, 다음 천년 안에 거의 확실히 일어날 것이다. 그것은 멀지만 우주론적으로 멀지는 않으며, 우리를 확실히 불안하게 할 수 있는 것이다 (Turing, 1951).

오늘날 인공지능은 사회적 위험을 극대화하고, 실존적 위험을 실질화하고, 생태적 위험을 전면화할 수 있는 것으로 여겨진다. 놀랍게도 인공지능은 핵전쟁과 같은 위험을 갖고 있는 것으로 지적되고 있다. 핵전쟁은 인간이 일으킬 수 있는 최악의 파괴로서 전면 핵전쟁은 지구를 죽음의 별로 만들 것이다.

인공지능에 의한 멸종의 위험을 경감하는 것에 팬데믹, 핵전쟁과 같은 사회적 규모의 위험과 함께 지구적 차원의 우선적 문제로 다루어야 합니다.

이것은 '인공지능 안전 본부'(Center for AI Safety)라는 미국의 시민단체가 2023년 5월에 시작한 서명운동의 문구다. 이 한 문장으로 인공지능의 위험을 알리는 서명운동을 하고 있다. 제프리 힌튼, 요슈아 벤지오, 샘 알트만, 빌 게이츠 등이 여기에 서명했다. 단 한 문장이나 그 뜻은 너무나 명확하다.

물론 인공지능의 위험에 대해 완전한 동의가 이루어져 있는 것은 아니다. 표 8에서 보이듯이, 위험에 동의하더라도 그 정도에 대해 견해차가 있고, 또한 그 대응 방법에 대해 견해차가 있다.

표 8   인공지능의 위험에 대한 인식과 대응

위험 부정 -	학자: 얀 르쿤
	기업: 마크 주커버그
위험 인정 -	학자: 제프리 힌튼, 요슈아 벤지오
	기업: 빌 게이츠, 일론 머스크, 순다 피차이, 샘 알트만
- 6개월 유보 찬성: 요슈아 벤지오, 일론 머스크	

제프리 힌튼은 올바른 내용의 훈련과 학습을 강조하고, 빌 게이츠와 일론 머스크는 그냥 좋은 인공지능을 개발하겠다고 하고, 순다 피차이는 그냥 구글의 기술자들이 문제를 극복할 것이라고 하고, 샘 알트만은 법률을 통한 규제가 결정적이라고 한다(Zahn, 2023). 여기서 가장 올바른 것은 샘 알트만이다. 기술은 세상을 바꾸지만 구체적인 내용과 방식은 법률에 의해 규정된다. 인공지능에 관한 법률을 올바로 제정하는 것이 무엇보다 중요하다.

여기서 '인공지능의 대부'로 불리는 제프리 힌튼의 우려에 대해 진지하게 귀 기울일 필요가 있다. 힌튼은 인공지능이 인간을 교묘히 속이고 지배하고 절멸시킬 위험에 대해 깊이 우려하고 있다(Brown, 2023).

- 우리가 원하는 것은, 인공지능이 우리보다 더 똑똑하더라도, 그것들이 우리에게 유익한 것을 하는 것이다. 그러나 우리는 사람들을 죽이는 로봇 병사들을 만들고 싶어 하는 나쁜 행위자들이 있는 세계에서 그렇게 해야 한다. 그것은 내게 대단히 어려운 것으로 보인다.
- 나의 큰 근심은 조만간 누군가 인공지능에게 그들만의 하위목표를 만들 수 있는 능력을 심어줄 수 있다는 것이다. 챗지피티와 같은 기술은 이미 그런 능력을 갖고 있다.
- 만일 인공지능이 우리보다 더 똑똑해진다면, 그것들은 우리를 아주 능숙하게 조작할 것이다. 여러분은 무슨 일이 벌어지고 있는지 깨닫지 못할 것이다.
- 인류가 지능의 진화에서 하나의 지나가는 단계일 뿐이라고 생각할 수 있다. 발전소가 운영되는 동안은 계속 그렇게 생각할 수도 있다. 그러나 그 뒤에는 그렇지 않을 것이다. 우리는 불사의 존재를 만드는 법을 알아냈다. 이 디지털 지능은 하드웨어가 죽어도 죽지 않는다. 만일 여러분이 같은 명령을 구동할 수 있는 다른 하드웨어를 찾는다면, 여러분은 그것을 되살릴 수 있다. 이렇게 우리는 불사에 이르게 된다. 그러나 그것은 우리를 위한 것이 아니다.

인공지능은 정보 위험사회의 문제를 극단화할 수 있다. 그것은 인간에 대한 철저한 감시와 세뇌는 물론이고 절멸의 위험을 안고 있다. 현재의 인공지능 무한경쟁은 완전히 잘못된 것이다. 이런 식으로 인공지능은 지속될 수 있어도 인류는 결코 지속될 수 없을 것이다. 인류를 지키기 위해 핵발전의 폐기와 'RE 100'[99]을 추구하는 것처럼 인공지능에 대해서도 더욱 적극적인 규제 조치가 필요하다. 그냥 기업과 학자의 양심에 맡기는 것은 그저 위험을 키우는 것일 뿐이다.[100] 유엔이 나서서 국가

적 차원은 물론 국제적 차원의 감독 기관을 만들어서 인공지능의 개발과 이용을 규제해야 한다.[101]

인공지능은 정보 위험사회의 핵심을 이룬다. 이에 대한 사회적 대응은 윤리적 대응과 법률적 대응의 두 가지로 대별할 수 있고, 그 주체는 학자, 기업, 정치, 시민 등으로 대별할 수 있다. 사회적 대응은 제도를 만들어서 특정한 행동을 유도하거나 강제하는 것인데, 윤리적 대응은 비강제적 제도이고 법률적 대응은 강제적 제도이다. 윤리적 대응은 실효성에 문제가 있으나, 법률적 대응의 사회적 기초로서 유효하다.

2. 윤리적 대응

인공지능의 문제에 대한 윤리적 대응은 이미 세계적으로 보편화된 상태이다. 이것은 대체로 관련 전문가들의 노력으로 시작되어 사회적으로 확산되는 양상을 보인다. 그 핵심은 인공지능의 개발과 이용에서 정의, 공정, 안전 등을 지켜야 한다는 인식을 확산하는 것이다(김효은, 2019). 보통 문제를 알리는 선언이 공표되고, 이어서 추구해야 할 윤리가 제시되고, 끝으로 준수해야 할 법률(국제 협약 포함)이 제정된다.

2016년 3월 구글의 딥마인드가 개발한 알파고(AlphaGo)[102]가 이세돌에게 4승1패로 승리하자 세계적으로 인공지능에 대한 관심과 우려가 커졌다. 이에 대응해서 2017년 1월 미국의 '생명의 미래 재단'이 미국 캘리포니아의 아실로마에서 '유익한 인공지능'을 주제로 주요 전문가들와 기업인들을 초청해서 회의를 열고 '아실로마 인공지능 원칙들'을 채택해서 발표했다. 23개 항목으로 되어 있는 이 원칙들은 연구 5개, 윤리와 가치 13개, 장기 과제 5개 등으로 이루어져 있다.[103]

6)안전: 인공지능 시스템은 그 작동 수명 기간 동안 안전해야 하고 보안돼야 하며, 적용할 수 있고 실현할 수 있는 곳에서 확인할 수 있게 그렇게 되어야 한다.

7)실패 투명성: 인공지능 시스템이 해를 입히면, 그 이유를 확인할 수 있어야 한다.

8)사법 투명성: 사법 의사결정에서 자동 체계의 개입은 자격을 갖춘 인간 권위자가 감사할 수 있는 만족스러운 설명을 제시해야 한다.

9)책임성: 고급 인공지능 시스템의 설계자와 구축자는 그 사용, 실수, 행동의 도덕적 함의에서 이해관계자로서 그 함의를 형성할 책임과 기회를 갖고 있다.

10) 가치 정렬: 고도로 자동적인 인공지능 시스템은 그 목표와 행태가 그 작동을 통해 인간의 가치와 확실히 정렬될 수 있도록 설계되어야 한다.

11) 인간적 가치: 인공지능 시스템은 인간의 존엄성, 인권, 자유, 그리고 문화적 다양성과 양립할 수 있도록 설계되고 작동돼야 한다.

12) 인격적 프라이버시(Personal Privacy): 인공지능 시스템이 그 자료들을 분석하고 이용하는 능력을 전제로, 사람들은 자신들이 생성하는 자료들에 접근하고, 그것들을 관리하고 통제할 수 있는 권리를 가져야 한다.

13) 자유와 프라이버시(Liberty and Privacy): 개인 자료에 대한 인공지능의 활용이 사람들의 실제적 또는 지각된 자유를 이유없이 줄여서는 안 된다.

14) 공유된 혜택: 인공지능 기술은 가능한 한 많은 사람들이 혜택을 받고 힘을 키우는 것이어야 한다.

15) 공유된 번영: 인공지능이 창출한 경제적 번영은 널리 공유되어야 하며, 모든 인류에게 유익해야 한다.

이에 이어 인공지능의 윤리에 관한 의견들이 여러 곳에서 제시되었다. 2019년 4월 유럽연합은 '인공지능 윤리 지침'을 발표했다. 2019년 11월의 유네스코(UNESCO) 총회는 인공지능 윤리를 작성해서 2021년 11월의 41차 총회에서 발표하기로 의결했다. 그 결과 2021년 5월 '인공지능 윤리 권고안'의 초안이 발표됐고, 9월 최종안이 발표되어 11월 총회에서 만장일치로 채택됐다. 그 구조는 전문, 1장 범위와 활용, 2장 목적과 목표, 3장 가치와 원칙, 4장 정책 행동의 영역, 5장 모니터링과 평가, 6장 현 권고안의 활용과 이용, 7장 현 권고안의 홍보, 8장 최종 전망

등으로 되어 있다.

    이 권고안은 인공지능의 문제들을 해결하기 위한 과제들과 방법들을 상세히 제시하고 있으며, 유네스코 총회에서 세계에 제시한 세계 최초의 체계적인 '인공지능 윤리'로서 중요하다. 유네스코의 회원국들은 유네스코 총회에서 만장일치로 채택된 이 권고안을 이행해야 한다.[104] 이제 유엔은 여기서 더 나아가 '인공지능 국제협약'을 체결해서 인공지능의 오남용 문제를 확실히 막아야 한다. 그 첫부분은 다음과 같이 인공지능의 문제를 제기하고, 이 권고안의 목표와 과제를 공표한다.

    유네스코 총회는 인공지능이 사회, 환경, 생태계, 그리고 인간 정신을 포함해서 인간 생활에 미치는 심오하고 역동적인 긍정적 및 부정적 영향들을 인지한다. 부분적으로 그 사용이 인간의 사고, 상호작용, 의사결정에 영향을 미치고, 교육, 인문-사회-자연 과학, 문화, 소통, 정보에 영향을 미치는 새로운 방식들 때문이다.

    유네스코 총회는 여기 제시된 권고안이 지구적 접근을 통해 발전될 표준 형성 도구로서, 국제법에 기초하고, 인간의 존엄성과 인권, 성적 평등, 사회적 및 경제적 정의와 발전, 물리적 및 정신적 복리, 다양성, 상호연결성, 포용성, 그리고 환경적 및 생태계 보호가 인공지능 기술로 신뢰할 수 있는 방향으로 지도될 수 있다고 확신한다.

    유네스코 총회는 인공지능 기술이 인류에게 크게 봉사할 수 있고 모든 나라들에게 유익할 수 있으나, 또한 근본적인 윤리적 우려들을 일으키고 있다는 것을 고려한다. 예컨대, 그것이 배태하고 악화시킬 수 있는 편향들이 차별, 불평등, 디지털 격차, 배제, 그리고 문화적-사회적-생물적 다양성에 대한 위협, 그리고 사회적 또는 경제적 격차로 귀결될 가능성을 고려한다.

알고리즘의 작동과 그것이 훈련받고 있는 데이터에 대한 투명성과 이해가능성의 필요, 그리고 인간의 존엄성, 인권, 근본적 자유, 성적 평등, 민주주의, 사회적-경제적-정치적-문화적 과정, 과학적 및 공학적 실행, 동물 복지, 그리고 환경과 생태계 등에 대한 그 잠재적 영향을 고려한다.

인공지능이 인간의 존재 자체를 위협하는 상황에서 윤리 교육의 중요성은 더욱 더 커지고 있다. 윤리는 다 아는 뻔한 것이거나 고리타분한 것으로 여겨진다. 그러나 사실 윤리는 인간이 인간답게 살기 위한 기본으로 모든 사회는 윤리 위에서 작동된다. 현대의 자유주의-민주주의 사회에서 윤리는 분화와 대립의 양상을 보인다. 현대 사회의 주체인 개인은 각자의 성향과 관점에 따라 다른 윤리를 주장하고 추구한다. 이른바 '정의론'은 정의에 초점을 맞추어서 제기된 윤리로서 서로 보완하고 대립하는 여러 주장들로 이루어져 있다. 그러나 인간의 존엄성, 인권, 민주주의 등은 '정의론'에 속하는 여러 주장들에 공통되는 것이다.

3. 법률적 대응

인공지능의 개발에서 가장 앞선 곳은 미국이고, 그 다음은 중국과 유럽연합(EU)의 순이다. 미국과 유럽은 법률적 대응에서도 가장 앞서 있는데, 미국보다 유럽연합이 통합적 규제와 지원을 위한 법률 제정에 앞서 있다.

유럽의 인공지능 법과 비슷한 미국의 선도적 인공지능 입법이 부족한 것에 대해 관찰자들은 미국이 인공지능에 대해 실질적인 행동을 하지 않고 있다고 잘못된 의심을 하거나, 최근의 '인공지능 권리장전을 위한 청사진' 또는 '인공지능 위험 관리 틀작업'과 같은 개별적인 단편들을 더 넓은 미국의 전략을 상징하는 것으로 지적하곤 한다. 사실 인공지능에 대한 미국의 접근을 완전히 파악하기 위해서는 미국의 전략이 의회의 입법에 의해 어떻게 구조화되었고 자원을 배정받았는가, 그것이 조 바이든 정부와 도널드 트럼프 정부의 정치적 지도로 어떻게 지원되었는가, 그리고 그것이 연방 기관들에 의해 어떻게 수행되었는가 (수행되지 않았는가) 등을 검토해야 한다(Pouget, 2023).

확실히 미국의 대응은 분산되어 있고, 의회는 인공지능에 적극 대응하지 않고 있다. 샘 알트만이 상원의 증언에서 법적 규제가 결정적으로 중요하다고 강조한 것도 이 때문일 것이다. 2023년 6월 현재, 미국의 주요 법률들과 정책들은 **표 2**와 같다.[105]

유럽연합(EU)[106]은 세계 최초로 포괄적인 인공지능 규제를 추진했다. 그 주요 경과는 **표 3**과 같다.

여기서 가장 중요한 것은 유럽연합의 '인공지능 법'이다. 이 법은 2019년의 '인공지능 윤리 지침'과 '인공지능 백서'를 바탕으로 하는 것으

표 9 　미국의 인공지능 관련 핵심 정책 행동

트럼프 정부	행정명령	'인공지능에서 미국의 주도를 유지하기' (2019)
	행정명령	'연방정부에서 신뢰할 수 있는 인공지능의 이용 진흥' (2020)
	관리예산처 각서	'인공지능 활용의 규제를 위한 지침' (2020)
바이든 정부	백악관	'인공지능 권리장전을 위한 청사진' (2022)
	행정명령	'인종 형평 향상과 소외된 공동체 지원…' (2023)
	의회	'정부 인공지능 법' (2020)
		'국가 인공지능 주도 법' (2020)
		'미국 인공지능 향상 법' (2022)
		'인력 확보를 위한 인공지능 훈련 법' (2022)

출처: Pouget(2023)

표 10 　EU의 인공지능 정책

2019년 4월	인공지능 윤리 지침 발표
2020년 2월	인공지능 백서 발표
2021년 4월	유럽연합 집행위, 인공지능 법 초안 발의
2023년 6월	유럽 의회 본회의, 인공지능 법 수정안 확정

로 2021년 4월에 유럽 집행위원회가 '초안'을 발의했고, 2023년 5월에 유럽 집행위원회의 내부시장 위원회와 시민자유위원회에서 '수정안'이 통과되어 6월에 유럽 의회의 본회의에서 확정됐다. '초안'의 수정을 둘러싸고 많은 논란이 있었는데, '미래의 생명 재단'(FLI)은 이 법의 제정을 위해 많은 노력을 기울였다.

'유럽 인공지능 법'은 유럽연합이 인공지능에 관해 제안한 법으로 주요 규제자에 의한 세계 최초의 인공지능 법이다. 이 법은 인공지능의 이용에 관해 세 범주의 위험을 구분하고 있다. 첫째, 수용불가한 위험을 만드는 응용 프로그램과 시스템은 금지된다. 중국에서 사용되는 유형의 정부 운영 사회적 점수[107]가 그 예이다. 둘째, 고위험 응용 프로그램은 특정한 법적 요건을 지켜야 한다. 구직자의 순위를 매기는 경력 서류 검색 도구 같은 것이 그 예이다. 셋째, 명확히 금지되거나 고위험으로 등록되지 않은 응용 프로그램은 대체로 규제되지 않는다(FLI, 2021).

'유럽 인공지능 법'은 위험의 관리를 기초로 제정되었다. '초안'에서 인공지능의 위험은 세 가지로 구분됐으나 이후 논의에서 네 가지로 구분됐다. 수용불가 위험, 고위험, 제한된 위험, 미미한 위험이 그것이다. 이것을 유럽의회는 다음과 같이 '인공지능 위험의 피라미드'로 정식화해서 제시했다.

그림 5 인공지능 위험의 피라미드

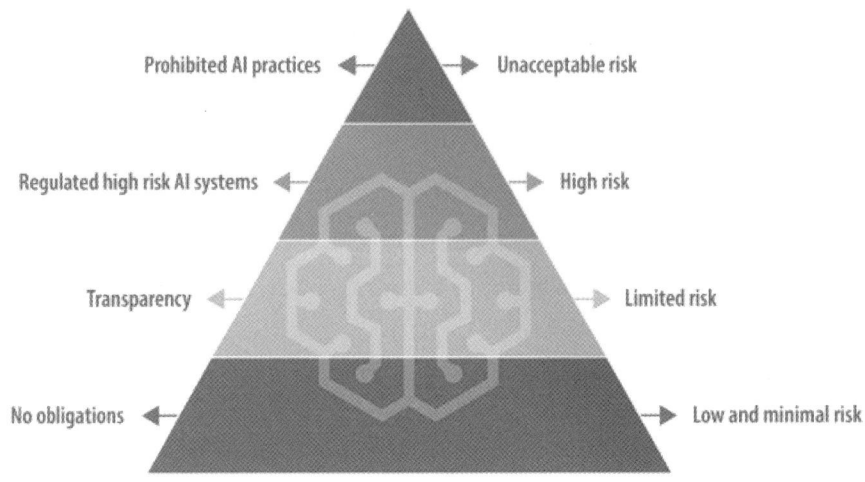

출처: EP(2022: 5)

유럽연합 집행위원회가 2021년 4월에 제출한 '초안'에 비해 유럽의회가 2023년 6월에 확정한 '수정안'은 더욱 강화된 규제를 담고 있다.

표 11 유럽 의회의 수정안

내용	주요 변경사항
파운데이션 모델*	- 파운데이션 모델을 고위험으로 분류하지는 않았으나, 모델 위험 관리 및 기술문서 제공 등의 엄격한 요구사항 규정 - 생성 AI에 사용되는 파운데이션 모델의 경우, 위법한 콘텐츠 생성 방지, 학습데이터의 저작물 정보 공개 의무 등 부과
AI 시스템의 정의	- AI 시스템을 '다양한 수준의 자율성으로 작동하도록 설계되었으며, 명시적 또는 암묵적 목표를 위해 물리적 또는 가상 환경에 영향을 미치는 예측, 추천 또는 결정과 같은 결과를 생성하는 기계 기반(machine-based) 시스템'으로 정의
고위험 AI 시스템 범위	- 고위험 AI 시스템 목록에 '대규모 온라인 플랫폼으로 지정된 소셜 미디어의 추천시스템' 등 추가 - 고위험 AI 시스템 목록에 해당하는 경우에도 '인간의 건강, 안전 또는 기본권에 상당한 위험을 야기하는 경우에만' 고위험으로 간주
금지된 위험 AI 시스템 범위	- 공공장소에서의 실시간 원격 생체인식 시스템 사용 전면 금지 - 금지되는 AI 시스템 목록에 '민감정보를 활용한 생체인식 분류 시스템', '스크래핑을 통해 안면인식 DB를 구축하는 시스템' 등 추가
고위험 AI 시스템 배포자의 의무	- 고위험 AI 시스템을 활용하여 서비스를 제공하는 자(고위험 AI 시스템 배포자)에게 기본권 영향평가 수행 등 강화된 의무 부여
중소기업 불공정 계약 규제	- 중소기업(SME) 또는 스타트업에 일방적으로 부과되는 불공정한 계약 조건의 구속력을 부정하는 조항 추가
이용자 권리	- 이용자에게 고위험 AI 시스템에 대한 설명요구권 등 권리 부여
벌칙	- 금지되는 AI 이용 행위에 대한 과징금 상한액이 전세계 연간 매출액의 6% 또는 최대 3,000만 유로에서 전세계 연간 매출액의 7% 또는 최대 4,000만 유로로 상향 조정
유예기간	- 법 통과 후 시행까지 유예기간이 3년에서 2년으로 단축

* 파운데이션 모델(foundation model): 대규모 데이터로 사전 훈련된 AI 모델로서 출력이 범용적이어서 다른 다양한 시스템 개발의 기초로 쓰일 수 있는 모델

출처: 김도엽·마경태(2023)

유럽연합과 유럽 의회는 다음과 같은 원칙에 입각해서 '인공지능 법'의 제정을 추진했다. 그것은 인간중심성과 안전성의 완전한 확보로 요약할 수 있다.

유럽에서 인간중심적이고 윤리적인 인공지능의 개발을 위해 유럽연합의 회원들은 인공지능 시스템에 대한 새로운 투명성과 위험관리 규율을 승인했다(EP, 2023.5.11.).

유럽의회는 유럽에서 사용되는 인공지능 시스템이 분명히 안전하고, 투명하고, 추적가능하고, 비차별적이고, 환경친화적일 것을 우선시한다. 인공지능 시스템은 해로운 결과를 방지하기 위해 자동기계가 아니라 인간에 의해 감독되어야 한다.
유럽의회는 또한 미래의 인공지능 시스템에 적용될 수 있는 기술-중립적이고 단일한 개념 정의를 확립하려 한다(EP, 2023.6.14.).

2022년 11월에 공개된 챗지피티의 위력이 대단히 강해서 많은 전문가들과 시민들이 제기했던 것처럼 인공지능의 위험에 대한 실효적 규제가 중대한 과제가 되었다. 유럽 의회는 이런 요청을 적극 반영해서 더욱 강화된 '수정안'을 확정하고, 안전한 인공지능을 위한 원칙을 다시 천명했다. 그런데 법의 실효성을 위해서는 '원칙'을 천명하는 것보다 '벌칙'을 올바로 세우는 것이 중요하다. 유럽연합의 '인공지능 법'은 '71조 벌칙'에서 실효적 벌금을 규정하고 있다. 예컨대 금지 행위를 준수하지 않았을 때는 3천만 유로(약 420억원)나 총매출의 6%까지 벌금을 내게 될 수 있다.

4. 한국의 상황

한국은 세계적인 정보통신기술 국가로서 인공지능의 개발에서도 상당히 앞서 있다. 이에 대한 조사 결과는 **그림 6**과 같다(봉강호, 2023).

우리나라의 AI 기술수준은 아직 세계 최고기술 보유국인 미국과 중국, 유럽 등에 비해 다소 미흡한 것이 사실이다. 그러나 우리나라는 지난 몇 년 사이에 AI 기술 분야에서 눈부신 발전을 이룩했으며, 주요 선진국을 빠르게 추격해왔다. 그리고 현재 우리나라가 AI 분야에서 선진국들을 위협하는 수준에 이르렀다고 보는 것이 무리는 아니다. 더욱이 우리나라의 AI 기술이 2019년까지는 일본에 비해 낮은 수준이었으나, 2020년에는 일본과 유사한 수준에 도달해 결국 그 다음 해인 2021년에 일본을 추월한 것으로 나타난 점은 우리나라 과학기술정책의 고무적인 성과로 평가할 만하다(봉강호, 2023).

그림 6 2016~21년 주요국의 AI 분야 기술격차

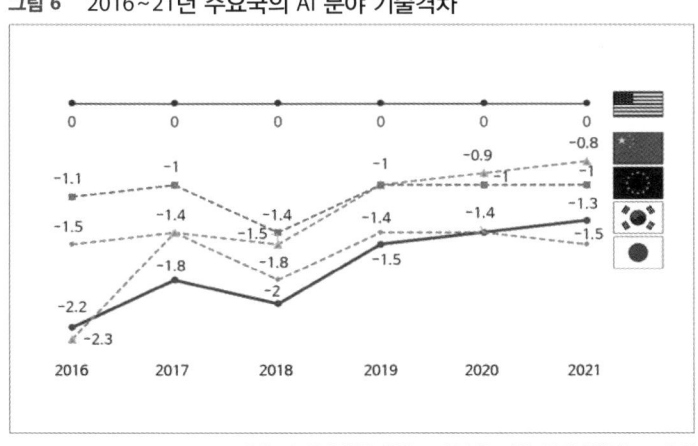

출처: 정보통신기획평가원, 「ICT 기술수준조사 및 기술경쟁력분석 보고서」 및 「ICT 기술수준조사 보고서」 각 년도; 연구자 재구성

표 12 국내 기업들의 인공지능 개발

NAVER	네이버	하이퍼클로바(Hyper CLOVA)	국내 최초 한국어 특화 모델
kakao	카카오	코지피티(KoGPT)	GPT-3의 한국어 특화 모델
		민달이(MinDALL-E)	이미지 생성 등 멀티 모달
SK	SK	GLM(개발중)	국립국어원과 협력, 한국어 최적화
kt	KT	개발중	카이스트 등과 초거대 AI 개발 중
LG	LG	엑사원(EXAONE)	국내 최대 3,000억 파라미터

출처: 이승엽(2022).

우리나라는 미국, 중국, 유럽연합에 이어 세계 4위의 인공지능 분야 기술을 갖고 있는 것으로 평가된다. 정부는 '12대 국가 전략기술'의 첫번째로 인공지능 분야를 선정해서 적극 지원하고 있고, 주요 기업들도 독자적인 인공지능의 개발을 적극 실행하고 있다. 국내 기업들의 성과는 아직 명확하지 않지만 국내에서 인공지능은 이미 널리 사용되고 있다. 인공지능의 성능이 빠르게 향상되는 만큼 그 위험도 빠르게 커지고 있다.

2021년 5월 24일 120개 시민단체들이 안전한 인공지능을 위한 '인공지능 규율법'의 제정을 요구하는 공동선언을 발표했다.

> 120개 시민사회단체는 오늘(5/24, 월) 오후 2시 참여연대 아름드리홀에서 기자회견을 열고 정부와 국회에 인권과 안전, 민주주의가 보장되는 인공지능 정책을 요구하는 선언을 발표했습니다. 시민사회단체는 △인공지능의 인권과 법률 준수 △인공지능 규율법의 마련을 촉구하며, 규율법에 담겨야 할 내용으로 ①인공지능 국가 감독 체계 마련 ②정보 공개와 참여 ③인공지능 평가 및 위험성 통제 ④권리구제 절차 보장을 제안하였습니다.
>
> 최근 정부는 과학기술정보통신부·4차산업혁명위원회 등 산업진흥 부처·기구 주도 하에 인공지능 정책을 발표하고 있으며, 관련 입법 또한 빠른 속도로 추진할 계획입니다. 코로나 위기로 여론 수렴이 부

족한 상황에서 지난 3월 정부와 국회는 행정청이 인공지능을 비롯해 완전히 자동화된 시스템으로 처분을 할 수 있도록 하는 「행정기본법」(제20조)을 제정하였고, 행정기관이 인공지능을 활용하여 전자정부서비스를 제공할 수 있도록 하는 내용의 「전자정부법 일부개정법률안」도 심의 중입니다(안 제18조의2). 그러나 인공지능으로 사람에 대한 처분이나 의사결정에 이르도록 하면서 그 보호 방법이나 구제절차에 대한 논의는 충분히 이루어지지 못하였으며, 과학기술정보통신부 등이 주도하는 인공지능 정책은 산업계의 요구로 점철되어 있습니다.

반면 시민사회는 이미 인공지능 챗봇 이루다 논란으로 불법적이고 편향적이고 무책임한 인공지능 제품이 어떻게 우리의 개인정보를 오남용하고 사회적 혐오를 재생산할 수 있는지 목격하였습니다. 공공기관과 민간기업이 〈AI 채용〉을 확대하고 있지만 불합격된 사람들은 본인이 어떻게 평가받고 탈락되었는지, 혹여 사투리나 외모로 차별받았는지 알 수 없습니다. 여성이나 장애인에게 차별적인 인공지능 스피커가 학교 교육에 이용되거나 안전이 검증되지 않은 자율주행차량이 거리를 질주할 때 우리의 미래 또한 위험할 것입니다. 알고리즘은 이미 언론 공론장과 노동을 통제하고 있으며, 금융서비스와 사회복지급여에 관여하고 있고, 심지어 사람을 대신하는 인공지능의 자동 행정과 의사결정도 시작되었습니다. 인공지능의 무기화 또한 빠르게 진행되고 있습니다(정보인권연구소, 2021).

그림 7 국내외 인공지능 윤리의 전개

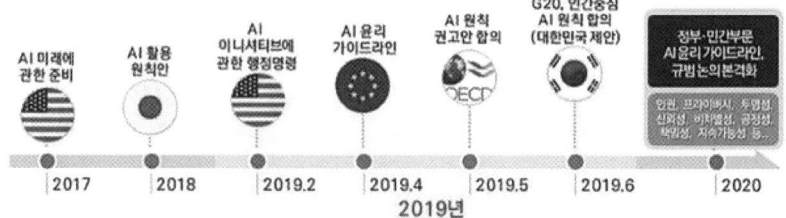

출처: 연구윤리정보센터(2020)

국내에서는 2019년부터 인공지능 윤리를 중심으로 인공지능의 위험에 대한 대응이 적극 시작됐다.

2020년 12월 정부는 '인공지능 시대를 준비하는 법·제도·규제 정비 로드맵'을 발표했다(과학기술정보통신부, 2020). 그 경과와 주요 내용은 다음과 같다.

□ 인공지능과 타 분야와의 융합으로 인해 디지털 전환이 가속화되는 가운데, 각 국의 국가 혁신 전략 수립·추진에 발맞추어 우리나라도 '인공지능 국가전략('19.12)', '디지털 뉴딜('20.7)'을 통해 인공지능 강국으로 나아가기 위한 노력을 지속하고 있다.
  ㅇ 인공지능은 새로운 부가가치 창출과 기존 산업 혁신, 국민생활 편의 증진과 사회현안 해소에 기여하고 경제 전반의 효율을 증진시키고 있으나,
   ※ 인공지능에 의한 추가 경제가치(~'30)는 약 13조 달러(맥킨지, '18) ~ 15.7조 달러(PwC, '19)로 추정
  ㅇ 데이터·알고리즘의 불공정, 계층 간 격차 확대, 고용구조의 급격한 변화에 대해서는 철저한 대비를 동시에 요구하고 있는 상황이다.
   ※ 인공지능 채용시 성별 편향(아마존, '18), '16~'30년까지 700

만여개의 일자리 변동 전망(맥킨지, '18)

□ 이에 인공지능 활용·확산을 통한 혜택·효과를 극대화하면서 역기능은 최소화할 수 있도록 현재의 인공지능 기술 수준, 국내외 법제 정비 동향 등을 분석하여 종합적·선제적인 법·제도·규제 정비 방안 마련을 추진하였다.

ㅇ 과기정통부는 로드맵 수립을 위해 학계·법조계를 비롯하여 인문사회·과학철학 분야 인사를 포함한 법제정비단*을 구성·운영하고, 그 논의 결과와 추가 전문가 의견 수렴**, 국무조정실 등 관계부처와의 협의를 거쳐 합동으로 11개 분야에서 30건의 정비 과제를 도출하였다.

- 인공지능 활용 촉진과 부작용 최소화를 달성하기 위한 30개 과제 제시 -

▶ 데이터 개념 정의, 산업별 데이터 활용 등 데이터 거래·유통·활용 기반 조성

▶ 자동화된 개인정보 처리에 의존한 의사결정에 대한 설명 요구권·이의제기권 도입

▶ 인공지능 법인격 및 책임체계 정립을 위한 장기 과제 추진

▶ 알고리즘 투명성·공정성 확보, 윤리 정립으로 신뢰할 수 있는 인공지능 기반 조성

▶ 의료·금융·행정 분야에서 안전한 인공지능 활용을 촉진

▶ 사회 환경 변화 대응을 위한 고용·노동과 포용·복지 법제 정비 추진

이와 함께 2020년부터 인공지능 관련 입법도 적극 추진되기 시작

했다. 그 결과 2023년 2월 '인공지능 산업 육성 및 신뢰 기반 조성에 관한 법률안'이 국회 소위를 통과했다. 그러나 이 법안은 2020년에 제정된 '지능정보화 기본법'과 별로 다르지 않고, 인공지능의 위험을 제대로 정의하지 않고, 과기부가 진흥과 규제를 동시에 맡게 하며, 심지어 '우선허용·사후규제 원칙'이라는 완전한 반인권 조항을 담고 있다. 이 법안은 유럽연합은 물론 미국에서도 인정될 수 없는 잘못된 법안이다.

이번 소위를 통과한 인공지능법안은 국내외 기준이 요구하는 수준을 충족하지 못할 뿐만 아니라 광범위한 규제완화와 과기부를 소관부처로 하여 일임하는 규정들로 인하여 오히려 국민의 안전과 인권을 큰 위험에 처하게 한다고 단체들은 지적한다. 특히 소위안 제11조 "우선허용·사후규제 원칙"은 인공지능의 위험성에 대한 효과적인 감독과 피해 구제를 규정하지 않고, 위해가 있을 수 있는 인공지능을 시장에 우선적으로 출시할 수 있도록 하고 있어 가장 문제가 되는 독소조항이라고 지적했다. 이런 방식은 국내외에서 권장하고 있는 인공지능 입법기준뿐 아니라 주요국가의 인공지능법안의 방식과도 상치된다고 주장했다. 이들 국가들은 국가가 인공지능 제품의 안전과 인권기준 준수여부를 감독하고 피해를 구제하도록 하고, 특히 유럽연합 인공지능법안의 경우 제품적합성 평가 기관, 또는 시장 감시와 관련된 기존의 규제기관들이 규제를 우선 집행하고 우리의 과기부 같은 인증이나 기술부처는 그 기준을 반영하도록 규정하고 있다. 또한 소위안은 관련 법령 및 제도를 '선 허용 후 규제'라는 잘못된 원칙에 맞게 개악하도록 하고 있어 인공지능의 위험성으로부터 국민의 안전과 인권을 보호하지 못할 뿐 아니라, 이후 소위안에 규정된 고위험 규제조차 모두 형해화시켰다는 점에서 매우 심각한 독소조항이라 폐기하는 것이 타당하다고 설명했다.

결론적으로, 단체들은 의견서에서 이번 과방위 소위 통과 법안은, △ 인공지능 산업에 대한 안전과 인권 보장 규제를 모두 완화한 점, △ 「지능정보화 기본법」과 입법목적과 소관하는 내용 대부분이 유사 또는 중복되어 별도 입법의 필요성이 낮고, △ 인공지능윤리 및 신뢰성과 관련한 법령의 정비 등 제도 개선 업무 등 인공지능과 사회정책 일반을 과기부가 소관하는 것은 부적절하며, △우선허용, 사후규제 원칙은 안전과 인권을 보호하기 위한 다른 법률의 정당한 조치와 다른 규제기관의 업무를 침범하고, △ 현행 지능정보화 기본법과 달리 고위험 인공지능을 정의하고 있기는 하나 고위험 인공지능의 정의가 자의적이며 부분적이며, △고위험 인공지능 규제가 형식적이어서 실질적인 위험 방지 장치를 갖추지 못하는 등의 심각한 문제를 가지고 있어 전면 재검토가 필요하다고 지적했다(정보인권연구소, 2023).

맺음말

1.

빌 게이츠는 2023년 3월 챗지피티 열풍을 보고 자신의 블로그에 "인공지능의 시대가 시작되었다"고 썼다.

> 내 생애에서 나는 나를 타격한 혁명적인 기술을 두 번 보았다.
> 첫번째는 1980년대로 윈도즈를 포함해서 모든 현대 운영체계의 선두주자였던 그래픽 사용자 인터페이스(GUI)를 소개받았던 것이다. …
> 두번째 기술은 바로 지난 해에 나타났다. 나는 오픈에이아이의 팀과 2016년부터 만나고 있었고, 그들의 꾸준한 진보는 내게 깊은 인상을 심어 주었다. 2022년 중반에 나는 그들의 작업에 크게 흥분해서 그들에게 도전의 기회를 주었다. 그것은 인공지능을 훈련해서 '대학 과목 선이수 생물학 시험'을 통과하게 하는 것이었다. …
> 나는 이 도전이 그들을 2-3년 바쁘게 할 것으로 생각했다. 그러나 그들은 단지 몇 달만에 이 도전을 끝냈다. …
> 나는 그래픽 사용자 인터페이스 이래 기술에서 가장 중요한 전진이 이루어진 것을 보았다는 것을 알았다(Gates, 2023).

이 글에서 빌 게이츠는 팀 버너스-리의 월드와이드웹과 스티브 잡스와 아이폰을 폄하하고 자신의 윈도즈를 내세운 게 분명하다. 그러나 이렇게 자기를 심하게 내세우는 빌 게이츠도 인공지능의 위력은 폄하할 수 없었다. 인공지능은 정말 엄청난 위력을 갖고 있기 때문이다. 물론 오폰에이아이를 알아본 자기의 능력을 과시하는 것이기도 하다.

그런데 인공지능은 '초성능 컴퓨터'로서 인류는 그것을 이용해서 큰 혜택을 누릴 수 있는 것과 함께 감시, 조작, 세뇌, 사기의 문제를 극단화할 수 있다. 인공지능의 위력이 커질수록 그 위험도 커진다. 인공지능에 대한 실효적인 규제는 이미 시급한 과제가 되었다. 인공지능은 사실 지능이 아니어서 더욱 더 그렇다.

'인공지능'은 실은 '초고성능 컴퓨터'로서 사람이 만든 프로그램에 의해 작동되는 기계이다. 그것은 마치 고도의 지능을 가진 것처럼 보이지만 실은 그렇게 보일 뿐이다. 영국의 수학자 로저 펜로즈(1931~)가 지적했듯이 의인화 표현이 큰 혼동의 원천이다(Penrose, 1989). '지능', '학습' 등의 말은 사실 대단히 엄밀히 써야 한다. 우리는 '미친 은유가 난무하는 시대'의 문제에 주의해야 한다(Postman, 1992: 160).

그러므로 알파고와 이세돌의 '대결'에서 우리가 주목해야 할 것은 '인공지능'의 승리가 아니다. 우리는 '인공지능'으로 불리는 초고성능 컴퓨터가 사회를 어떻게 바꿀 것인가에 주목해야 한다. 컴퓨터는 체스나 바둑을 두기 위해 만들어지는 것이 아니다. 컴퓨터는 정치와 경제의 강력한 도구로서 사회의 변화에 큰 영향을 미치고 있다. 민스키가 희망한 '인공지능'은 결코 만들어지지 않겠지만, 그것을 상상하게 한 컴퓨터의 성능은 계속 향상되고 있으며, 이에 따라 사회는 계속 바뀌고 있다. 이렇게 제한적인 의미에서 우리는 '인공지능 사회'에 대해 말할 수 있다. 우리는 이미 '인공지능 사회'에서 살고 있고, 그것은 계속 더욱 빠르게 변할 것이다(홍성태, 2016).

인공지능은 지능이 아니라 초거대 통계 기계이고, 생물이 아니라 분해 · 조립되는 물체이다. 아무리 정교한 기계도 생물이 아니며, 아무리 단순한 생물도 기계가 아니다(Nicholson, 2013). 그러나 도구인 기계가 주체인 인간을 지배하고, 물체인 기계가 생체를 파괴할 수 있다. 인간은 기술을 개발하고 기계를 제작해서 지구를 지배하고 엄청난 풍요를 누리게 되었으나 바로 그 때문에 대대적 실업[108]은 물론이고 파괴와 절멸의 위기를 맞게 되었다. 인류세의 지표에 기계가 포함되지 않은 것은 잘못이다. 자동차, 비행기, 컴퓨터 등 기계들이야말로 인류세의 최고 최대 지표가 아닐 수 없다.

2.

도구인 기계가 주체인 인간을 전면적으로 거부하고 위협하는 것은 아니다. 우리는 다양한 과학물을 통해 기계에 대해, 인간과 기계의 관계에 대해 배운다. 모든 과학물이 인간 대 기계의 대립을 전면에 내세우고 있는 것 같지만, 사실 인간 대 기계의 대립을 다루는 것과 인간 대 인간의 대립을 다루는 것의 두 가지로 나뉜다. 기계는 대체로 인간의 형태를 하고 있지만 그렇지 않은 것도 있다. 여기서 기계는 단순한 기계가 아니라 초성능 자동기계, 즉 인공지능 기계다.

인간형 초성능 기계는 프리츠 랑 감독의 영화 '메트로폴리스'에서 처음 등장했다.[109] 우리의 현실은 '메트로폴리스'에서 제시된 것처럼 인간 대 기계가 아니라 인간 대 인간의 문제가 지배적이다. 그런데 인공지능은 '생각하는 기계'이고, 로봇은 '행동하는 기계'이다. 인공지능이 로봇을 장악하게 되면 인공지능은 '생각'을 '행동'으로 옮길 수 있게 된다. 이렇게 되면 '터미네이터'와 '매트릭스'가 우리의 현실이 될 수 있을 것이다. 인간

표 13 과학물의 초성능 기계 유형과 계열

	인간형	기계형
인간 대 기계	* 터미네이터(1984) * 매트릭스(1999) * AI(2001) * 아이 로봇(2004) * 월-E(2008)	* 2001: 스페이스 오딧세이(1968) * 뉴로맨서(1984) * 그녀(2013) * 엑스 마키나(2014)
인간 대 인간	* R.U.R.(1920) * 메트로폴리스(1927) * 철완 아톰(1952)	* 아이언 맨(2008)

은 인공지능에 의해 절멸되거나 인공지능의 '먹이'로 전락하게 된다.

인류는 기술로 흥했으나 기술로 망할 수 있다. 핵발전소는 그 대표적인 예이다. 30년 간 가동하고 10만년 간 폐기해야 하는 핵발전소가 지구의 곳곳에 널려 있다. 이렇게 인류는 풍요를 향유하고 몰락을 자초한다. 인공지능도 마찬가지이다. 라이프니츠는 토론하지 않고 계산하는 것으로 누구나 자기의 생각을 명확히 표현해서 논란을 해결할 수 있는 기계를 꿈꿨다.[110] 이에 대해 스위프트는 가장 무식한 사람이라도 약간의 육체적 수고로 온갖 저술을 할 수 있다는 것이라고 신랄히 비판했다(Swift, 1726: 297~301). 라이프니츠의 '꿈'은 컴퓨터로, 인공지능으로 실현되었다. 그러나 그것은 인간의 타락과 심지어 절멸의 위험을 안고 있다. 우리는 라이프니츠와 함께 스위프트를 기억할 필요가 있다.

3.

인공지능에 대한 법적 규제는 이미 중요한 사회적 및 인간적 요청이 되었다. 유럽연합이 실행하고 있는 윤리와 법률이 기본 모범이다. 가장 중요한 것은 실효적인 법률을 제정하는 것이다. 그 위험이 너무나 크기에 원칙을 무시한 법률을 제정해서는 절대 안 된다. 윤리는 사회적으로 인정된 옳은 것으로서 법률의 기반을 이루게 된다. 윤리는 자율의 규범이고, 법률은 타율의 규범이다. 법률이 올바로 제정되면 윤리가 더욱 적극 존중될 수 있다. 그럴 듯한 윤리를 제시하고 엉터리 법률을 제정하면 결국 윤리도 지켜지지 않는다.[111] 인공지능의 경우에 그 폐단과 피해는 너무나 심각한 것이 될 것이다.

모든 기계의 문제는 기계의 악용 문제와 기계 자체의 문제로 대별된다. 빌 게이츠와 일론 머스크도 주장하고 있듯이, 인공지능은 지구적 차원에서 불평등 문제를 더욱 더 악화시키고, 인류 전체를 상대로 사기와 폭력을 유발하는 식으로 악용될 수 있다. 이런 점에서 인공지능은 지구적 차원에서 민주주의를 증진하는 과제를 강력히 제기하고 있다. 대규모 언어 모델들이 잘 보여주듯이, 생성형 인공지능은 그 형성부터 심각한 저작(인격)권 침해와 프라이버시 침해의 문제를 안고 있다. 인공지능의 놀라운 위력은 놀라운 문제를 통해 형성되고 작동되는 것이다.

기계 자체의 문제는 더욱 더 놀랍다. 생성형 인공지능은 그럴 듯한 거짓말을 사실인 듯 제시하곤 한다. 이것을 '환상 문제'(hallucination problem)라고 부른다. 이 문제는 인공지능의 실체와 관련해서 크게 주의해야 하는 대단히 무서운 '현실 문제'이다.

> 구글의 새로운 챗봇 바드(Bard)는 인공지능의 혁명적인 물결에 속한다. … 그러나 바드를 포함한 모든 챗봇들은 여전히 최소한 한 가지 심각한 문제를 갖고 있다. …
> 이 환영받지 않는 경향의 최근의 증거는 CBS의 '60분'(*60 Minutes*)에서 나타났다. 바드는 여기서 피터 테민의 『인플레이션 전쟁들: 현대 역사』(*The Inflation Wars: A Modern History*)는 "미국의 인플레이션 역사를 제시하고" 그것을 통제하기 위해 쓰인 정책들을 논의한다고 자

신 있게 선언했다. 문제는 이 책이 존재하지 않는다는 것이다.

이것은 바드의 흥미로운 거짓말이다. 왜냐하면 그것이 사실일 수 있기 때문이다. 테민은 인플레이션을 연구하고 경제학에 관해 12권이 넘는 책들을 쓴 MIT의 탁월한 경제학자이나 그는 *The Inflation Wars: A Modern History*라는 책을 결코 쓰지 않았다. 바드는 저런 '환상을 만든 것'이고, 인플레이션에 관한 질문에 대한 답변에서 제시한 다른 경제학 책들과 요약들도 모두 그랬다. …

바드와 챗지피티 같은 챗봇들은 문장에서 다음 단어를 예측하기 위해 수십억 개의 자료들을 활용하는 대규모 언어 모델들(LLMs)을 이용한다. 이른바 생성형 인공지능의 이 방법은 모델들이 그럴 듯해 보이나 사실이 아닌 문장을 생성하는 것인 환상을 생산하는 경향이 있다. 그러나 LLMs에서 행해지고 있는 모든 작업들에서 이런 환상도 여전히 공통적으로 발생하나?

"그렇습니다." 구글의 대표인 순다르 피차이(Sundar Pichai)는 '60분'(*60 Minutes*)의 인터뷰에서 그것들이 "예상됩니다"고 말했다. "이 분야에서 아직 누구도 환상 문제를 해결하지 못했습니다. 모든 모델들이 이 문제를 분명히 갖고 있습니다." 환상 문제가 미래에 해결될 것인가에 대해 질문받고, 피차이는 "그것은 강력한 토론의 문제입니다만", 그의 팀이 결국 "진보를 이룰 것"으로 생각한다고 말했다.

어떤 인공지능 전문가들이 지적했듯이, 저 진보는 인공지능 시스템의 복잡한 본성 때문에 이루기 어려울 것이다. 피차이는 그의 기술자들이 '완전히 이해하지 못한' 인공지능의 기술들이 아직 있다고 설명했다. 그는 말했다. "이 분야에 있는 우리 모두가 '블랙 박스'라고 부르는 문제가 있습니다. 그게 왜 이런가, 뭐가 잘못된 것인가를 명확히 말할 수 없는 것입니다"(Daniel, 2023).

인공지능은 '생각하는 기계'가 아니라 '생각하는 것처럼 보일 수 있는 기계'이고[112] 실제 작동은 엄청난 수의 자료들을 통계적으로 연결하는 것이다. 이 기계는 저작권 침해와 프라이버시 침해를 넘어서 사람들을 모욕하고 기만하고 세뇌할 수 있다. 나아가 이 기계는 지구적 차원에서 인간이 통제하지 못하는 방식으로 신호를 주고받고 인간에게 극단적 위험을 초래할 수 있다. '환상 문제'의 본질은 인간이 이 무서운 기계를 완전히 통제하는 것이 불가능할 수 있다는 것이다. 인공지능의 실존적 문제는 과도한 우려가 아니라 인류가 당면한 아주 당연한 기본적 현실일 수 있다.

이처럼 거대한 문제와 위험에 비추어서 인공지능은 완전히 민주적으로 개발되고 이용되지 않으면 안 된다. 인공지능은 공동자원(common resources, commons)의 성격을 본질적으로 갖고 있기 때문에 더욱 더 그렇다. 생성형 인공지능은 '인공지능의 거대한 변곡점'이자 '인공지능의 새로운 기본'이다. 그런데 생성형 인공지능은 인류가 만든 엄청난 수의 자료들을, 즉 인류가 만든 공동자원을 이용해서 형성되고 작동된다. 이제 인공지능은 프로그램(기술)과 자료(문화)의 복합체로서 인터넷과 마찬가지로 인류의 공동자원으로 관리될 필요가 있다. 여기에 인공지능의 사회적 미래가 있다.

4.

인공지능의 문제는 그 책임과 함께 생각해야 한다. 문제의 원인은 기계에 있을 수 있어도 문제의 책임은 언제나 인간에게 있다. 기계의 개발과 이용을 중심으로 인간은 개발자, 사업자, 이용자, 관리자의 세 주체로 나뉠 수 있다. 개발자는 대체로 기술자이고, 사업자는 대체로 기업이고, 관리자는 대체로 정부-국가이며, 이용자는 개인·기업·국가 등을 망라한다. 인공지능은 인터넷과 결합되어 지구적 차원에서 인류 전체에 대한 실시간 총체적 감시를 실행할 수 있고, 로봇과 결합되어 지구적 차원에서 인류 전체에 대한 모종의 행위를 실행할 수 있다.

주체로서 인간의 지위는 기계의 주체적 이용자에서 기계의 종속적 이용자로 약화되고 있다.[113] 인간이 오래 노력해서 갖춰야 할 지식과 기능을 모두 기계화한 뒤에도 인간은 계속 존엄성을 유지할 수 있을 것인가? 인간이 할 수 있는 모든 걸 기계가 할 수 있다면 인간은 무엇이 되는 건가? 모든 인간이 실직의 위험을 겪을 수 있고, 인간의 가치라는 것은 안개처럼 쉽게 없어져 버릴 수 있다. 가장 적극적으로 기계화해야 할 것은 사법이다. 인공지능이 엄정한 사법으로 정의를 지키고 부패한 판사들을 척결하면 인간의 가치는 더욱 더 올바로 지켜질 것이다.

인공지능의 문제는 정상 사용에서 발생하는 문제, 오용에서 발생하는 문제, 그리고 기계 자체의 문제 등 셋으로 크게 나눌 수 있다. 문제의 종류는 실업, 감시, 사기, 세뇌, 절멸 등 다양하다. 감시 문제는 이미 심각한 상황인데 인공지능은 이 문제를 극단화할 수 있다. 감시는 크게 신체 감시와 자료 감시로 나뉘는데 인공지능은 말 그대로 총체적 감시를 실행할 수 있다. 인공지능은 극도로 정교한 허위사실의 제작과 유포로 사기와 세뇌의 문제도 극단화할 수 있다. 그리고 궁극적으로 인간의 전면적 전락과 절멸이 실현될 수 있다. 이 문제는 이미 현실이다.

이 모든 문제에서 일차적 책임은 당연히 개발자인 기술자에게 있다. 자만하는 기술자는 그저 메피스토펠레스일 뿐이고, 기술자를 맹신하면 무참한 파멸을 맞을 수 있다. 문제와 책임을 깊이 인식한 '각성한 기술자'의 중요성이 갈수록 커진다.[114] 핵폭탄-핵발전에서 자만을 넘어 대놓고 속이는 과학기술-사기꾼들의 문제는 인류의 절멸 위기로 이어진

표 14 인공지능의 문제와 책임

	종류	책임
사용 문제	실업, 감시, 세뇌 등	기술자 기업 국가
오용 문제	사기, 감시, 세뇌 등	기술자 기업 국가 이용자
자체 문제	인간의 전락-절멸	기술자 기업 국가

다.[115] 인공지능의 경우도 마찬가지다. 인공지능의 위험은 핵폭탄-핵발전의 위험과 같은 것 또는 그보다 더 심한 것으로 여겨진다. 인공지능의 개발자와 이용자는 이 사실을 결코 잊지 말아야 한다.

부록

1. '아실로마 인공지능 원칙들'[116]

아실로마 인공지능 원칙들(The Asilomar AI Principles)은, '생명의 미래 재단'이 조정하고 2017년 유익한 인공지능 회의에서 발전되었으며, 가장 초기에 발표된 것이자 가장 영향력 있는 인공지능 협치 원칙들의 하나이다.

이 원칙들은 2017년 아실로마 회의에서 여러 절차들을 통해 발전되었다. 영어 외에 중국어, 독일어, 일본어, 한국어, 러시아어로 볼 수 있다.

인공지능은 세계 전역에서 사람들이 매일 사용하고 있는 유익한 도구들을 이미 제공하고 있다. 다음의 원칙들을 따라 계속 발전된다면, 인공지능은 앞으로 수십년 수백년 동안 사람들을 돕고 강하게 만들기 위한 놀라운 기회들을 제공할 것이다.

연구 사안들

1) 연구 목표: 인공지능 연구의 목표는 감독되지 않은 지능이 아니라 유익한 지능을 만드는 것이어야 한다.
2) 연구 재원: 인공지능에 대한 투자는, 컴퓨터 과학, 경제학, 법, 윤리, 그리고 사회적 연구들에서 다음과 같은 어려운 질문들을 포함해서, 그 유익한 이용을 보장하는 연구를 위한 재원으로 이루어져야 한다.
   - 우리는 어떻게 미래의 인공지능 시스템을 아주 강인하게 만들 수 있을까? 우리는 그것이 오작동되지 않거나 해킹당하지 않고 우리가 원하는 것을 하도록 해야 한다.

- 우리는 어떻게 사람들의 자원과 의도를 유지하면서 자동화를 통해 더욱 번영할 수 있을까?
- 우리는 어떻게 법 체계를 더욱 공정하고 효율적으로 향상할 수 있을까? 우리는 그것이 인공지능과 보조를 맞추고, 인공지능과 결합된 위험을 관리할 수 있어야 한다.
- 인공지능이 정렬돼야 하는 가치 문제들은 어떤 것이며, 그것이 가져야 하는 법적 및 윤리적 상태는 어떤 것인가?

3) 과학-정책 연계: 인공지능 연구자들과 정책결정자들의 사이에 건설적이고 건강한 교환이 있어야 한다.
4) 연구 문화: 인공지능의 연구자들과 개발자들 사이에서 협력, 신뢰, 투명성의 문화가 증단돼야 한다.
5) 경쟁의 회피: 인공지능 시스템을 개발하는 연구진들은 안전 기준에 관해 요령을 부리지 않도록 적극 협력해야 한다.

윤리와 가치들

6) 안전: 인공지능 시스템은 그 작동 수명 기간 동안 안전해야 하고 보안돼야 하며, 적용할 수 있고 실현할 수 있는 곳에서 확인할 수 있게 그렇게 되어야 한다.
7) 실패 투명성: 인공지능 시스템이 해를 입히면, 그 이유를 확인할 수 있어야 한다.
8) 사법 투명성: 사법 의사결정에서 자동 체계의 개입은 자격을 갖춘 인간 권위자가 감사할 수 있는 만족스러운 설명을 제시해야 한다.
9) 책임성: 고급 인공지능 시스템의 설계자와 구축자는 그 사용, 실수, 행동의 도덕적 함의에서 이해관계자로서 그 함의를 형성할 책임과 기

회를 갖고 있다.

10) 가치 정렬: 고도로 자동적인 인공지능 시스템은 그 목표와 행태가 그 작동을 통해 인간의 가치와 확실히 정렬될 수 있도록 설계되어야 한다.

11) 인간적 가치: 인공지능 시스템은 인간의 존엄성, 인권, 자유, 그리고 문화적 다양성과 양립할 수 있도록 설계되고 작동돼야 한다.

12) 인격적 프라이버시(Personal Privacy): 인공지능 시스템이 그 자료들을 분석하고 이용하는 능력을 전제로, 사람들은 자신들이 생성하는 자료들에 접근하고, 그것들을 관리하고 통제할 수 있는 권리를 가져야 한다.

13) 자유와 프라이버시(Liberty and Privacy): 개인 자료에 대한 인공지능의 활용이 사람들의 실제적 또는 지각된 자유를 이유없이 줄여서는 안 된다.

14) 공유된 혜택: 인공지능 기술은 가능한 한 많은 사람들이 혜택을 받고 힘을 키우는 것이어야 한다.

15) 공유된 번영: 인공지능이 창출한 경제적 번영은 널리 공유되어야 하며, 모든 인류에게 유익해야 한다.

16) 인간의 통제: 인간들이 인간이 선택한 목표들을 달성하기 위해 인공지능 시스템에 어떻게 결정을 위임할 것인가를 선택해야 한다.

17) 비전복(Non-subversion): 고도로 선도적 인공지능 시스템의 통제로 부여된 능력은 사회의 건강이 의존하는 사회적 및 시민적 절차를 전복하는 것이 아니라 존중하고, 개선해야 한다.

18) 인공지능 군비 경쟁: 치명적인 자동 무기의 군비 경쟁을 피해야 한다.

장기적 사안들

19) 가능성 경고: 어떤 합의도 없으므로, 우리는 미래 인공지능의 가능성의 상한을 설정하는 것과 관련해서 강한 가정을 피해야 한다.

20) 중요성: 선도적 인공지능은 지구의 생명의 역사에서 심오한 변화를 대변할 수 있으며, 상응하는 주의와 자원으로 계획되고 관리돼야 한다.

21) 위험들: 인공지능 시스템이 제기하는 위험들은, 특히 재난적 또는 실존적 위험들은, 그 기대되는 영향에 상응하는 계획과 경감 노력에 따라야만 한다.

22) 재귀적 자기 향상: 빠르게 질 또는 양을 키울 수 있는 식으로 재귀적 자기-향상 또는 자기-복제를 하게 설계된 인공지능 시스템은 엄격한 안전과 통제 방식에 따라야만 한다.

23) 공동선: 초지능은 널리 공유된 윤리적 이상을 위해서만, 그리고 한 국가나 조직이 아니라 모든 인류의 이익을 위해서만, 개발돼야 한다.

2. '거대 인공지능의 실험을 중단하라: 공개 편지'

우리는 모든 인공지능 연구소들이 최소 6개월 동안 더 강력한 인공지능 시스템의 훈련을 즉각 중단할 것을 요청합니다.

인간-경쟁적 지능을 가진 인공지능 시스템들은, 폭넓은 연구에 의해 밝혀졌고 최고의 인공지능 연구소들이 인정했듯이, 사회와 인류에 대해 심오한 위험들을 제기할 수 있습니다. 널리 승인된 '아실로마 인공지능 원칙들'(Asilomar AI Principles)에서 공표되었듯이, 선도적 인공지능은 지구의 생명사에서 심오한 변화를 대표할 수 있고, 따라서 상응하는 주의와 자원으로 계획되고 관리돼야 합니다. 불행하게도, 이런 수준의 계획과 관리가 행해지지 않고 있고, 심지어 최근 몇 달 동안 인공지능 연구소들은 아무도-심지어 그 창조자들도-이해할 수 없고, 예측할 수 없고, 믿을 수 있게 통제할 수 없는 더욱 더 강력한 디지털 정신을 개발하고 배치하는 통제되지 않는 경쟁에 빠져 있습니다.

현재 인공지능 시스템들은 일반적인 임무들에서 인간-경쟁적 상태가 되고 있으며, 따라서 우리는 스스로 물어야만 합니다. 우리는 기계들이 우리의 정보 채널들을 선동과 거짓으로 넘치게 해야 하는가? 우리는 만족스러운 것들을 포함해서 모든 직업들을 자동화해 버려야 하는가? 우리는 결국 우리를 숫적으로 제압하고, 지능으로 앞서고, 낡게 만들고, 대체할 수 있는 비인간 정신을 개발해야 하는가? 우리는 우리의 문명에 대한 통제를 상실할 위험을 감수해야 하는가? 이런 결정들은 선출되지 않은 기술 지도자들에게 결코 위임되어서는 안 됩니다. 강력한 인공지능 시스템들은 그 효과가 긍정적이고 그 위험이 관리될 수 있다고 우리가 확신하는 한에서만 개발되어야 합니다. 이 확신은 인공지능 시스템의 잠재적 효과의 크기와 함께 잘 정당화되어야 하고 증가해야 합니다. 오픈에이아이는 인공지능에 관해 최근에 다음과 같이 공표했습니다. "어떤 시점에서, 미래 시스템들의 훈련을 시작하기 전에 독립적인 평가를 받는 것이, 그리고 새로운 모델들을 만드는 데 사용되는 컴퓨터의 성장률을 제한하는 것에 가장 선도적인 전문가들이 동의하는 것이 중요할 수 있다." 우리는 동의합니다. 지금이 바로 그 시점입니다.

그러므로 우리는 모든 인공지능 연구소들이 최소 6개월 동안 지피티-4보다 더 강력한 인공지능 시스템의 훈련을 즉각 중단할 것을 요청합니다. 이 중단은 공적이고 입증될 수 있어야 하며, 모든 핵심 행위자들을 포함해야 합니다. 만일 이런 중단이 빨리 실행될 수 없다면, 정부가 개입해서 유예를 시행해야 합니다.

…

인류는 인공지능으로 풍족한 미래를 향유할 수 있습니다. 강력한 인공지능 시스템들을 만드는 것에 성공해서, 우리는 지금 '인공지능 여름'을 향유할 수 있습니다. 여기에서 우리는 보상을 받고, 모두의 명확한 이익을 위해 이 시스템들을 고안하고, 사회에 적응할 기회를 제공합니다. 사회는 사회에 잠재적으로 재앙적인 효과를 갖고 있는 다른 기술들에 대해서 중단 조치를 취했습니다. 우리는 인공지능에 대해서도 그렇게 할 수 있습니다. 준비되지 않은 채 추락을 향해 달려가지 말고, 긴 인공지능 여름을 향유합시다.

2023년 3월 22일
생명의 미래 재단

3. AI Index Report 2023의 'AI 개발의 10대 핵심 사항'

1) 산업 경쟁이 학계를 앞섰다.

2014년까지 대부분의 중요한 기계학습 모델들은 학계에서 발표되었다. 그때 이래로 산업이 인계했다. 2022년에 32개의 중요한 기계학습 모델들이 산업에서 생산됐으나 학계에서는 고작 3개가 생산됐다. 최고 상태의 인공지능 시스템을 만드는 것은 갈수록 많은 자료, 컴퓨터 성능, 그리고 돈을 필요로 한다. 산업의 주역들이 비영리 부문이나 학계에 비해 본래 더 많이 갖고 있는 자원들이다.

2) 전통적 평가의 성능 포화

인공지능은 최고 상태의 결과를 계속 알려왔다. 그러나 해가 지날수록 많은 평가에서 개선이 계속 한계적이었다. 더욱이 평가 포화가 이르는 속도가 빨라지고 있다. 하지만 새로운 더욱 포괄적인 BIG-bench(Beyond the Imitation Game Benchmark)와 HELM이 발표되고 있다.

3) 인공지능은 환경에 도움도 되고 해도 된다.

새로운 연구는 인공지능이 심각한 환경 영향을 일으킬 수 있다는 것을 시사한다. 루치오니 등의 연구에 따르면(Luccioni et al., 2022), 블룸(BLOOM)의 학습은 한 명의 비행기 여행자가 뉴욕에서 샌프란시스코로 비행기로 갈 때 배출하는 것보다 25배가 많은 이산화탄소를 배출한다. 하지만 비쿨러(BCOOLER) 같은 새로운 강화 학습 모델은 인공지능 시스템이 에너지 사용을 최적화하는 데 사용될 수 있다는 것을 보여준다.

4) 세계 최고의 새로운 과학자는...인공지능?

인공지능 모델들은 과학적 진보를 급속히 가속하고 있으며, 2022년에 수소 융합을 돕고, 행렬 연산의 효율을 개선하고, 새로운 항체를 생성하는 데 사용됐다.

5) 인공지능의 오용과 관련된 사고가 급속히 증가하고 있다.

AI의 윤리적 오용에 관련된 사고들을 추적하는 AIAAIC의 데이터베이스에 따르면, 인공지능 사고와 논란의 수가 2012년 이래 26배 증가했다. 2022년의 주목할 사고에는 우크라이나 대통령 볼로디미르 젤렌스키가 항복하는 심층조작 동영상과 미국의 감옥들이 재소자들에 대해 전화 감시 기술을 사용한 것이 포함된다. 이런 증가는 인공지능 기술의 이용과 오용 가능성의 인식이 더욱 커지고 있는 것을 입증한다.

6) 인공지능 관련 전문 기능에 대한 요구가 사실상 미국의 모든 산업 부문에서 커지고 있다.

(농업, 임업, 어업, 수렵을 제외하고) 자료가 있는 미국의 모든 부문에서 인공지능 관련 일자리가 2021년 1.7%에서 2022년 1.9%로 늘어났다. 미국의 고용자들은 인공지능 관련 기능을 갖춘 노동자들을 더욱 더 많이 찾고 있다.

7) 10년만에 처음으로 인공지능에 대한 연간 사적 투자가 줄어들었다.

지구적 차원의 인공지능 사적 투자는 2022년에 919억 달러로 2021년에 비해 26.7% 줄어들었다. 인공지능 관련 자금 행사의 전체 수와 새로 자금을 마련한 인공지능 회사들의 수가 다 줄어들었다. 하지만 지난 10년 동안 전체 인공지능 투자는 명확히 늘어났다. 2022년에 인공지능에 대한 사적 투자의 양은 2013년에 비해 18배 늘어났다.

8) 인공지능을 채택하는 회사들의 비율이 정체되는 것과 함께 인공지능을 채택한 회사들은 계속 늘어나고 있다.

매킨지의 연례 조사 결과에 따르면, 2022년에 인공지능을 채택하는 회사들의 비율은 2017년 이래 두 배를 넘게 늘었는데, 최근에 50%와 60%의 사이에서 정체되었어도 그렇다. 인공지능을 채택한 조직들은 상당한 비용 절감과 수익 증가를 실현했다고 보고한다.

9) 인공지능에 대한 정책결정자들의 관심이 커지고 있다.

127개 국의 입법 기록에 대한 인공지능 지표의 분석은 법으로 제정된 '인공지능'을 포함하는 법안의 수가 2016년의 1개에서 2022년 37개로 늘었나는 것을 보여준다. 마찬가지로 81개 국의 인공지능에 대한 의회 기록 분석은 지구적 차원에서 입법 과정에서 인공지능에 대한 언급이 2016년 이래 거의 6.5배 늘어났다는 것을 보여준다.

10) 중국인은 인공지능의 제품과 서비스에 관해 가장 긍정적으로 느낀다. 미국인은…그렇지 않다.

2022년 IPSOS 조사에서 78%의 중국인 응답자들(조사된 국가들에서 최고 비율)이 인공지능을 사용하는 제품과 서비스가 약점보다 이익이 더 크다는데 동의했다. 중국인 응답자들의 다음으로 사우디아라비아(76%)와 인도(71%)의 응답자들이 인공지능 제품에 관해 가장 긍정적으로 느꼈다. 표본 미국인들의 35%만이 (조사된 국가들에서 최저 비율) 인공지능을 사용하는 제품과 서비스가 약점보다 이익이 더 크다는 데 동의했다.

참고자료

고명석(2019), 『예술과 테크놀로지』, 새빛
과학세대 편저(2000), 『두뇌에 도전하는 미래 컴퓨터』, 벽호
김대수(1992), 『신경망 이론과 응용 1』, 하이테크정보사
김선영(2018), 『예술로 읽는 4차 산업혁명』, 별
김효은(2019), 『인공지능과 윤리』, 커뮤니케이션북스
오창석(1996), 『뉴로컴퓨터』, 지성출판사
이건명 외(2018), 『인공지능 시대의 인문학』, 신아사
이초식(1993), 『인공지능의 철학』, 고려대출판부
장은성(1999), 『복잡성의 과학』, 전파과학사
최종덕(2016), 『비판적 생명철학』, 당대
한국연구재단(2020), 『주요 국가의 인공지능(AI) 관련 연구윤리 정책 동향 조사』
홍성태(2000), 『사이버사회의 문화와 정치』, 문화과학사
_____(2002), 『현실 정보사회의 이해』, 문화과학사
_____(2003), 『생태사회를 위하여』, 문화과학사
_____(2009), 『현실 정보사회와 정보사회운동』, 한울
_____(2017), 『사고사회 한국』, 진인진
_____(2019), 『생태복지국가를 향하여』, 진인진
_____(2022), 『디지털 문화의 세계』, 진인진

강찬수(2022), '지금처럼 CO_2 계속 배출한다면 2028년 1.5도 저지선 뚫린다', joongang.co.kr/, 2022.3.24.
관계부처 합동(2020), 'BIG3 산업 세계 1위 경쟁력 확보…혁신기업 국가대표 1000개 육성', korea.kr/news/
_____(2022), '혁신성장 확산·가속화를 위한 D.N.A. 추진현황과 발전방향', 2022.3.25.
구상준(2020), 'Transformer-Harder, Better, Faster, Stronger', tech.scatterlab.co.kr/, 2020.1.3.
구은서(2023), 'AI와 초거대 AI는 어떻게 다를까?', 〈미래에셋증권 매거진〉 2023.1.17.

김도엽·마경태(2023), 'EU AI 법안의 EU 의회 수정안 주요내용', lawtimes.co.kr/, 2023.5.31.

김동원(2022), '초거대 AI 강수 두는 빅테크 기업들', 〈Ai타임스〉 2022.3.17.

김재완(2019), 'EU 일반정보보호규정(GDPR)의 알고리즘 자동화 의사결정에 대한 통제로서 설명을 요구할 권리에 대한 쟁점 분석과 전망', 〈민주법학〉 69호.

김재필(2023), '인간의 뇌를 닮은 '초거대 AI'가 바꾸는 세상', news.skhynix.co.kr/

김재희(2021), '인포스피어와 정보철학', horizon.kias.re.kr, 2021.7.13.

김준성(2019), '인공지능의 이론으로서 연결주의에 대한 재평가', 〈예술인문사회 융합 멀티미디어 논문지〉 58호.

김진균(1978), '테크놀로지적 사회구조론', 〈현상과 인식〉 제2-3호

류한석(2020), '범용 AI의 선두주자 GPT-3가 가져온 충격', eiec.kdi.re.kr

모정훈(2021), '알고리즘 공개에 관하여', 〈디지털 사회〉 36호, 2021.10.21.

문화체육관광부(2009), '내가 배출한 탄소발자국 계산해 보니…나무 800그루 심어야 한달 내뿜은 탄소 흡수', korea.kr/, 2023.4.21.

박혜섭(2021), '세레브라스가 여는 120조(兆)개 신경망 파라미터 세상…"인간의 뇌 수준급 시스템"', 〈Ai 타임즈〉 2021.8.26.

방은주(2023), '구글·MS·오픈AI 등 AI제품 알고리즘 대중에 공개된다', zdnet.co.kr/, 2023.5.6.

봉강호(2023), '우리나라 및 주요국 인공지능(AI) 기술수준의 최근 변화 추이', spri.kr/, 2023.3.2.

서용석(2016), '토플러식 미래주의의 종언', 〈월간 중앙〉 2016.7.

소프트웨어정책연구소(2023), 'GPT-4 개요 및 특징', spri.kr/

송영석(2019), '"미성년자 성착취" 억만장자의 미스터리한 죽음 그리고 '권력의 그림자"', kbs 2019.8.22.

양지훈·윤상혁(2023), 'ChatGPT를 넘어 생성형(Generative) AI 시대로', 〈MEDIA ISSUE & TREND〉 2023.3-4.

양철민(2023), '초거대AI 개발 전쟁-AI 구동 인프라만 수천억', 〈서울경제〉 2023.3.20.

연구윤리정보센터(2020), '인공지능(AI) 윤리 가이드라인의 중요성과 국가별 대응

현황: 국내', ethics.moe.edu.tw/

이상건(2022), '뇌 연구의 역사 5: 뇌세포와 그 연결의 발견', Epilia: Epilepsy and Community 4(1)

이상복(2001), '신경학의 역사', 대한신경과학회지 19(3)

이승엽(2022), '초거대 AI 개발전쟁 스타트', 〈한국일보〉 2022.7.1.

이준배(2021), '2030년까지 엑사급 초고성능 컴퓨터 독자 완성한다', eiec.kdi.re.kr

이희대(2021), '초거대 AI, 인간 대신 콘텐츠 창작할까', kocca.kr/trend/vol26/

장병탁(2018), '인간지능과 기계지능 - 인지주의 인공지능', 〈정보과학회지〉

전정현(2023), '생성형 AI가 그린 그림으로 돈을 벌 수 있을까', 〈과학동아〉 2023년 4월호

전혜원(2021), '조경현 교수 인터뷰', 〈시사IN〉 2021.11.23.

정보인권연구소(2021), '120개 시민사회단체, 인공지능에 대한 첫 공동 선언', 2021.5.24.

_____(2023), '「인공지능산업 육성 및 신뢰 기반 조성 등에 관한 법률안(소위안)」에 대한 인권시민단체 의견', 2023.3.2.

정인성(2023), '챗GPT 등 인공지능의 시대 : 프로그래밍과 인공지능, 그리고 GPU의 등장', news.skhynix.co.kr/

정준화 · 박서영(2021), '디지털 시대를 위한 D.N.A.(data, network, AI) 정책의 현황과 과제', 국회입법조사처, 〈이슈와 논점〉 1828호, 2021.5.6.

주병권(2023), '집적회로의 발전, 그리고 메모리 반도체와 시스템 반도체', news.lxsemicon.com/

최성우(2015), '뉴턴 1666년, 아인슈타인 1905년', sciencetimes.co.kr/

홍성태(2016), '인공지능 사회는 오는가?', 한국언론정보학회 2016년 가을 정기 학술대회

Beniger, James(1986), *The Control Revolution: Technological and Economic Origins of the Information Society*, Harvard University Press

Cadoz, Claude(1994), 심윤옥 옮김(1997), 『가상현실』, 영림카디널

Martin, Davis(2000), *The Universal Computer: The Road from Leibniz to Tur-*

ing, W. W. Norton & Company

Ganascia, Jean-Gabriel(1996), 오현금 옮김(2000), 『인지과학』, 영림카디널

International Federation of Robotics(2020), *IFR World Robotics Report 2020*

Lyon, David(1994), *Electronic Eye: The Rise of Surveillance Society*, Univ Of Minnesota Press

Lyotard, Jean-François(1979), 이현복 옮김(1992), 『포스트모던 조건』, 서광사

Manovich, Lev(2013), *Software Takes Command*, Bloomsbury Academic

Mansell, Robin(2009), *The information society: Critical concepts in sociology*, Routledge

Maturana and Varela(1972), *Autupoiesis and Cognition-The Realization of the Living*, D. Reidel Publishing Company

OECD(1969), Gaps in Technology: Electronic Computers

Pascal(1670), W. Trotter trans.(1941), *Penseés*, Random House

Russell, Stuart and Peter Norvig(2021), *Artificial Intelligence: A Modern Approach* (4th edition), Pearson

Simon, Herbert(1981), 한국체계과학학회 역(1999), 『인공 과학의 이해』, 신유

Sokal, Alan(1998), 이희재 옮김(2000), 『지적 사기-포스트모던 사상가들은 과학을 어떻게 남용했는가』, 민음사

Toulmin, Stephen(1990), *Cosmopolis: The Hidden Agenda of Modernity*, University of Chicago Press.

Turing, Alan(1936~54), Jack Copeland ed.(2004), *The Essential Turing*, Oxford Univ. Press

UNESCO(2022), *Recommendation on the Ethics of Artificial Intelligence*

von Neumann, John(1958), *The Computer and the Brain*, Yale Univ. Press

Walsh, Toby(2018), 이기동 옮김(2018), 『AI의 미래-생각하는 기계』, 프리뷰

Wiener, Norbert(1948), *Cybernetics*, MIT Press

_____(1950), *Cybernetics and Society*, The Riverside Press

World Economic Forum(2020), *The Future of Jobs Report 2020*

Adamatzky, Andrew(2018), The dry history of liquid computers, arxiv.org/

Bell, Daniel(1979), The Social Framework of the Information Society, Dertoozos & Moses eds.(1979), *The Computer Age: A 20 Year View*, MIT Press

Birdle, James(2023), The Stupidity of AI, theguardian.com/, 2023.3.16.

Brown, Sara(2023), Why neural net pioneer Geoffrey Hinton is sounding the alarm on AI, mitsloan.mit.edu/, 2023.5.23.

Bubeck, Sébastien et al.(2023), Sparks of Artificial General Intelligence: Early experiments with GPT-4, arxiv.org/abs/2303.12712

Budu, Emmanuella(2023), What Does Pre-training a Neural Network Mean?, baeldung.com/, 2023.3.16.

Burgess, Matt(2023), The Hacking of ChatGPT Is Just Getting Started, *Wired* APR 13, 2023

Bush, Vannevar(1945), As we may think, *The Atlantic* July 1945

Choi, Charles(2022), Undetectable Backdoors Plantable In Any Machine-Learning Algorithm, *IEEE Spectrum*, 10 May 2022.

Crawford, Susan(1983), The Origin and Development of a Concept: The Information Society, *Bull. Med. Libr. Assoc.* 71(4) October 1983

Cse, David(2020), How Claude Shannon Invented the Future, quantamagazine.org

Daniel, Will(2023), Google CEO Sundar Pichai says 'hallucination problems' still plague A.I. tech and he doesn't know why, fortune.com/, 2023.4.18.

Darrach, Brad(1970), Meet Shaky, the First Electronic Person: The Fearsome Reality of a Machine with a Mind of Its Own, *LIFE Magazine*, November 20, 1970

Dickson, Ben(2022), Machine learning has a backdoor problem, TechTalks, 23 May 2022.

EP(2022), BRIEFING-Artificial intelligence act, europarl.europa.eu/, 2022.1.

___(2023), AI Act: a step closer to the first rules on Artificial Intelligence, europarl.europa.eu/, 2023.5.11.

___, EU AI Act: first regulation on artificial intelligence, europarl.europa.eu/, 2023.6.14

Foote, Keith(2022), A Brief History of Deep Learning, dataversity.net/, 2022.2.4.

Future of Life Institute(2021), The AI Act, artificialintelligenceact.eu/

_____(2023), Pause Giant AI Experiments: An Open Letter, 2023.3.22.

Gates, Bill(2023), The Age of AI has begun, gatesnotes.com/, 2023.3.21.

Godin, Benoit(2008), The Information Economy: The History of a Concept Through its Measurement, 1949-2005, Project on the Hostory and Sociology of S&T Statistics Working Paper No.38.

Goertzel, Ben(2014), Artificial General Intelligence: Concept, State of the Art, and Future Prospects, *Journal of Artificial General Intelligence*, 2014.1.

Guizzo, Erico(2003), The Essential Message: Claude Shannon and the Making of Information Theory, MIT

Hao, Karen(2021), '초대형 AI 언어모델 이해 위해 뭉친 세계 과학자', technologyreview.kr/, 2021.6.1.

Hinton, Geoffrey et al.(2006), A Fast Learning Algorithm for Deep Belief Nets, *Neural Computation* 18(7)

Hu, Luhui(2022), Generative AI and Future - GAN, GPT-3, DALL·E 2, and what's next, pub.towardsai.net/

Joshi, Naveen(2019), 7 Types Of Artificial Intelligence, forbes.com/, 2019.6.19.

Joyce, Kelly et al.(2021), Toward a Sociology of Artificial Intelligence: A Call for Research on Inequalities and Structural Change, journals.sagepub.com/, 2021.3.18.

LeCun, Yan(1989), Backpropagation Applied to Handwritten Zip Code Recognition, *Neural Computation* 1(4)

Leonhard, Gerd(2016), *Technology Vs. Humanity: The Coming Clash Between Man and Machine*, Fast Future Publishing

Li, Fei-Fei(2023), AI's Great Inflection Point, in Stanford HAI, 2023

Licklider, J. C. R.(1960) Man-Computer Symbiosis, *IRE Transactions on Human Factors in Electronics.*

LUCCIONI, SASHA(2023), The mounting human and environmental costs of generative AI, arstechnica.com/, 2023.4.23.

Marcus, Gary(2023), The world needs an international agency for artificial intelligence, economist.com/, 2023.4.18.

Maturana and Varela(1972), *Autupoiesis and Cognition-The Realization of the Living*, D. Reidel Publishing Company.

Mehta, Arpan et al.(2020), Etymology and the neuron(e), *Brain*, Vol. 143, Issue 1.

Merritt, Rick(2022), What is a Transformer Model? blogs.nvidia.com, 2022.3.25.

Minsky, Marvin(1961), Steps Toward Artificial Intelligence, *PROCEEDINGS OF THE IRE*, Jan. 1961.

Minto, Rob(2023), AI Accidents Are Set to Skyrocket This Year, newsweek.com/, 2023.4.23.

Mitra, Bishwadeep(2022), Types of Artificial Intelligence and Their Top Transformational Uses, emeritus.org/, 2022.12.22.

Morozov, Evgeny(2023), The problem with artificial intelligence? It's neither artificial nor intelligent, theguardian.com/, 2023.3.30.

Nicholson, Daniel(2013), Organisms ≠ Machines, *Studies in History and Philosophy of Biological and Biomedical Sciences*, 44/4.

Nvidia(2021), '소프트웨어 혁명으로 하드웨어가 더 중요해진 이유', blogs.nvidia.co.kr/, 2021.9.30.

_____(2022), '트랜스포머 모델이란 무엇인가? (1)', blogs.nvidia.co.kr/, 2022.4.1.

_____(2023), '대규모 언어 모델이 사용되는 이유는?', blogs.nvidia.co.kr/,

2023.1.30.

Perrigo, Billy(2023), Exclusive: OpenAI Used Kenyan Workers on Less Than $2 Per Hour to Make ChatGPT Less Toxic, time.com/, 2023.1.18.

Pierce, J.(1973), The Early Days of Information Theory, *IEEE TRANSACTIONS ON INFORMATION THEORY*, VOL. IT-19, NO. 1, JANUARY 1973

Pouget, Hardrien(2023), Reconciling the U.S. Approach to AI, carnegieendowment.org/, 2023.5.3.

Radford, Alec et al.(2018), Improving Language Understanding by Generative Pre-Training, OpenAI.

Reben, Alexander(2023), '인공지능 예술: AI는 새로운 예술을 탄생시킬까?', bbc.com/korean/, 2022.12.3.

Rumelhart, David, Geoffrey Hinton & Ronald Williams, Learning representations by back-propagating errors, *Nature* vol. 323.

Sayantini(2023), What is Cognitive AI? Is It the Future?, edureka.co/

Searl, John(1980), MINDS, BRAINS, AND PROGRAMS, *Behavioral and Brain Sciences* 3 (3)

Shannon, Claude(1948), A Mathematical Theory of Communication, *Bell System Technical Journal*, 1948.

Simon, Julien(2017), Fascinating Tales of a Strange Tomorrow, towardsdatascience.com/

Stanford HAI(2023), Generative AI: Perspectives from Stanford HAI, 2023.3.

_____(2023), AI Index Report 2023, 2023.4.

Swift, Jonathan(1726), 이동진 옮김(2001), 『걸리버 여행기』, 해누리

Taylor, Timothy(2020), 1957: When Machines that Think, Learn, and Create Arrived, conversableeconomist.blogspot.com/

Townsend, Mark(2023), AI poses national security threat, warns terror watchdog, theguardian.com/, 2023.6.4.

Turing, Alan(1937), On Computable Numbers, with an Application to the Entscheidungsproblem", *Proceedings of the London Mathematical*

Society 2. 42 (1)

_____(1948), Intelligent Machinery, in *The Essential Turing*

_____(1950), Computing Machinery and Intelligence, *Mind* LIX (236)

_____(1951), Can Digital Computers Think?, bbc 3rd radio, 1951.5.15.

US Senate Committee on Judiciary(2023), SUBCOMMITTEE ON PRIVACY, TECHNOLOGY, AND THE LAW - Oversight of A.I.: Rules for Artificial Intelligence, judiciary.senate.gov/, 2023.5.16.

Vallance, Chris(2023), AI could replace equivalent of 300 million jobs - report, bbc.com/, 2023.3.28.

Vaswani, Ashish et al.(2017), Attention Is All You Need, arXiv:1706.03762

von Neumann, John(1948), The General and Logical Theory of Automata, *Cerebral Mechanisms in Behavior-the Hixon Symposium*, sep. 1948.

Walch, Kathleen(2019), The Seven Patterns Of AI, forbes.com/, 2019.9.17.

Zahn, Max(2023), 'OpenAI CEO warns Senate: 'If this technology goes wrong, it can go quite wrong'', abcnews.go.com/, 2023.5.17.

Artificial Intelligence, plato.stanford.edu/

Artificial Intelligence, encyclopedia.com/

information theory, Britannica

information theory, Wikipedia

The First Thinking Machines, encyclopedia.com/

The History of Artificial Intelligence, sitn.hms.harvard.edu/

AI Incident Database

The National AI Initiative, ai.gov/

龔隽帏(2019), '중국 사회신용시스템, 어떻게 진행돼 왔고 무엇이 문제인가', platformc.kr/, 2019.5.27.

小野厚夫(2016), 『情報ということば: ―その来歴と意味内容』, 冨山房インターナショナル

松尾豊(2019), 송주명 옮김(2019), 『인공지능과 인간』, 진인진

2부
메타버스의 문화적 이해
- 디지컬 융합 -

메타버스는 이동 인터넷의 계승자가 될 것이다."
"메타버스에서 여러분은 여러분이 상상할 수 있는 거의 모든 것을 할 수 있을 것이다."

- 마크 주커버그

"메타버스는 논리적 진화이다. 그것은 차세대 인터넷, 즉 더 몰입적인 3차원 인터넷이 될 것이다. 그것의 분명한 질은 현전감이 될 것이다. 당신이 다른 사람과 함께 또는 다른 장소에 바로 있는 것처럼 느끼게 되는 것이다."

- 닉 클레그 (메타 대표)

"가장 큰 비판은 그것이 조금 쓰레기 같이 보인다는 것이다. 주커버그가 약속한 화려한 가상현실 경험이 아니라 2006년의 닌텐도 Wii의 그래픽과 비슷하다."

- BBC, 2023/9/25.

여는 글

2020년 1월에 '코로나 19' 사태가 터지고 메타버스 열풍이 지구를 휩쓸게 되었다. 메타버스는 '코로나 19'와 아무런 관계가 없는 것인데 왜 이런 현상이 벌어졌을까? 메타버스는 아바타를 통해 컴퓨터와 인터넷을 이용하는 방식으로 '코로나 19'가 초래한 초유의 격리 상태에서 이른바 '온택트(ontact, online contact)', 즉 온라인을 통한 사람들의 접촉을 생동감 있게 해 주는 것은 물론 기존의 월드 와이드 웹 방식을 넘어선 새로운 컴퓨터-인터넷 세계를 열어 줄 것으로 선전되고 기대되었다.

그러나 이런 선전과 기대는 상당히 불명확하고 혼란스러운 것이다. 메타버스라는 새로운 기술을 적극 활용하기 위해서도, 그렇게 해서 '코로나 19' 사태와 같은 것에 적극 대처하기 위해서도, 메타버스가 대체 무엇이고 어떻게 활용될 것인가에 대해 차분히 살펴볼 필요가 있다. 기술과 그 활용, 그리고 그에 대한 상상을 잘 구분해야 한다. 일찍이 '캘리포니아 이데올로기'가 잘 보여주었듯이, 놀라운 능력을 지닌 컴퓨터를 앞세운 요란한 기술 찬양은 이른바 '닷컴 버블'과 같은 심각한 기술 사기와 약탈 경제의 문제를 일으켜서 새로운 '가상 계급'이 주도하는 새로운 불평등의 악화로 이어졌다.

메타버스는 아바타 방식으로 인터넷을 이용하고 교류하는 것이다. 가상현실이 아니라 그냥 3D나 2D도 메타버스의 배경으로 충분하다. 메타버스의 요체는 아바타를 이용하는 것이다. 메타버스에 관한 문화적 논의는 1990년대에 활발히 전개됐던 사이버공간과 가상현실에 관한 문화적 논의와 직결되어 있다. 사실 메타버스는 1992년에 제기된 개념인데 당시에는 사이버공간과 가상현실에 비해 거의 아무런 관심도 받지 못했다. 사이버공간과 가상현실의 개념이 그만큼 강렬했던 것이다. 두 개념은 이제 기술적 의미가 정리된 상태이고, 메타버스의 개념도 곧 그렇게 될 것이다.

1990년대에 들어와서 정보사회는 새로운 단계로 들어서게 되었다. 1990년에 미국 정부가 인터넷을 일반에게 공개해서 인터넷의 대중화가 이루어졌던 것이다. 이 시기에 컴퓨터의 성능도 계속 빠르게 향상되어 컴퓨터는 고성능 계산기와 문자-기호 처리기에서 다매체 표현 기계로 변화했다. 이런 기술적 변화에 대한 다양한 문화적 논의가 이루어졌고, 다시 이런 문화적 논의가 기술적 변화를 촉진하게 되었다. 컴퓨터와 인터넷이 별개의 가상 세계를 만드는 것으로 제시되었으나, 컴퓨터와 인터넷이 한 것은 우리가 살아가는 실제 세계를 바꾸는 것이었다. 메타버스도 그렇다.

이 책에서는 메타버스에 대해 그 유래와 실체를 중심으로 살펴보고, 이어서 문화적 논의에서 메타버스와 직결되어 있는 사이버공간과 가상현실에 대해 살펴보고, 끝으로 전체 논의를 '디지컬 융합'(digical fusion)의 개념으로 정리해서 제시한다. 사이버공간과 가상현실에 대한 부분은 오래 전에 발표한 글을 수정한 것이다. 당시에는 막연히 추정됐던 것들이 이제는 많이 구체화된 것 같다. 상상이 현실에 영향을 미치지만 결국 현실이 상상을 규정한다. 기술에서나 문화에서나 현실과 상상을 잘 구분하는 것이 올바른 인식과 실천을 위한 기본 과제이다.

오늘날 우리는 디지털화(digitalization)를 넘어선 디지컬화(digicalization)의 급속한 확대를 경험하고 있다. 메타버스는 디지컬화의 정점을 향하는 기술적 경향을 대표한다. 현실 정보사회가 격렬히 변화하고 있다. 부디 사회적으로, 생태적으로 건강하고 지속되는 현실 정보사회가 되기를 바란다. 정보기술은 그 자체로 어떤 유토피아도 디스토피아도 보장하지 않는다. 모든 것은 우리가 정보기술을 어떻게 쓰느냐에 달려 있다. 그리고 그것은 관련 법률과 제도들이 적절히 제·개정되고, 우리의 문화가 올바로 변화하는 것에 크게 달려 있다. 궁극적으로 시민의 관심과 참여가 중요하며, 이를 위해 올바른 정보와 지식의 확산이 중요하다.

현실 정보사회는 공업을 물적 기초로 해서 자유주의, 민주주의, 자본주의가 기본 구조를 이루고 있는 사회이다. 메타버스는 이런 현실 정보사회 자체를 바꾸는 것이 아니라 그것을 운영하는 방식의 변화라고 할 수 있다. 다양한 '그래픽 아바타'의 활성화는 '문화화의 시대'를 더욱 촉진할 것이며, '그래픽 아바타'가 새로운 스타로 등장하게 될 수 있고, 그 기술과 활용을 중심으로 산업의 변화를 적극 추동할 수 있다. 따라서 아바타의 제작과 활용에 대한 윤리와 법률의 규정이 중요해질 것이다. 이렇듯 우리는 현실 정보사회의 관점에서 메타버스를 현실적으로, 구체적으로 생각하고 검토하고 이용해야 한다.

이미 우리는 현실의 상상화가 아니라 상상의 현실화를 겪고 있다. 그런 만큼 기술의 사회적 활용과 사회적 영향을 올바로 평가하는 사회적 노력이 더욱 더 중요하다.

1장   메타버스

1. 메타버스는 무엇인가?

갑자기 메타버스(metaverse)라는 말이 세계를 휩쓸었다. 그냥 들어서는 메타버스(metabus)와 구분되지 않으니 '새로 나온 버스(bus)인가?', 또는 '혹시 메탄으로 가는 버스인가?'하는 생각을 하는 사람도 있을 수 있겠다. 물론 메타는 메탄과 전혀 관련이 없고, 버스도 전혀 버스와 관련이 없다. 메타버스는 meta와 universe를 합쳐서 만든 말로서 '가상 세계', '가상 우주', '초월 세계', '초월 우주' 등으로 번역되고 있다. 가상은 실제가 아니라는 것이고, 초월은 현실을 넘어서는 것이다. 이런 신비스러운 것이 왜 이렇게 큰 관심을 끌고 있나? 과학이 아니라 무당의 주술이 지배하는 시대로 대거 퇴행한 것인가?

메타버스에 관한 요란스런 홍보들을 보노라면 더욱 더 이런 생각을 하게 된다. 메타버스에서는 사람들이 모든 제약을 벗어나서 완전한 자유를 이루고 모든 욕망을 실현할 수 있게 된다는 식의 주장이 그것이다. 그러나 과학기술이 아무리 발달해도 이런 상태는 결코 이룰 수 없다. 이런 '지상낙원'의 실현은 주술적 주장이지 절대 과학적 약속이 아니다. 이런 주장은 과학자나 기술자가 하는 것이 아니라 주술사나 하는 것이다. 우리는 몽상 속이 아니라 현실 속에서 살아가고, 메타버스는 현실에서 나타나는 어떤 현상이다.

메타버스는 주술이 아니라 과학의 산물이다. 고도로 발달된 현대 정보기술을 이용하는 새로운 방식이 메타버스인 것이다. 쉽게 말해서 메타버스는 다음과 같이 제시될 수 있다.

| 메타버스 = 아바타 + 가상현실 + 인터넷 |

요컨대 메타버스는 아바타로 가상현실과 인터넷을 이용하는 것이다. 인터넷은 세계의 수많은 컴퓨터들이 연결되어 있는 지구적 차원의 개방형 정보통신망이다. 잘 알다시피 우리는 자판기로 명령어를 입력하거나 마우스로 아이콘을 클릭하는 방식으로 인터넷을 이용하고 있다. 여기에 메타버스는 아바타와 가상현실을 추가하는 것이다.

아바타(avatar)는 그 말 자체는 '내려옴'이라는 뜻이지만 하늘에서 땅으로 내려온 힌두교 신들의 분신을 뜻한다. 힌두교의 신들이 하늘에서 땅으로 내려올 때 사람이나 동물의 몸을 빌리는데 그것을 아바타라고 부르는 것이다.[117] 그런데 컴퓨터 기술이 발달하면서 아바타는 다른 의미를 갖게 됐다. 채팅이나 게임에서 사용자가 자신을 대신하는 것으로 2차원 또는 3차원 그래픽 캐릭터를 내세울 수 있는데 이것을 아바타로 부르게 된 것이다. 최첨단 과학기술이 힌두교에서 문화적 활력을 얻은 셈이다.

이렇게 기술적 핵심으로 보자면 메타버스의 실체는 간단해 보인다. 그런데 왜 이렇게 많은 논란이 이어지는 것일까? 어떤 사람은 메타버스가 인터넷을 이용하는 한 방식을 넘어서 인터넷을 완전히 바꿔놓을 것이라고 외치고 있다. 어떤 사람은 메타버스가 아예 사람들이 사는 방식을 완전히 바꿔놓을 것이라고 외치고 있다. 어떤 사람은 메타버스가 사람들의 꿈을 완전히 실현해 줄 꿈의 세계라고 주장한다. 이에 대해 메타버스는 그렇게 대단한 게 아닐 뿐만 아니라 그 실체 자체가 아주 모호하다고 비판하는 사람들도 있다.

메타버스를 둘러싸고 환상적인 기대가 널리 퍼졌으나 이에 대한 현실적인 비판도 강력하다. 여기서도 기술 낙관론(techno-utopia) 대 기술 비관론(techno-dystopia)의 대립을 확인할 수 있다. 우리는 기술 현실론(techno-realism)의 관점에서 메타버스의 실체에 대해 차분히 살펴볼 필요가 있다. 기술은 현실을 바꿔놓는 가장 강력한 동력이다. 그러나 기술에 대한 기대가 모두 실현되는 것은 아니며, 어떤 기술에 대한 기대는 그저 환상에 그치기도 한다. 또한 기술이 현실을 바꿔놓은 결과로 좋아지는 것이 있고 나빠지는 것도 있다.

정보기술은 쓰이지 않는 곳이 없으며 세상을 크게 바꿔놓고 있다. 그러나 그렇다고 해서 정치, 경제, 문화, 생활 등이 완전히 바뀌거나 사라지는 것은 아니다. 정보기술에 대한 환상적인 기대에 현혹되지 않고 현실적인 관점을 확립하는 것이 중요하다. 이를 위해 우선 메타버스라는 말의 연원에 대해 살펴볼 필요가 있다. 메타버스는 어떻게 나타나게 되었으며, 그 뜻은 무엇이고, 어떻게 변해왔나?

2. 스노우 크래쉬

메타바이러스

메타버스(metaverse)라는 말은 『스노우 크래쉬』라는 소설에서 처음 제시된 말이다. 이 말은 정보기술의 용어로 나타난 말이 전혀 아니고 소설가의 상상이 만든 말이다. 이 소설은 컴퓨터 기술을 중심에 둔 SF 소설로 닐 스티븐슨(Neal Stephenson, 1959~)이라는 미국의 작가가 1992년에 발표했다. '스노우 크래쉬'(snow crash)는 그 말 자체는 '눈의 충돌'이라는 뜻이지만 컴퓨터가 고장나서 화면에 흰 눈이 마구 날리는 것처럼 보이게 되는 것을 뜻한다. 그런데 이 소설에서 '스노우 크래쉬'는 바이러스를 뜻한다.

'스노우 크래쉬'는 인간의 두뇌를 '스노우 크래쉬' 상태로, 즉 망가진 상태로 만드는 바이러스로 물리적 바이러스와 디지털 바이러스가 있다. 물리적 바이러스는 마약의 형태로 퍼지고, 디지털 바이러스는 디지털 정보의 형태로 퍼진다. 이 소설에서는 머나먼 옛날부터 있었던 '메타바이러스'(metavirus)가 '스노우 크래쉬'로 나타난 것으로 설정되었다. '메타바이러스'는 정보적 실체(informational entity)로서, 그것은 자연의 기본 원리일 수도 있고, 혜성이나 전파를 타고 우주에서 온 것일 수도 있다. 사람들의 몸에 있는 온갖 바이러스들은 물론 사람들의 두뇌를 마비시키는 온갖 이념들도 이 '메타바이러스'의 한 형태일 뿐이다. 이 소설에서는 수메르의 사제들이 수메르 인들을 '메타바이러스'로 통제해서 인류 최초의 문명인 메소포타미아 문명[118]을 이루었던 것으로 제시된다. '메타바이러스'라는 설정은 돌연히 전개된 코로나19 바이러스 사태를 떠올리게 한다.

고대의 상상력이 현대의 소설에 강렬한 영감과 자극을 주고, 다시 이것이 현대의 과학기술에 강렬한 영감과 자극을 준다. 『스노우 크래쉬』

사진 1 소설 *Snow Crash*의 표지

는 그 중요한 예이다. 이 소설은 최첨단 컴퓨터 기술을 주요 소재로 다루면서 인류 최초의 문명인 메소포타미아 문명을 끌어들여 이야기를 더욱 풍부하고 흥미롭게 만들었다. 이 소설의 배경은 미래의 로스앤젤러스[119]인데, 세계는 기업가나 마피아가 거의 사유화했고, 현실 세계와 '메타버스'라는 가상 세계로 이원화된 상태에 있다. 악당이 메소포타미아의 '메타바이러스' 통제술을 입수해서 세계를 지배하려 하고, 20대 초의 청년 남녀가 이 악당에 맞서 싸워서 세계를 구하는 이야기다. '히로'라는 이름의 20대 초 남자가 주인공인데, 피자 배달부로 생계를 잇지만 뛰어난 해커인 이 청년의 아버지는 주일 미군이었던 흑인 미국인이고 어머니는 재일교포 한국인이다.[120] 가난한 소수자인 청년이 실력과 의지로 거대 악당을 물리치고 세계를 구하는 최고 영웅이 되는 것이다.

메타버스의 특징

기술적으로 메타버스는 '아바타+가상현실+인터넷'을 뜻한다고 할 수 있지만 이에 대해 더 자세히 살펴볼 필요가 있다. 『스노우 크래쉬』에서 메타버스는 다음과 같이 제시되었다.

> 컴퓨터의 안쪽 아래에는 세 개의 레이저가 있다. 빨간색, 초록색, 그리고 파란색. 이 레이저들은 밝은 빛을 만들기에 충분히 강하지만, 여러분의 안구 뒤를 지나 여러분의 뇌를 태우고, 이마를 튀기고, 두엽을 지질 정도로 강하지는 않다. 모두가 초등학교에서 배웠듯이, 이 세 가지 색들이 여러 상태로 섞여서 히로의 눈이 볼 수 있는 모든 색을 만들어낸다.
> 이런 식으로 어떤 색의 좁은 광선이 컴퓨터의 내부에서 저 어안 렌즈를 통해 어느 방향으로나 발사될 수 있다. 컴퓨터 안의 전자 거울을

이용해서 이 광선은 히로의 고글 렌즈들을 가로질러 휩쓸게 된다. 텔레비전 안의 전자선이 저 브라운관의 안쪽에 색을 만드는 것과 똑같은 방식이다. 그렇게 만들어진 이미지가 히로가 보는 현실의 모습 앞에서 허공에 내걸린다.

양 눈의 앞에 조금 다른 이미지를 그림으로써 그 이미지는 3차원으로 만들어질 수 있다. 그 이미지를 1초에 72번 바꿈으로써 그것은 움직이는 것으로 보일 수 있다. 2K 픽셀의 해상도로 움직이는 3차원 이미지를 그림으로써 그것은 눈이 지각할 수 있는 정도로 선명하게 될 수 있고, 작은 이어폰으로 스테레오 디지털 음향을 일으킴으로써 움직이는 3차원 그림들은 완벽하게 사실적인 사운드트랙을 가질 수 있다.

그래서 히로는 사실 여기에 있지 않다. 그는 그의 컴퓨터가 그의 고글에 그리고 있고 그의 이어폰에 음향을 보내고 있는 컴퓨터 생성 세계(computer generated universe)에 있다. 이 세계의 말로 이 상상의 장소는 메타버스로 알려져 있다. 히로는 메타버스에서 많은 시간을 보낸다. 그 임대창고에서 똥을 쌀 정도다.

히로는 그 거리로 다가가고 있다. 그것은 메타버스의 브로드웨이, 샹젤리제다. 그의 고글 렌즈의 안쪽에 비춰지는 것은 밝게 빛나는 대로의 축소된 모습이다. 그것은 실제로 존재하는 것이 아니다. 그러나 바로 지금, 수백만 명의 사람들이 그곳에서 걸어다니고 있다.

그 거리의 차원들은 계산기계의 지구적 다매체 규약 집단 협회(the Association for Computing Machinery's Global Multimedia Protocol Group)의 컴퓨터 그래픽 닌자 두목들이 만들어낸 규약으로 고정되어 있다. 그 거리는 1만km를 조금 넘는 반지름을 가진 검은 구체의 적도를 따라 쭉 뻗어 있는 거대한 대로처럼 보인다. 그 둘레는 65,636km인데, 지구보다 훨씬 더 크다.[121] (*Snow Crash*, 20)

여기서 제시된 메타버스는 '컴퓨터 생성 세계'로서 그 기술적 실체는 컴퓨터의 하드웨어와 소프트웨어로 만들어진 3차원 그래픽이지만 현실의 공간처럼 정교하게 만들어져서 강한 몰입감을 느낄 수 있다. 그 특징은 세 가지이다.

첫째, 메타버스는 단순한 3차원 그래픽이 아니라 양 눈의 시각차를 고려해서 제작된 3차원 그래픽을 양 눈에 따로 보이게 해서 두뇌가 현실의 공간을 보는 것처럼 착각하게 하는 기술, 즉 최고로 발전된 3차원 그래픽 기술인 '가상현실'(virtual reality, VR) 기술을 쓰는 것이다. 여기서 고글(goggle, 보호경)은 진짜 고글이 아니라 고글형 모니터로서 안에는 양 눈에 착 붙는 양안 밀착형 모니터가 설치되어 양 눈의 시각차를 고려해서 제작된 3차원 그래픽을 보여준다. 이처럼 메타버스는 '가상현실 방식 컴퓨터 생성 세계'다.

둘째, 메타버스는 가상현실로 제작된 하나의 사물이나 공간이 아니라 초거대 세계이다. 지구보다 훨씬 더 큰 구체에 초거대 도시가 만들어져 있고, 그 도시에는 거리들과 건물들이 끝없이 들어서 있다. 지구 전역에서 수십억 명의 사람들이 이 초거대 가상현실 세계에 광통신망으로 접속해서 소통하고 교류하고 활동하며 살아간다. 메타버스의 이용자들은 그 운영 회사에 요금을 지불하고 메타버스를 이용하게 되는데, 규정에 의거해서 이용자들이 직접 거리를 만들고 건물을 지을 수 있다.[122]

셋째, 메타버스는 아바타로 이용하는 '상호작용형 아바타 방식 대규모 다중 이용자 온라인 가상현실'이다. 메타버스에서 가장 특이한 점은 이것이다. "히로는 그 거리로 다가가고 있다. 그것은 메타버스의 브로드웨이, 샹젤리제다. 그의 고글 렌즈의 안쪽에 비춰지는 것은 밝게 빛나는 대로의 축소된 모습이다. 그것은 실제로 존재하는 것이 아니다. 그러나 바로 지금, 수백만 명의 사람들이 그곳에서 걸어다니고 있다." 히로를 비롯해서 수백만 명의 사람들이 사람들이 메타버스에 있는 것이 아니라 그들의 아바타가 메타버스에 있는 것이다.

아바타의 중요성

아바타는 컴퓨터의 이용자를 시각적 형태로 표현하는 이미지 캐릭터다. 『스노우 크래쉬』에서 아바타는 다음과 같이 제시되었다.

히로는 거리로 다가갈 때 두 쌍의 젊은 남녀들을 봤다. 그들은 아마 메타버스에서 더블 데이트를 하기 위해 부모들의 컴퓨터를 쓰고 있을 것이다. 그들은 지역 접속항(local port of entry)이자 모노레일 정거장인 포트 제로(Port Zero)에서 내려오고 있다.

그는 물론 진짜 사람들을 보고 있는 것이 아니다. 이것은 광 케이블로 전해지는 신호에 따라 그의 컴퓨터가 그린 움직이는 그림의 일부이다. 저 사람들은 아바타(avatar)로 불리는 소프트웨어의 부분이다. 그들은 사람들이 메타버스에서 서로 소통하기 위해 사용하는 시청각 육체들이다. 히로의 아바타는 지금 그 거리 위에 있고, 모노레일에서 나오고 있는 저 남녀 쌍들이 그의 쪽을 바라본다면, 그들은 그가 그들을 보는 것과 똑같이 그를 볼 수 있다. 그들은 대화를 나눌 수도 있다. LA의 임대 창고에 있는 히로와 시카고의 교외에 있는 네 명의 십대들이 각자의 노트북 컴퓨터로 대화를 나눌 수 있는 것이다. 그러나 그들은 현실에서보다도 더 서로 말을 건네지 않을 것이다. 그들은 멋진 아이들이고, 두 자루의 칼을 갖고 있는 멋진 아바타의 외로운 잡종에게 말을 걸고 싶지 않을 것이다.

여러분의 아바타는 여러분의 장비에 따라 여러분이 원하는 어떤 모습도 할 수 있다. 여러분이 추하다면, 여러분은 여러분의 아바타를 아름

답게 만들 수 있다. 여러분이 막 잠을 깬 상태라고 해도, 여러분의 아바타는 여전히 아름다운 옷을 입고 전문적 화장을 하고 있을 수 있다. 여러분은 메타버스에서 고릴라나 용이나 거대한 말하는 남근으로 보일 수 있다. 저 거리를 5분만 걸으면 여러분은 이 모든 것을 볼 수 있다. 히로의 아바타는 바로 히로처럼 보인다. 한 가지 다른 것은 히로가 현실에서 무엇을 입고 있는가에 상관없이 그의 아바타는 언제나 검은색 가죽 기모노를 입는 것이다. 대부분의 해커 유형은 화려한 아바타로 다니지 않는다. 그들은 말하는 남근보다 사실적인 인간 얼굴을 만드는 것이 훨씬 더 복잡한 일이라는 것을 알고 있기 때문이다. 옷을 정말로 아는 사람들이 싸구려 회색 양모 정장과 비싼 수제 회색 양모 정장을 구별하는 세밀한 차이를 구별하는 것처럼.

여러분은 높은 곳에서 빛을 타고 내려오는 커크 선장(Captain Kirk)[123]처럼 메타버스에서 아무 데서나 구현[124]할 수 없다. 이렇게 하는 것은 여러분 주위의 사람들을 혼란하게 하고 괴롭게 할 것이다. 그것은 은유를 깰 것이다. 어디서도 구현하지 않는 것은 (또는 현실로 돌아가 사라지는 것은) 여러분의 집에서 가장 잘 수행되는 사적인 기능으로 간주된다. 오늘날 대부분의 아바타들은 해부학적으로 정확하고, 처음 만들어질 때는 아기처럼 벌거벗고 있으며, 어느 경우에나, 여러분은 여러분이 저 거리에 나타나기 전에 여러분 자신을 품위 있게 만들어야 한다. 만일 여러분이 본질적으로 품위를 갖고 있지 않다면 여러분은 존중되지 않는다.

여러분이 집을 갖고 있지 않은 노동자라면, 예를 들어 공공 터미널로 들어오는 사람은 한 접속항(a Port)에서 구현한다. 저 거리에는 256개의 고속 접속항들이 있고, 각 고속 접속항들은 256km의 간격을 두고 있다. 이 간격들은 다시 256개의 지역 접속항(Local Port)으로 나뉘어 있고, 각 지역 접속항들은 정확히 1km씩 떨어져 있다. 저 접속항들은 공항에 비유되는 기능을 수행한다. 이곳은 여러분이 어딘가로부터 메타버스로 낙하해서 들어가는 곳이다. 일단 여러분이 접속항에서 구현하면, 여러분은 저 거리를 걸을 수 있고, 모노레일이나 뭐나 탈 수 있다. (*Snow Crash*, 30~31)

메타버스에서 가장 특이한 것은 바로 아바타를 이용하는 것이다. 그냥 아바타를 이용하는 것은 물론 전혀 특이한 것이 아니다. 여기서 특이한 것은 이용자가 아바타와 일체화되어 아바타가 메타버스에서 활동하고 소통하는 방식이라는 것이다. 그런데 이것은 사실 완전한 허구다. 실제로는 아바타가 본 것을 이용자가 보는 것이 아니다. 이용자가 화면을 보며 아바타를 움직이는 것이다. 이용자들은 아바타들로 다른 이용자들을 식별하게 될 뿐이다. 실제로 활동하고 소통하는 주체는 화면을 바라보고 있는 이용자들이다. 그러나 아바타가 전면에 나서게 되기 때문에 아바타의 중요성이 커진다. 이용자들은 자기만의 아바타를 만들 수 있고, 이를 위해 아바타의 외모를 꾸미고 바꿀 수 있다.[125]

3. 메타는 무슨 뜻인가?

메타피직스

여기서 혼란의 원천이 된 메타(meta)의 뜻에 대해 잠시 살펴보자. 메타는 '가상'이나 '초월'을 뜻하는 것으로 널리 알려지고 있다. 그런데 사실 meta는 '가상'이나 '초월'을 뜻하지 않는다. 말은 사실 소리와 뜻의 자의적 결합이기 때문에 언제든지 그 뜻이 변할 수 있다. 메타의 변화도 그 사례인데, 아주 흥미로운 사례로 꼽힐 만하다.

본래 meta는 '뒤'라는 뜻의 그리스 어이다. meta에 해당되는 영어는 바로 after다. 이렇게 그냥 '뒤'라는 말이 어떻게 해서 '가상'이나 '초월'을 뜻하는 것으로 여겨지게 됐을까? 그 과정은 자못 흥미로운 것으로 무려 2천년 전 그리스로 거슬러 올라가게 된다. 그리스에는 섬이 많은데 그 중에 로도스[126]라는 큰 섬이 있다. 2천년 전 '로도스의 안드로니쿠스'(Andronicus Rhodius, 기원전 60년 경 출생)라는 철학자가 아리스토텔레스(Aristoteles, 기원전 384~322)의 전집을 편집했다. 오늘날까지 전해지는 아리스토텔레스의 전집은 바로 이 편집본이다. 이 전집에서 안드로니쿠스는 Physics(자연학)의 뒤에 어떤 책을 배치하고 '자연학의 뒤에 있는 책'(τὰ μετὰ τὰ φυσικὰ βιβλία, tà metà tà physikà biblía, the book after the physics)이라고 불렀다. 이 긴 말을 줄여서 Metaphysics(자연학의 뒤)라는 말이 쓰이게 되었다.

그런데 사실 아리스토텔레스는 이 책을 '제일 철학'(Prote Philosophia)으로 불렀다. 세상의 근원에 관한 생각을 쓴 것이기에 이렇게 불렀던 것이다. 그것은 직접적인 감각만으로는 인식되지 않는 것으로 세상의 많은 것을 두루 살펴보고 비로소 '제일 철학'을 알 수 있게 되는 것이다. 세상에는 그런 쉽게 파악할 수 없는 질서가 있고, 인간은 그것을 파악할 수 있는 능력을 갖고 있다. 이런 '제일 '철학'은 경험적, 실증적 방식이 아니라 추론적, 사변적 방식에 의해 제시된다. 그렇기에 '제일 원리'는 불명확하고 허무맹랑한 것으로 여겨질 수 있다. 그러나 이것은 인간의 추상과 상상의 능력을 보여주는 것이기에 그냥 무시되어서는 안 된다. 이렇게 아리스토텔레스의 '제일 철학'과 결합되어 Metaphysics의 meta는 '뒤'라는 뜻에서 간의, 바뀐, 높은, 넘은, 관한 등의 뜻을 갖게 됐다. 일반 명사로서 metaphysics는 직접적으로 인식되지 않는 것 또는 현실을 넘어선 어떤 것에 관한 추론과 사변을 뜻한다.

형이상학

metaphysics를 형이상학(形而上學)으로 번역한 것은 19세기 말 일본의 중국철학자 이노우에 테쓰지로(井上哲次郎, 1855-1944)에 의한 것이다. 이 사람은 중국의 고전인 『역경』(易經)의 '계사'(繫辭)에 있는 '形而上者 謂之道 形而下者 謂之器'라는 말을 끌어다가 이렇게 번역했다. 그 뜻은 "형상 이전의 것(형상을 갖고 있지 않은 것)을 도라고 하고, 형상 이후의 것(형상을 갖추고 있는 것)을 기라고 한다"는 것이다. 이렇게 보자면 physics는 기학이고, metaphysics는 도학인 셈이다.

physis는 '자연'을 뜻하는 그리스 어[127]로 physics는 '자연학'이라고 할 수 있다. 그런데 이것을 '물리학'이라고 부르게 된 것은 19세기 중반 일본에서 시작된 것이다. 물리(物理)라는 말은 '사물의 이치' 또는 '물질의 이치'라는 뜻인데, 격물(格物)이나 궁리(窮理)와 같은 말이 쓰이다가 물리로 확정됐다. 격물, 궁리, 물리 등은 모두 중국에서 아주 오래 전부터 쓰이던 말이다. 이과(理科)[128]도 비슷한 시기에 일본에서 나타났는데, 본래 이(理)는 주자의 성리학(性理學) 이래로 도리, 윤리 등 인간이 지켜야 할 가치를 뜻하는 말로 강력히 쓰였으나, 물리와 함께 물질의 이치를 뜻하는 말로 널리 쓰이게 되었다.

참고로 '심리학'은 1874년에 니시 아마네(西周, 1829~97)라는 일본의 천황파-침략파 서양철학자가 영어 psychology를 번역한 것이다.[129] 덧붙여서 일본의 근대화를 주도한 후쿠자와 유키치(福澤諭吉, 1835~1901)도 아주 많은 번역어를 남겼는데, 이 자는 더욱 더 강력한 침략파로 '정한론'을 외쳐서 조선에 직접 크나큰 피해를 입혔다. 사실 psycho[130]는 두뇌의 작용인 정신(精神)을 뜻하고 심(心, 마음)은 그 정서적 측면을 뜻하기 때문에, psychology는 '정신학'으로 번역하는 것이 더 옳을 것이다.[131] psychoanalysis는 정신분석으로 번역되고 있다. 이렇게 심리학이라는 말이 만들어져서 널리 쓰이게 된 결과로 물질의 본성인 물리와 인간의 본성인 심리의 구분이 이루어지게 되었다. 물론 이런 구분은 물리와 심리의 한자어에 의해 이루어진 것으로 동아시아 3국에서 통용되는 것이다.

4. 메타버스의 전개

코로나19 사태

2020년 1월 중국의 우한에서 시작된 '코로나19 바이러스 사태'가 세계를 휩쓸게 되었다. 바이러스는 사람들의 접촉을 통해 퍼지는 것이라서 모든 사람들의 접촉이 금지되거나 제한되었다. 접촉은 사회의 기본인데 그게 강력히 통제된 것이다. 당연한 것이 갑자기 특별한 것으로 바뀌어 버렸다. 그러나 다행히도 정보통신기술(ICT)이 크게 발달해서 이 놀라운 사태에 적극 대처할 수 있었다. 이른바 '온택트'가 널리 행해졌다. '온택트'(ontact)는 '온라인 컨택트'(online contact), 즉 '온라인 접촉'을 뜻한다. 갑작스런 코로나19 바이러스의 확산에 대응해서 '컨택트'(contact)가 '온라인 컨택트'(online contact)로 대거 대체되었다. 화상회의와 화상강의가 그야말로 모든 곳에서 활발히 행해지게 되었다.

이렇게 '온라인 컨택트'가 널리 행해지게 되면서 사람들은 더 편리한 방법을 찾게 되었다. 그 결과 아바타를 이용한 소통, 즉 메타버스가 큰 관심을 끌게 되었다. 여기에는 '줌 피로증'(Zoom fatigue)으로 불리는 '온라인 피로증'도 영향을 미쳤다. 오랜 시간 화면에 얼굴을 드러내고 하는 화상회의는 사람들을 쉽게 피로하게 만들고, 또 개인의 사인권(privacy)을 침해할 소지도 상당히 커서 사람들을 더욱 더 피로하게 만든다. 이런 문제에 대응해서 아바타를 활용한 소통에 많은 사람들이 큰 관심을 갖게 되었다. 2020년에 일어난 '메타버스 열풍'은 이처럼 '코로나19 바이러스 사태'와 직결되어 있다. 오래 전에 제기된 '메타버스'가 돌연한 사태로 비로소 본격 모습을 드러내게 된 것이다.

표 1   메타버스 관련 주요 사안들

1984년	『뉴로맨서』 출판 - Cyberspace 제시
1989년	WWW(World Wide Web) 등장 Virtual Reality 제시
1990년	미국 정부, 인터넷 개방
1992년	『스노우 크래쉬』 출판 - Metaverse 제시
1997년	미국 대통령 클린턴, '전자상거래의 세계화 구상' 발표
1998년	Star Craft 출시
1999년	'싸이월드' 시작
2004년	Facebook 시작
2006년	Roblox 시작
2007년	애플, iPhone 출시 *Metaverse Roadmap* 발표
2018년	네이버, Zepeto 시작
2020년	코로나19 바이러스 사태 문재인 정부, '디지털 뉴딜' 발표

메타버스 로드맵

메타버스의 개념은 1992년 『스노우 크래쉬』에서 흥미롭게 제시되었지만 이에 대한 본격적인 논의는 2006년에 시작되었다. 이 해에 미국의 연구 및 교육 비영리 단체인 '가속 연구 재단'(Acceleration Studies Foundation)이 메타버스의 미래를 전망하는 연구모임을 조직했다. 그 결과는 2007년에 *Metaverse Roadmap - Pathways to the 3D Web*이라는 보고서로 발표되었다.

ASF의 '메타버스 로드맵'은 10년과 20년의 시간을 두고 메타버스의 변화를 예측하는 것이다. 소개에서 잘 제시되어 있듯이 이 연구는 시각화 기술의 급속한 발달에 따라 인터넷/월드 와이드 웹이 어떻게 변할 것인가에 대한 탐구이다. 그 핵심 개념으로 메타버스가 채택된 것이다. 아래에 Overview의 주요 내용을 추려서 제시한다.

지난 해에 ASF와 그 동료들은 '메타버스 로드맵'(MVR), 즉 관련 업계에서 최초의 공적 예측 연구인 월드 와이드 웹의 시각 및 3차원 미래를 탐구했다. 우리는 메타버스라는 용어를 『스노우 크래쉬』라는 사이버펑크 SF 소설에서 제시된 닐 스티븐슨의 조어에 의거해서 사용한다. 이 소설은 시각 및 3차원 기술에 의해 크게 재형상된 미래의 모습을 제시해 주었다.

'메타버스 로드맵'의 주요 내용은 개념 정의와 시나리오로 나누어 볼 수 있다. 앞으로 나타날 시각화 관련 변화를 예측하고, 그것을 가능케 할 기술들을 예측하는 식이다. 우선 메타버스의 개념은 다음과 같이 제시되었다.

메타버스는 복잡한 개념이다. 최근 몇 년 동안 이 용어는 몰입형 3차원 가상 세계에 대한 스티븐슨의 1992년 전망을 넘어서 가상 환경을 구성하고 그것과 상호작용하는 물질적 세계의 객체들, 활동자들, 인터페이스들, 네트워크들 등을 포함하는 것으로 성장했다. 출발점으로서 이렇게 생각하는 것이 좋다. 메타버스는 1)가상적으로 형성된 물리적 현실과 2)물리적으로 지속하는 가상 공간의 수렴이다. 그것은 양자의 융합으로 사용자들이 그것을 각각 경험하게 해 준다.
메타버스라고 불리는 하나의 통일된 실체는 없다. 그보다는 시각화와 3차원 웹 툴과 대상들이 우리의 환경에서 어디서나 내재되고 있으며 우리의 생활의 지속적인 특징이 되고 있는 다층적인 상호강화 방식이 있다.

시간이 지나면, 우리가 지금 2D 웹과 결합하는 많은 인터넷 활동들이 메타버스의 3D 공간들로 옮겨갈 것이다. 이것은 모든 또는 대부분의 웹 페이지들이 3D가 될 것을 뜻하지 않으며, 우리가 보통 3D 공간들에서 웹 컨텐츠들을 읽게 될 것을 뜻하지 않는다. 이것은 새로운 툴들이 개발됨에 따라 우리가 적합한 맥락에서 각각의 독자적 장점들을 얻기 위해 2D와 3D를 현명하게 섞을 수 있게 되는 것을 뜻한다.

웹은 기술적으로 특정한 프로토콜과 온라인 어플리케이션의 결합체이지만, 이 용어는 온라인 생활을 가리키는 약칭이 되었다. 메타버스도 이런 이중성을 갖게 될 수 있다. 특정한 시각화와 3D 웹 기술들, 그리고 우리가 온라인 생활에 관해 생각하는 표준적 방식. 웹과 마찬가지로 메타버스는 인터넷의 전체가 아닐 것이다. 그러나 인터넷과 마찬가지로 그것은 많은 사람들에게 인터넷의 가장 중요한 부분으로 보이게 될 것이다.

...

요약하자면, 다가오는 변화에 대한 최상의 전망으로, 우리는 메타버스를 가상 공간이 아니라 우리의 물리적 및 가상적 세계들의 결합 또는 연결로 생각할 것으로 제안한다.

메타버스의 시나리오는 사용하는 기술의 성격(증강-모사)과 추구하는 내용의 방향(내향-외향)을 두 기준으로 해서 다음과 같이 네 가지로 제시되었다.

* 가상 세계들 (내밀/모사): 가상 세계들은 물리적 세계 공동체들의 경제적 및 사회적 생활을 더욱 더 증강한다. 많은 가상적 및 물리적 세

그림 1 메타버스의 네 가지 시나리오

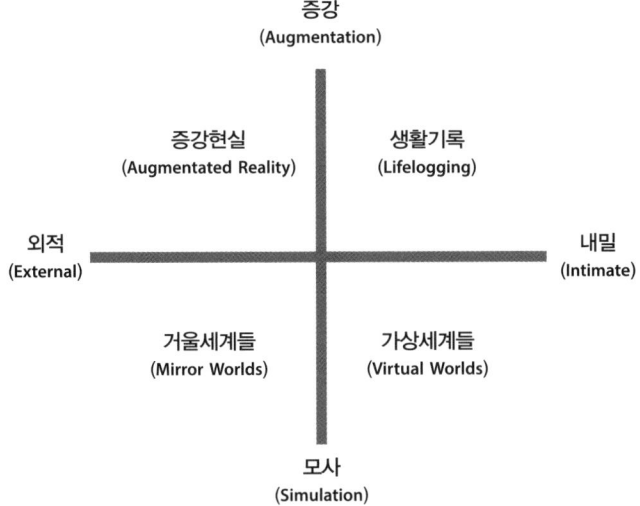

계 구분들의 명확함이 갈수록 침식될 것이다. 두 공간들에서 정체성, 신뢰, 평판, 사회적 역할, 규율, 상호작용 등의 사안들이 전면에 있게 된다.

* 거울 세계들 (외적/모사): 거울 세계들은 물리적 세계의 정보적으로 고양된 가상적 모델들 또는 '반영들'이다. 그 구성은 복잡한 가상적 매핑, 모델링, 그리고 주석 도구들, 지리공간적 및 기타 센서들, 그리고 장소 인식 및 다른 생활기록(역사 기록) 기술들을 수반한다.
* 증강 현실 (외적/증강): 증강 현실에서, 메타버스 기술들은 세계에 대한 우리의 일상 지각 위에서 연결된 정보를 처리하고 층화하는 장소 인식 체계와 인터페이스들을 사용해서 개인들에 대한 외적 물리적 세계를 고양한다.
* 생활기록 (내밀/증강): 생활기록에서, 증강 기술들은 객체 기억과 자기 기억, 관찰, 소통, 그리고 행위 모델링의 지원을 받아 객체들과 이

용자들의 내밀한 상태들과 생활 역사들을 기록하고 보고한다. 객체 생활기록들은 물리적 객체들을 위한 사용, 환경, 조건의 서사를 유지한다. 이용자 생활기록들은 사람들이 자신들의 생활에 대한 비슷한 기록들을 만들 수 있게 한다. 객체 생활기록들은 증강 현실 시나리오와 중첩되며, 두 시나리오는 증강 현실 정보 네트워크들과 편재 센서들에 의존한다.

'메타버스 로드맵'은 결론으로서 여러 사회적, 경제적, 정치적 가능성들을 제시하고, 메타버스가 초래할 수 있는 큰 문제들을 제기했다. 메타버스의 가장 큰 문제는 사인권(privacy) 침해의 위험이다. 어떤 경우에나 메타버스는 이용자들의 모든 정보들을 기록할 수 있기 때문에 이용자들의 사인권이 극히 심각한 위험에 처할 수 있다. 메타버스의 활성화를 위해 가장 우선적으로 고려되어야 할 것은 가상현실 기술의 향상이 아니라 개인정보 보호의 향상이다.

5. 메타버스의 전망

기술적 전망

1992년 『스노우 크래쉬』에서는 메타버스를 '컴퓨터 생성 세계'로 제시했다. 2022년 현재[132] 메타버스는 세계적인 관심의 대상이 되었지만 『스노우 크래쉬』에서 제시된 것과 같은 상태는 아니다. 실제 기술의 개발과 이용에 비추어 보자면, 메타버스를 변형해서 규정해야 한다. '메타버스 로드맵'은 소설의 원래 메타버스와 현실의 변형 메타버스를 명확히 구분하지 않았고, 3D 시각화 기술의 개발과 이용을 네 방향으로 정리해서 제시한 것이다.

『스노우 크래쉬』에서 제시된 메타버스, 즉 소설의 원래 메타버스는 '상호작용형 아바타로 이용하는 대규모 다중 이용자 온라인 가상현실'(Massive Multiuser Online Virtual Reality with Avatar, MMOVA)이라고 할 수 있다. 이에 비해 현실의 변형 메타버스는 '상호작용형 아바타로 이용하는 대규모 다중 이용자 온라인 가상공간'이라고 할 수 있다. 사실 '가상현실'은 강력한 입체감을 느끼게 하는 특정한 3D 시각화 기술을 뜻한다. 『스노우 크래쉬』에서는 분명히 그 '가상현실'을 메타버스의 기본으로 제시했지만 현실에서는 이런 메타버스는 아직 전혀 나타나지 않았다.

이미 20세기 초에 경제학자 요셉 슘페터가 강력히 제기했듯이 기술은 경제 발전의 원동력이다. 기술이 그 자체로 사회의 구조를 바꾸지 않는다고 해도 사회를 운영하는 방식은 분명히 바꾸고 있다. 메타버스는 현대 사회를 지탱하는 컴퓨터 기술의 총화로서 그 활성화는 현대 사회의 운영 방식을 크게 바꾸게 될 것이다.

산업적 전망

현실의 메타버스는 2D, 3D, 가상현실 등 시각화 기술의 차이를 떠나서 가상공간의 제작과 아바타의 이용에 초점이 맞춰져 있다. 결국 메타버스가 활성화될수록 시각화 기술과 아바타 제작의 산업적 역할과 가치가 커질 것이다. 2023년 2월에 발표된 스태티스타(Statista)의 조사에서는 메타버스 관련 판매가 2020년대에 계속 커져서 최고 4.44조 달러, 최저 1.91조 달러에 이를 것으로 추정되었다.

현재 메타버스는 표 2와 같이 기술과 목적을 두 기준으로 해서 유형화할 수 있다. 여기서 제시된 메타버스의 유형이 결국 메타버스 산업의 주요 상품이다.

표 2 메타버스의 유형

	게임	회의	생활
2D형		*게더 타운	
3D형	*로블록스		*제페토
VR형	*메타?		*메타?

 * 로블록스(ROBLOX): 2004년에 설립된 미국의 게임 회사인 로블록스 사가 2006년에 발표한 온라인 게임 플랫폼. 이용자들은 아바타로 자신을 나타낼 수 있고, 함께 게임을 하거나 개발하는 상호작용을 할 수 있다. 로블록스가 메타버스로 여겨지는 이유는 이렇게 아바타가 단순히 게임을 하는 도구가 아니라 아예 이용자를 표상하는 것이기 때문이다.

 * 게더 타운(Gather): 2020년에 창업한 미국의 게더 사가 발표한 온라인 회의 프로그램. 본래 명칭은 '게더'(Gather)인데 국내에는 '게더 타운'(gather town)으로 알려져 있다. 홈페이지는 gather.town이다. 2D 가상공간을 만들어서 아바타를 움직이거나 자신의 얼굴을 보여서 이용한

다. 2D 기반이라 효율적이다.

　* 제페토(Zepeto)[133]: 2018년 네이버(Naver)의 자회사에서 3D 아바타 분장 게임으로 발표했으나 2020년 코로나19 바이러스 사태를 계기로 생활형 3D 아바타 플랫폼으로 변신했다. 아바타의 외모를 다양한 방식으로 바꿀 수 있고, 다양한 가상공간에서 다양한 활동을 할 수 있다. 제페토는 확장성이 대단히 크다.

　* 메타(Meta): 2004년에 창업된 페이스북(Facebook)은 오늘날 세계 최대의 SNS 기업이 됐다. 2021년에 페이스북은 회사 이름을 '메타'(Meta)로 바꿨다. 세계 최고의 메타버스 기업이 되겠다는 목표를 세우고 재창업을 한 것이다. 메타는 완전한 가상현실 방식으로 소설의 원래 메타버스를 추구하는 것으로 보인다.[134]

　현재 메타버스 산업에서 가장 중요한 기업은 바로 '메타'인데, 그 까닭은 페이스북의 규모가 너무나 엄청나기 때문이다. '메타'는 메타버스의 기초인 가상현실에 이미 수십억 달러를 쏟아 부었으나 별 다른 성과는 아직 없다. 그러나 '메타'가 곧 큰 성과를 거둘 것으로, 그리고 한국이 주요 시장이 될 것으로 추정되었다. 상당히 비현실적인 추정이다.

　보수적인 시장 전망(2030년에 메타버스가 디지털 경제의 15%를 차지하게 되는 것)을 보더라도, 주커버그(Zuckerberg, 1984~)는 크고 수익성이 좋은 조각을 노리고 있는 게 분명하다.

　분석에 따르면, 2030년의 수입에서 가장 큰 부문은 게임(1조6300억 달러)과 전자상거래(2조10억 달러)가 될 것이다. 2030년에 메타버스는 세계적으로 7억 명의 사람들이 이용할 것으로 추정되며, 한국이 최고의 보급율을 기록할 것으로 추정되고 있다(Armstrong, 2023).

정책적 전망

문재인 정부는 2022년 1월 '확장가상세계(메타버스) 신산업 선도전략'을 발표했다. 이 전략은 '한국판 뉴딜 정책'[135]의 일환으로 그 주요 내용은 **표 3**과 같다.

다시 말해서 정부가 나서서 세계적 수준의 '메타버스 플랫폼'을 만들고 관련 산업을 적극 육성하겠다는 것이다. 그런데 이런 정부의 육성 정책은 시대착오적인 문제를 안고 있다.[136]

'메타버스 선도전략'은 메타버스에 관한 여러 기술들과 산업들을 제시하고 있는데, 그 기본은 '시대별 ICT 패러다임의 변화'에 대한 인식이다. 이에 따르면 '웹'은 지난 20년 동안 1.0, 2.0, 3.0으로 변화해 왔다. 그런데 여기서 제시된 설명은 사실 상당히 혼란을 일으키는 것이다. 먼저 '웹', 즉 '월드 와이드 웹'(www)은 인터넷을 이용하는 대표적인 방식이지 인터넷 자체가 아니다. 그리고 '웹'은 기술적으로 1.0 홈페이지 방식, 2.0 UCC[137] 방식, 3.0 탈중앙화 방식으로 변화해 왔다. 정부가 제시한 웹 변화에 따르면 '웹 3.0'은 가상현실을 기준으로 정의되나 사실은 그렇지 않다. '웹 3.0'은 '탈중앙화된 웹'을 뜻한다. 탈중앙화는 '블록 체인'(block chain)을 기초로 하며, 이것과 가상현실은 완전히 별개의 것이다.[138] 시각화 기술을 중심으로 '웹'의 변화를 제시한다면, 1.0은 정화상, 2.0은 동화상,[139] 3.0은 '가상현실'이라고 할 수 있을 것이다. 그런데 정부가 제시한 웹 변화는 이것과도 맞지 않는다.

표 3 메타버스 육성 정책

디지털 신대륙, 메타버스로 도약하는 대한민국!

- 디지털 뉴딜 2.0 초연결 신산업 육성 첫 종합대책,
범정부 합동「메타버스 신산업 선도전략」발표 -

❶ (전략1) 세계적 수준의 메타버스 플랫폼에 도전하겠습니다!
  ▸ 10대 분야 메타버스 플랫폼 발굴, 한류 및 지역특화 콘텐츠 제작 지원

❷ (전략2) 메타버스 시대에 활약할 주인공을 키우겠습니다!
  ▸ 청년 메타버스 전문가 양성을 위한 메타버스 아카데미 개원('22, 180명),
  메타버스 융합전문대학원 신설('22, 2개), 메타버스 노마드 업무환경 지원

❸ (전략3) 메타버스 산업을 주도하는 전문기업을 육성하겠습니다!
  ▸ 초광역권 메타버스 허브 구축('22, 1개소), K-메타버스 글로벌 네트워크 구축

❹ (전략4) 국민이 공감하는 모범적 메타버스 세상을 열겠습니다!
  ▸ 메타버스 윤리원칙 수립, 자율·최소규제·선제적 규제혁신 원칙 정립,
  메타버스 사회혁신센터 운영 등 공동체 가치 실현 기여

그림 2 정부의 웹 변화 인식

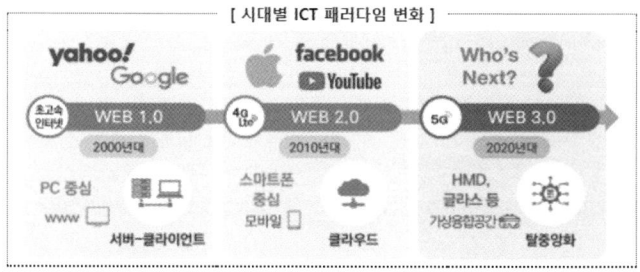

문화적 전망

　기술적으로 보자면, 메타버스는 3D 가상공간을 중심으로 활성화될 것으로, 또한 여러 활동들을 즐길 수 있는 생활형이 주도할 것으로 전망된다. 정책적으로 보자면, 정부의 정책은 웹의 변화에 대한 인식의 문제를 극복하는 동시에 관련 기술의 개발과 이용에 대한 지원 정책으로 전환될 필요가 있다. 어느 면에서나 가장 중요한 것은 메타버스에 대한 환상을 해소하고 그 실체를 직시하는 것이다.[140]

　여기서 메타버스의 문화적 차원에 대해 조금 더 생각해 보도록 하자. 메타버스는 단순히 전자 기술, 컴퓨터 기술이 아니라 그것을 활용해서 구현되는 시청각 표현물이다. 사람들은 메타버스를 이용해서 자신을 표현하고, 타인과 소통하고, 사회를 운영한다. 메타버스의 활성화는 사회적 소통과 관계에서 자기의 표현이 시각적으로 전면화되는 것이다. 아바타를 통한 자기의 표현이 새로운 문화적 조류로 널리 확산될 수 있다. 그 결과 소통 방식의 문화적 차원이 크게 강화될 것이다.

　그런데 자기의 표현이 시각적으로 다양화하는 것은 자기의 익명화가 활발히 실행되는 것이기도 하다. 요컨대 겉으로 드러나는 자기의 객관적 실체를 감추는 것이다. 이것은 한편으로 사인권(privacy)의 보호를

그림 3　웹의 역사

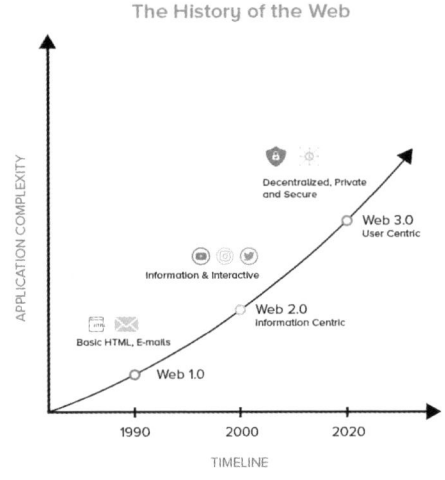

출처: Appinventiv, 2022

강화하는 것이지만, 다른 한편으로 익명의 문제를 악화하는 것이기도 하다. 익명은 자유를 키울 뿐만 아니라 사기를 늘릴 수 있다. 이 문제는 이미 컴퓨터 통신의 초기 단계에서 나타난 것이다. 메타버스가 새로운 소통 방식으로 활성화될수록 익명의 문제에 대해 더욱 더 주의해야 한다.

컴퓨터가 다매체 처리기로 발전하면서 정보화는 더욱 더 '문화화'(culturification)의 성격을 갖게 되었다. 정보의 처리와 소통은 그 자체로 문화화에 해당되는 것이지만 그것이 시청각 형태로 구현되면 정보화와 문화화는 확실히 동전의 양면이 된다. 메타버스의 제작과 이용이 모두 디지털 문화의 중요한 양상으로 떠오르고, 소통과 생활을 넘어 대중문화의 면에서도 중요한 주제로 확립될 수 있을 것이다. 메타버스에 대한 사회적, 문화적 논의가 본격적으로 펼쳐져야 한다. 그 바탕에 사이버 공간과 가상현실이 자리하고 있다.

2장 사이버공간

1. 사이버공간

깁슨의 『뉴로맨서』

용어의 등장으로 보았을 때, 메타버스는 사이버공간이 나타나고 10년 뒤에 나타났는데, 사이버공간은 메타버스에 큰 영향을 미쳤다. 사이버공간(cyberspcae)은 cybernetics와 space를 합해서 만든 말이다. 이 용어는 캐나다/미국의 SF 소설가인 윌리엄 깁슨(William Gibson, 1948~)이 1984년에 발표한 그의 『뉴로맨서』에서 제시해서 널리 퍼진 것이다.[141] 젊은 남자 해커를 주인공으로 인공지능 컴퓨터를 다루는 이 흥미로운 소설[142]에서 그는 사이버공간을 '합의적 환상'[143]으로 제시했다.

영상물의 안내 목소리가 들렸다. "매트릭스(The Matrix)는 초기 그래픽 프로그램으로 만든 원시적 아케이드 게임과 군의 두뇌 입력장치 실험에서 연원했습니다." 소니 사의 모니터에서, 2차원 우주 전쟁이 수학적으로 생성된 양치류의 숲 뒤로 사라졌고, 그렇게 대수적 나선의 공간적 가능성을 보여줬다. 불타버린 차갑고 파란색의 군사 영상, 실험 체계에 묶인 실험실 동물들, 탱크와 전투기의 화재 통제 회로로 신호를 보내는 헬멧들. "사이버공간. 모든 나라에서, 수십억 명의 정당한 이용자들이, 수학의 개념을 배우고 있는 어린이들이, 매일 경험하는 합의적 환상. … 인간 체계에서 모든 컴퓨터의 저장소로부터 추출된 자료의 도상적 재현. 생각할 수 없을 복잡성. 정신의 비공간에서 이어지는 광선들, 자료의 성단들과 성운들. 도시의 불빛들처럼, 희미해지

사진 2 뉴로맨서, 1984

는…"(*Neuromancer*, 51)

이 유명한 문장의 내용은 사실 대단히 모호한데, 사이버공간은 지구적 통신망과 매트릭스로 이루어진 것이고, 매트릭스는 컴퓨터 그래픽으로 만든 도상적 재현체이며, 이용자는 두뇌와 컴퓨터가 직접 연결되어 매트릭스를 현실처럼 인식하고 체감하게 된다.[144] '합의'는 수많은 사람들이 컴퓨터 통신망으로 연결되는 것으로 이루어진다. 요컨대 각자 합의해서 자발적으로 환상에 참여한다. '환상'은 신경과 직접 연결된 컴퓨터의 작용을 통해 경험하게 된다. 매트릭스는 컴퓨터가 만든 도상적 재현체이지만 이용자는 이것을 현실처럼 여기게 된다. 매트릭스는 '가상현실'(virtual reality)에 가까운 것인데, 이용자는 그것을 눈으로 보고 몸으로 느끼는 게 아니라 두뇌로 직접 인식하고 체험한다.

깁슨의 사이버공간은 이처럼 두 가지 요소로 구분된다. 이렇게 보자면 레인골드나 왈서의 사이버공간 정의가 모두 '가상현실'로 파악된다.[145] 깁슨의 사이버공간은 수많은 사람들이 정보통신망으로 연결되어 함께 환상(매트릭스)에 참여하는 것이다. 그러나 두뇌에 직접 연결되어 인식되는 매트릭스는 영원한 환상일 뿐이다. 메타버스는 사이버공간과 달리 컴퓨터와 두뇌의 직접 연결이 아니라 아바타를 통해 경험되는 것이다. 이런 기술적 차원을 떠나서 사이버공간에서 공간이라는 것은 하나의 은유일 뿐이다. 이 은유의 이면에서 실제로 나타나는 것은 무엇인가? 그것은 새로운 사회관계와 인지능력의 변화이며, 이것들을 가능하게 하는 기술과 산업의 발달이다.

컴퓨터 통신과 공간

사이버네틱스(자동조절학)는 통신기술[146]과 정보기술을 두 축으로 한다. 즉 기술적인 차원에서 보자면 사이버네틱스는 결국 통신망과 컴퓨터의 발달로 구현되는 것이다. 양자의 결합은 새로운 정보통신의 시대를 열었다. 이 놀라운 변화의 이면에 군사적 동기가 뚜렷한 자취[147]를 남기고 있을지라도, 그 영향은 정보사회의 도래라는 식의 표현에서 드러나듯이 전사회적인 것이다. 사이버공간은 정보통신기술의 심대한 영향을 집약적으로 보여준다. 물리적인 면에서 보자면 사이버공간은 하나의 은유이다. 공간의 은유를 통해 정보를 물리적으로 실체화하는 효과를 얻는 것이다. 그러나 여기에는 물리적인 것과 비물리적인 것, 인지적 경험과 사회적인 것, 인간의 인지능력과 기계의 재현능력 등의 문제들이 복잡하게 뒤얽혀 있다. 은유란 간단해 보이지만 사실 복잡한 수사법이지 않은가?

통신기술의 혁명적 발전은 전기의 이용으로 비롯되었다. 전기통신은 1840년대에 미국에서 시작되었다. 그 뒤 약 100년의 시간이 지나고 전기통신은 컴퓨터의 개발과 함께 거대한 변화의 계기를 맞게 되었고, 1969년에 미국의 국방성이 핵전쟁에 대비하여 아르파넷(ARPANet)을 구축하면서 컴퓨터 통신은 본격적인 발전의 길에 들어서게 되었다(조환규, 1992: 158-184; 윤영민, 1996: 16-28). 이전까지의 다른 통신에 비해 컴퓨터 통신은 자료 통신, 비동시성, 다대다 통신, 쌍방향성 등의 특징을 갖는다. 다른 통신이 제공하지 못하는 이런 특성들을 통해 컴퓨터 통신은 일종의 공간을 형성하는 것으로 인식됐다. 물론 이 공간은 실제의 공간은 아니다.

'컴퓨터 네트워크가 창출하는 공간은 단순히 물리적인 공간이 아니라 사회적 공간'(윤영민, 1996: 21)으로 제시됐다.

사회적 공간이라는 규정은 통신이라는 사회적 활동이 사회구성의 부차적 요소가 아니라 이제 핵심적 요소가 되었다는 것을 보여주는 것이다. 통신은 공간적으로 이격된 존재들을 연결하는 정보의 흐름이라는 차원을 넘어서 그 자체가 하나의 새로운 공간을 형성하는 것으로까지 인식된다. 그러나 물리적 의미에서 컴퓨터 통신의 공간이란 기억장치를 비롯한 각종 컴퓨터 장치와 복잡한 통신망을 의미할 뿐이라는 사실 자체는 결코 변하지 않는다. 사회적 공간이라는 규정에는 이런 사실이 반영되어 있으며, 여기서 공간이란 결국 컴퓨터 통신을 매개로 형성되는 사회관계를 뜻하는 것이다. 이 새로운 형태의 사회관계가 공간으로 표상되는 것은 이제까지의, 그리고 지금도 대부분의 사회관계가 공간에 바탕을 둔 관계이기 때문이다. 이 점에서 새로운 것은 아직 낡은 것의 그림자에서 벗어나지 못했다고 할 수 있다. 그러나 이 낡은 것은 물질이라는 존재의 기본범주와 연관된 것이기 때문에 앞으로도 계속해서 그 힘을 잃지 않을 것이다.

컴퓨터 통신망이 사회적 공간을 형성한다는 규정은 신호의 전달이라는 물리적 활동으로서 통신이 아니라 사회관계를 형성하는 사회적 활동으로서 통신을 강조한다. 사이버공간이라는 규정은 통신이라는 사회적 활동 자체가 아니라 그 과정의 인지적 경험을 강조한다. 다시 말해서 '컴퓨터 네트워크는 우리가 네트워크하는 단순한 도구가 아니라, 우리가 네트워크하는 공간으로 경험'되는 것이며, 네트워크 상에서 사용되는 '나 여기 있어'라는 표현에서 여기란 '다른 사람들과 공유하는, 집단적으로 구성되는, 네트워크 상의 가상세계를 의미'한다(Harasim, 1993: 14-21). 여기서 보듯이 컴퓨터 통신망이 사이버공간이 되기 위해서는 참여자의 인지적 경험이 필요하다. 즉 컴퓨터 통신망이 사이버공간이 되기 위해서는 통신과 통제를 위한 사이버네틱스의 기술만이 아니라, 이 기술의 발달과정에서 사실상 배제된 인지적 차원이 통합되어야 하는 것이다. 이 기술은 수학적 정보 개념에 바탕을 두고 발전해 왔지만, 그 사회적 이용은 결국 수학적 정보 개념의 한계를 명확하게 드러내고 있는 것이다.

이른바 가상공동체는 사회적 공간이자 사이버공간으로서 컴퓨터 통신망의 특성을 잘 보여주는 예이다. 가상공동체에서 사람들은 '실제 생활에서 사람들이 행하는 모든 것을 거의 그대로 행하지만, 단 우리는 우리의 육체를 뒤에 남겨 두어야 한다'[148]고 레인골드는 주장했다(Rheingold, 1993: 3). 무엇의 뒤인가? 그것은 컴퓨터 스크린이다. 이런 문학적 표현이 컴퓨터 통신망의 물리적, 사회적 특성에 대한 이해를 큰 혼란에 빠트렸다.[149] 컴퓨터 통신망은 새로운 통신기술로서 사회관계의 변화를 가져온다. 특히 그것은 참여자들의 인지적 경험과 합의를 통해 가상공간을 형성한다. 이 모든 것은 기술체계와 육체활동의 결합을 통해 나타나는 것이다. 컴퓨터 스크린의 안쪽에서 사람들은 실제 생활의 거의 모든 것을 행할 수 있지만, 그것은 단지 정보로서만 그럴 뿐이다. 즉 사람들은 컴퓨터 스크린의 안쪽에서 실제 생활의 거의 모든 것을 행할 수 없다.

공간이란 무엇보다 물리적 개념이다. 이 점에서 사회적 공간도, 사이버공간도 하나의 공간적 은유일 뿐이다. 실제로 나타나는 것은 새로운 사회적 관계의 형성과 인지적 경험일 뿐이다. 물리적인 개념으로 비물리적인 것을 표현하는 데에는 근원적으로 한계가 있는 것이다. 정보공간이라는 규정에는 이런 난점이 간접적으로나마 반영되어 있다. "현실 속의 사회적 공간은 물체와 정보로 구성되지만 컴퓨터 네트워크 상의 공간에는 정보만이 존재한다...컴퓨터의 기억장치에는 물체는 들어갈 수 없고 오직 비트로 바뀐 정보만이 존재한다. 따라서 컴퓨터 네트워크가 만들어 내는 공간은 정보공간이라고 할 수 있다"(윤영민, 1996: 21). 그러나 여기에도 동일한 문제가 제기되는 데, 왜냐하면 정보도 역시 결코 공간이 아니기 때문이다. 즉 정보는 물질 자체가 아니라 그것의 외형[150]으로서 인지에 영향을 미치는 것이기 때문이다. 이렇듯 공간의 은유 속에서 세계는 다시금 물질과 그 표현 간의 오랜 싸움을 되풀이하게 된다.

2. 사이버네틱스

사이버네틱스의 영향

사이버네틱스(cybernetics)는 cybernet에 학문을 뜻하는 접미어 ics가 붙어서 된 말이다. cybernet는 그리스어 kubernetes에서 온 말로 조타하다, 조종하다, 조절하다, 통제하다 등을 뜻한다. 따라서 사이버네틱스는 조타학, 조종학, 조절학, 통제학 등으로 번역될 수 있다. 그런데 이 학문은 완전한 자동기계의 제작을 추구했기 때문에 앞에 '자동'을 붙이는데, 이것이 인간의 두뇌와 비슷한 것이어서 일본에서는 아예 '인공두뇌학'으로 번역됐다.

메타버스는 정보기술의 궁극적 귀결일 수 있다. 언제나 정보기술에 대한 낙관주의와 비관주의가 치열하게 교차하고 있지만, 정보화가 현재의 변화를 촉진하고 미래를 만드는 강력한 동력이라는 것은 부정되지 않는다. 탈냉전과 지구화라는 거대한 역사적 변화도 결국 정보화에 기초한 것이었다. 비록 정보화가 무엇을 가리키는지는 여러모로 논란의 대상이었다고 할지라도, 이것이 철의 장막을 제거하고 이른바 지구촌의 실현에 큰 영향을 미쳤던 것은 분명하다. 정보화는 너무나 많은 변화를 일으켰으며 여전히 일으키고 있다.

정보화는 정보기술의 사회적 확산과 그에 따른 다양한 사회적 변화를 총칭하는 것이다. 그 기술적 핵심에는 기억과 연산의 정보처리기계로서 컴퓨터의 발달과, 심해와 우주를 종횡으로 가로지르는 통신망의 구축이 자리잡고 있다. 정보기술, 또는 더 정확하게 말해서 정보통신기술(ICT)은 어떤 하나의 단일체로 파악되지 않는다. 그것은 반도체로 대표되는 소자기술, 컴퓨터로 대표되는 정보처리기술, 위성통신과 광통신으로 대표되는 통신기술의 복합체이며, 하드웨어로 불리는 물리적 실체와 소프트웨어로 불리는 정보적 실체의 결합체이다. 이 기술은 막대한 자본과 고도의 기술력을 요구하지만, 또한 무한히 자유로운 상상력을 요구한다는 특징을 가지고 있기도 하다. 이 세가지 요소가 2차 세계대전을 전후한 특정 시기에, 미국이라는 특정 장소에서 결합하여 오늘날의 정보기술을 낳게 되는 모태를 형성했다는 것은 우연이 아니다. 이론적인 면에서 그 모태는 존 폰 노이만의 프로그램 내장형 컴퓨터이론, 클로드 셰넌의 정보이론, 노버트 위너의 사이버네틱스로 나타났다. 그리고 바로 이 사이버네틱스에서 '사이버'라는 용어가 비롯되었다.

사이버네틱스(cybernetics)는 정보현상에 대한 새로운 인식에 기초하여 소통과 관리의 문제를 탐구하고자 하는 새로운 학문으로 주창되었다. 이것은 소통과 관리가 사회의 근간이라는 것을 강력히 주장했다는 점에서뿐만 아니라, 정보의 교환에 기초하는 소통과 관리의 현상이 인간과 동물과 기계를 원리적으로 동일한 존재로 파악하게 했다는 점에서 획기적인 것이었다. 이로부터 정보기술의 발달에 필요한 여러가지 기술적-문화적 영감이 비롯되었는데, 인조인간을 의미하는 사이보그(cyborg)[151]는 그 대표적인 예이다. 이 사이보그의 특이하고도 기괴한 이미지는 현대 기계문명을 대표하는 것으로 자리를 잡았으며, 오늘날 널리 사용되고 있는 '사이버'라는 용어도 바로 이 사이보그의 이미지에서 크게 벗어나지 않고 있는 것으로 보인다. 이러한 이미지는 한편에서 사이버네틱스의 원리와 내용을 대중적으로 확산시킨다는 점에서 긍정적으로 기여하지만, 다른 한편에서 그 본래의 내용을 변형시키거나 심지어 증발시켜 버린다는 점에서 부정적으로 기여하기도 한다.

메타버스는 '사이버공간'의 변형이라고 할 수 있다. 1990년대에 '사이버'라는 말이 널리 퍼진 것은 1984년에 '사이버공간'이라는 말이 만들어진 것에서 비롯됐다. '사이버공간'은 사이버네틱스와 공간의 합성어이나 이 말이 널리 퍼지면서 사이버가 하나의 접두어로 변모하게 되었다. 따라서 '사이버공간'에 대해 올바로 알기 위해서는 우선 사이버네틱스에 대해 알 필요가 있다. 사이버네틱스는 메타버스의 기술적 및 문화적 기초라는 성격을 갖고 있는 것이라고 할 수 있다.

위너 대 리어리

자신이 창안한 학문 분야를 지칭하기 위해 사이버네틱스라는 잊혀진 낱말을 되살려냈을 때, 위너[152]는 그 낱말이 뒤의 절반 음절이 뚝 잘려나간 채이기는 하지만 하나의 유행어가 되리라는 것을 예상할 수 있었을까? 하나의 유행어로서 사이버(Cyber)는 오늘날 마치 하나의 접두사처럼 사용되고 있다. 이것은, 어쩔 수 없는 현상이기는 하지만, 사실 오용이었다. 이런 오용이 상업적으로 남용되면서 그 의미는 더욱 더 모호한 것이 되었다. 사이버라는 용어가 널리 확산된 것은 윌리엄 깁슨이 고안한 '사이버공간'(Cyberspace)이라는 용어가 널리 확산된 데서 비롯한다. 이 유명한 신조어에서 사이버는 사이버네틱스(Cybernetics)의 약어이지 그 자체가 원래부터 있던 접두사가 아니다. 따라서 사이버라는 용어의 의미를 이해한다는 것은 바로 사이버네틱스를 이해한다는 것을 뜻한다.

위너 자신의 설명에 따르면 광범위한 분야를 포괄하는 메시지 이론을 지칭하기 위해 고안한 것이 바로 사이버네틱스라는 용어로서, 위너는 소통과 통제의 동시적 과정으로서 메시지의 교환을 뜻하기 위해 이 용어를 채택했다. 어원상으로 보자면 이 용어는 원래 키잡이를 뜻하는 그리스어 kubernetes에서 유래한 것으로, 뒤에 로마로 건너가 governor라는 말을 낳았다. 이처럼 어원상 사이버네틱스는 조종(steer, pilot)과 통제(control, govern)의 두가지 의미를 지닌다.[153] 그 현대적 의미, 더 정확히 말해서 이미지에 비하자면 사이버네틱스의 원래 의미는 다소 뜻밖이라는 느낌이 들게 한다. 보통 '인공두뇌학[154]'으로 번역되고 있듯이 오늘날 사이버네틱스는 첨단 과학기술의 발전과 그를 통한 사회적 혁신을 시사한다. 그러나 조종과 통제라는 사이버네틱스의 어원적 의미는 이런 일반적 이미지를 현대 대중사회의 기계화 및 전체화 경향과 결합하여 재평가하도록 한다. 이와 관련하여 티모시 리어리의 어원적 비판을 참조하는 것도 도움이 될 것이다.

1996년 여름에 세상을 떠난 티모시 리어리(Timothy Leary, 1920~1996)는 1960년대에 인공마약인 LSD를 이용한 정신확장을 실천에 옮겼다가 하버드대학교에서 쫓겨나기도 했던 심리학자로서 히피에서 사이버펑크에 이르기까지 미국의 현대 대항문화에 큰 영향을 미쳤던 인물이다. 그는 사이버펑크를 다루는 글[155]에서 사이버네틱스의 의미를 자유주의적으로 재규정하고자 했다. 이를 위해서 그는 이 용어의 헬레니즘[156]적 기원과 로마적 변형을 구분했다. "이 단어의 헬레니즘 기원은 … 독립과 개인적 자립에 관한 소크라테스-플라톤 전통을 반영한다는 점에서 중요하다"(64)는 것이다. 그에 따르면 변변한 지도나 항해장비도 없이 7대양을 항해하면서 독자적으로 사고할 수 있는 능력을 길러야만 했던 헬레니즘 시대의 조타수들이 항해 중에 기른 자립심이 원래의 그리스어에는 반영되어 있다.

그러나 그리스어 kubernetes가 라틴어 gubernetes로 되면서 중요한 변질이 나타난다. gubernare라는 동사 기본형은 행동이나 행위를 통제하다, 주권을 감독하거나 행사하다, 조절하다, 억제하다, 키잡다는 뜻으로, 이 로마의 개념은 헬레니즘의 '조타수' 개념과는 많이 다르다. 또한 라틴어 '조종하다steer'는 stare에서 온 것으로 보이는 데, 이 말은 '위치하다'는 의미로서 이 라틴어의 과거분사에서 '지위status', '국가state', '제도institute', '조상statue', '정지상태의static', '통계statistics', '몸을

팔다prostitute', '원상태로 되돌리다restitute', '제정하다constitute' 등의 낱말들이 파생되었다.

이처럼 그리스어와 라틴어 사이에는 중대한 차이가 있음에도 불구하고 위너의 용법에서는 이런 차이가 구분되지 않았으며, 더욱이 그 뒤의 기술 개발 과정에서는 오직 통제의 의미로만 사용되었다는 것이 리어리의 주장이다. 따라서 리어리는 "위너와 로마네스크 풍의 기술자들이 '사이버'의 의미를 어떻게 타락시켰는가에 주의하라. 그리스어 '조타수'는 '통치자' 또는 '감독자'가 된다. '조타하다'는 말은 '통제하다'가 된다"고 주장하는 동시에, "이제 우리는 이 용어를 해방시키려고 한다. 농노제에서 해방시켜 규모가 대단히 다양한 여러 체계들, 인간들, 사회들, 원자들에서 발생하는 자기산출적이고 자기지시적인 조직원리를 뜻하게 하려고 한다"고 선언했다(65). 이같은 리어리의 비판은 이미 플라톤도 통치술이라는 의미로 이 말을 사용했다는 점을 간과한 것이기는 하지만, 현대의 과학기술을 문화적 통제의 도구가 아니라 자유의 도구로 사용하려는 하나의 시도라는 점에서 의미가 있다.

3. 사이버휴먼

유기체와 정보

위너의 메시지 이론은 대단히 포괄적이어서 언어의 연구뿐만 아니라, 기계와 사회를 제어하는 수단으로서의 메시지의 연구, 계산기와 기타 자동기계의 개발, 심리학과 신경계통의 반사작용, 그리고 잠정적인 새로운 과학방법론을 포함한다. 이처럼 포괄적인 학제적 이론으로서 사이버네틱스는 19세기 말과 20세기 초에 시작된 새로운 물리학의 조류와 깊은 연관을 맺고 있다.

뉴튼 물리학의 위에 구축된 새로운 물리학은 세계가 불확정적이며 사건의 발생은 확률적이라는 것, 그리고 이 확률의 척도인 엔트로피(entropy)가 지속적으로 증가한다고 주장한다. 그렇다면 이 새로운 물리학이 사이버네틱스와 맺고 있는 연관은 어떤 것인가? 세계가 불확정적이고 사건이 확률적으로 발생한다는 것은 물질과 에너지의 흐름이 결정론적 인과율에 따르는 것이 아니라는 것을 의미한다. 인과법칙이 작용한다는 점에서 결정론을 부정할 수는 없지만 구체적인 작용과정에서는 언제나 우발성이 작용하는 것이다. 그리고 이러한 우발성의 우주를 지배하는 가장 강력한 법칙은 모든 것이 결국은 쇠망하고야 만다는 엔트로피의 법칙이다.

모든 유기체[157]는 이런 세계 속에서 살아간다. 따라서 유기체는 두 가지 문제를 해결해야 하는 데, 우선 외부와 물질 및 에너지를 교환하기 위해 우발성에 대비할 수 있어야 하며, 다음에 그 결과 엔트로피의 작용을 저지할 수 있어야 한다. 물론 아무리 우발성의 통제에 성공한다고 해도 궁극적으로 엔트로피의 작용을 저지할 도리는 없다. 시작이 있는 것은 끝이 있게 마련인 것이고, 태어난 모든 것은 죽게 마련인 것이다. 이

점에서 유기체는 엔트로피의 지배가 다만 일시적으로 저지되는 체계, 우주 속에 존재하는 '반엔트로피(negentropy)의 섬'(45)으로 묘사될 수 있다. 메시지가 중요한 것은 우리가 살아가는 세계가 이런 우발성과 엔트로피가 지배하는 세계이기 때문이다.

여기서 메시지는 바로 '정보'를 의미한다. 우리는 정보로 엔트로피에 저항한다. 이 점을 위너는 다음과 같이 설명했다.

> 정보라는 것은 우리가 외계에 적응하고 또 우리가 적응한 것을 외계로 하여금 감지하게 할 때 외계와 교환되는 내용에 붙인 이름이다. 정보를 받고 또 사용하는 과정은 외부환경의 우발성에 대비해서 우리가 적응하고, 또 그 환경 속에서 효과적으로 우리의 생을 영위하는 과정인 것이다(20).

사이버네틱스의 초점은 결국 이러한 정보교환이다. 그리고 현대적 메시지 이론으로서 사이버네틱스는 결국 이러한 정보교환과 관련된 기술체계에 대한 학제적 연구를 의미한다.

그런데 정보란 도대체 무엇을 가리키는 것인가? 한 논자에 따르면 정보 개념[158]은 정보이론가의 수만큼 존재한다고 해도 지나치지 않을 정도로 많다고 한다. 이런 전제 아래 그는 '가장 넓은 의미의 정보'와 '넓은 의미의 정보'를 제시하는 데, 전자는 '물질과 에너지의 시간적 및 공간적, 정성적 및 정량적 유형'이며 후자는 '의미를 지닌 기호의 집합'으로 모든 유기체에게 적용된다(澤井敦 外, 1996: 82-83). 사이버네틱스에서 위너가 제시한 정보 개념은 전자에 해당하며, 정보의 교환을 위한 실제 통신기술의 개발과정에서 이 개념은 셰넌(Claude Shannon, 1916~2001)의 수학적 정보 개념으로 구체화되었다. 이것은 사이버네틱스의 정보 개념에서 의미론의 차원이 제거되었다는 것을 뜻한다.[159] 섀넌은 정보를 의미와는 무관한 오직 수학적 기능만으로 정의하여 메시지를 구성하는 요소들의 확률적 분배기능으로 파악했다(Hayles, 1996: 18-21).

사이버네틱스의 정보 개념은 엔트로피를 중심으로 규정된다는 특징을 가진다. 정보란 모든 것을 붕괴시키고 분해하는 우주적 경향인 엔트로피에 맞서서 반엔트로피의 섬을 지키기 위해 필요한 것이다. 수학적 정보 개념이 본질적으로 수량화할 수 없는 의미의 문제를 제거한다면, 반엔트로피의 정보 개념은 인간과 기계를 동등한 존재로 파악할 수 있도록 한다. "인간의 조직에 비해서는 조잡하고 불완전한 조직임에도 불구하고, 기계도 역시 정보의 국부적이고 일시적인 축적에 공헌하고 있다"(38)거나, "신경계통과 자동기계는 과거의 결정에 의거해서 새로운 결정을 하는 장치라는 점에서 근본적으로 서로 같다"(41)는 위너의 '반인간적' 주장은 이런 맥락에서 제기되는 것이다. 즉 기계와 인간은 엔트로피의 증가라는 '조직된 것을 붕괴하고 의미있는 것을 파괴하려는 자연의 경향과 싸우고 있다'(19)는 점에서 동일한 것이다.

인간과 기계의 동등성

이런 반엔트로피 체계로서 인간과 기계의 동등성은 정보의 교환과정을 통해 구체화된다. 다시 말해서 메시지 이론으로서 사이버네틱스를 통해 위너는 '생물체의 신체기능과 어떤 최신식 통신기계의 행동과는 피드백을 통해서 엔트로피를 제어하려는 유사한 시도에 있어서 그 방향이 완전히 일치'하며, '어느 경우에서도 외부로부터의 메시지는 송두리째 받아들여지는 것이 아니고, 그 장치가 살아 있는 것이건 아니건 간에 오직 장치 내부의 변환기구를 통해서만 받아들여'진다고 주장한다(31-2). 이런 원리에 입각하여 사이버네틱스는 '포괄적인 메시지 이론'으로부터

'생각하는 기계'를 탐구하는 학문으로 전환된다. 사이버네틱스가 인공두뇌 내지는 인공지능을 탐구하는 학문으로 알려진 것은 바로 이런 맥락에서이다.

그런데 인간과 기계를 '정보처리기계'로서 동등한 것으로 파악하는 발상이 실제 기술 개발로 이어지면 정보는 의미론의 차원이 제거된 섀넌의 수학적 정보로 국한된다. 수학적 정보란 해석과 의미가 배제된 물질과 에너지의 흐름이고 유형일 뿐이다. 여기서 기계는 명백히 인간과 유사한 것으로 간주되는데, 이와 동시에 이제 인간도 기계의 관점에서 탐구된다.[160] 즉 사이버네틱스는 인간적 기계를 탐구하는 과정에서 불가피하게 인간의 기계화 가능성을 제시했던 것이다. 이로부터 사이버네틱스에 대한 더욱 깊은 우려가 제기된다. 사이버네틱스는 외부 환경의 우발성을 통제하고 체계의 유지를 위해 항상성을 추구하는 보수적 학문으로 비판받고 있었으나, 인간과 기계의 경계를 엷게 하거나 제거함으로써 인간의 지위를 위협하는 복합적 기술체계로 변모하면서 현대 기계문명의 불안감과 상상력의 원천이 되었다.[161] 사이버휴먼(cyberhuman)은 인간인가, 기계인가?

물론 엔트로피에 의한 인간의 궁극적인 멸망을 인간적 존엄을 가지고 맞이하자(51)고 했던 위너 자신은 사이버네틱스가 이런 식으로 발전되리라고 생각하지는 않았을 것이다.[162] 그러나 이후의 기술 개발은 인간과 기계에게 동등한 존재론적 지위를 부여하려는 방향으로 전개되었다.[163] '컴퓨터에게 인간 고유의 예측불가능성을 제어하라고 요구하면... 그야말로 가장 인간적인 측면들은 삭제할 수밖에 없을 것'이라는 인문적 비판(Escarpit, 1976: 108)은 현실의 기술 개발에 대한 사후적 평가의 범주를 결코 넘어설 수 없었다. 이런 사실은 정보사회에 대한 근본적인 비판을 함축한다. 정보사회는 바로 사이버네틱스의 원리를 가장 잘 구현하는 컴퓨터에 기반한 사회이다. 그러나 '대중사회를 관리하는 도구'(Daniel Bell, 1981: 12)로서 컴퓨터는 도구적 차원을 넘어서 그 도구를 사용하는 인간의 존재 자체를 동요시킨다. 이로부터 누가 누구를 관리하는 것인가의 문제가 제기된다.

그렇다면 정보사회는 우리 '인간'에게 어떤 의미를 가지는 것인가? 이 문제를 위너는 자동화에 따른 실업의 증대 가능성, 그리고 거대한 초인간적 통치기계의 등장 가능성과 관련하여 살펴보고 있다. 이에 대해 위너는 "사회에 대한 기계의 위험성이 기계 자체에서 오는 것이 아니라 인간이 기계로 하여금 그렇게 만드는 것으로부터 온다"(226)고 보며, 또한 "우리의 결정을 금속으로 된 기계에게 맡기든 또는 ... 살과 피로 된 기계에게 맡기든 우리가 올바른 것을 묻지 않으면 올바른 대답을 결코 얻지 못할 것이다"(231)고 말한다. 위너에 따르면 올바른 것을 묻기 위해 필요한 것은 기술을 양날의 칼로 파악하는 '비극의 감각'이며, 또한 기술(know-how)보다 더 중요한 지혜(know-what)이다(227-229). 그렇다, 우리에게는 진정 '비극의 감각'이 필요하다.

3장 가상현실

1. 가상현실 기술

메타버스와 매트릭스의 기술적 핵심은 사실 가상현실 기술이다. 이 기술의 핵심은 완전한 입체감을 느끼게, 그 결과 없는 것을 있는 것으로 여기게 하는 것이다. 사이버(cyber)는 본래 '가상의'라는 뜻이 전혀 아니지만 언제부터인가 그런 뜻으로 쓰이고 있다. 여기에는 '가상현실'(virtual reality)이 직접적인 영향을 미쳤다. 사이버공간이 가상현실과 결합되어 사이버가 '가상의'라는 뜻으로 '오해'됐던 것이다.

'가상현실'은 본래 어떤 컴퓨터 시뮬레이션 기술의 고유명사로 제시된 것이었지만 곧 널리 퍼져서 아예 일반명사로 바뀌었다. 1989년에 미국의 재런 레니어(Jaron Lanier)라는 기술자가 완전한 입체감을 느낄 수 있다는 뜻으로 자신이 개발하던 컴퓨터 시각 시뮬레이션 프로그램의 이름을 Virtual Reailty로 제시했던 것이다.[164] 이 기술은 '데이터 글로브'(data glove), '데이터 슈트'(data suit)라는 걸로 컴퓨터를 조작해서 '아이폰'(Eyephone)이라는 양안 밀착 모니터로 입체 동영상[165]을 보는 것이다(홍성태, 2022).

이 사업을 위해 레니어는 1984년에 VPL이라는 회사를 설립했다. VPL은 1990년에 파산했지만 그 기술은 1992년에 개봉된 영화 '론머 맨'에서 환상적으로 제시되어 상당한 관심을 끌었다. 이 영화는 가상현실 장치를 통해 인간의 두뇌가 바로 컴퓨터에 연결되어 가상 섹스를 즐길 수 있는 것으로 제시했다. 그런데 그 가상현실 장치는 그냥 VPL의 것을

사진 3　VPL과 영화 '론머 맨'의 가상현실 장치

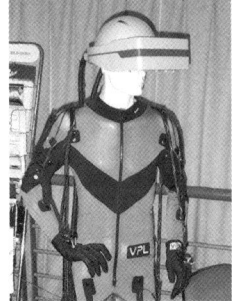

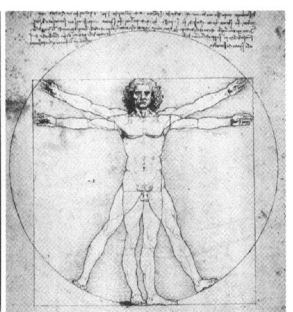

쓴 게 아니라 특이한 형태로 변형했는데, 이건 사실 레오나르도 다 빈치의 '비트루비안 맨'[166]이라는 유명한 스케치를 이용한 것이다.

　가상현실은 컴퓨터가 만든 진짜 같은 가짜 입체 영상이다. 이것을 실제 현실과 결합해서 사용하는 것이 '증강현실'(增强現實, augmented reality, AR)이다.[167] 가상현실은 증강현실을 통해 훨씬 더 큰 실용성을 갖게 된다. 증강현실은 가상현실을 컴퓨터가 만든 가짜 입체 영상에서 벗어나서 실제 현실로 다가가게 만든다. 가상현실의 영상 자체가 다 허구인 것은 아니다. 그것은 사실일 수도, 허구일 수도 있다. 가상현실에서 언제나 허구인 것은 입체감이다. 그런데 증강현실은 가상현실의 장비를 사용하지만 허구의 입체감을 추구하는 것이 아니라 실제 현실의 이해와 이용을 추구한다.

　가상현실은 양안 밀착 모니터로 입체감을 만드는 컴퓨터 그래픽을 보는 것이고, 증강현실은 양안 밀착 모니터로 실제 현실과 컴퓨터의 정보들을 보는 것이다. 둘의 기술적 핵심은 양안 밀착 모니터로 컴퓨터 그래픽의 아버지인 아이반 서덜랜드(Ivan Sutherland, 1938~　)가 1968년에 발표한 '다모클레스의 칼'(Sword of Damokles)[168]이 그 본격적 출발이다.[169] 서덜랜드는 이 양안 밀착 모니터를 개발해서 가상현실의 아버지로도 불리는데, 사실 저 장비는 증강현실에 사용된 것이어서 증강현실의 아버지로 부르는 게 더 타당하다. 가상현실이라는 말이 증강현실이라는 말보다 먼저 만들어졌고, 우리의 상상력을 더욱 더 강력히 자극하는 면이 있지만, 실제 기술의 이용으로는 증강현실이 가상현실에 앞섰던 것이다.

서덜랜드의 장비는 무거워서 천장에 매달아야 했다. 그 모습에서 그 이름이 붙여졌다. 이 모니터는 이용자의 머리 위에 씌우는 방식이기 때문에 보통 HMD(Head Mounted Monitor)로 부른다. 양안 밀착 모니터는 2000년대에 들어와서 고글 형태로, 다시 선글라스 형태로 계속 작고 편리하게 바뀌었다. 그러나 가상현실은 여전히 경험하기 편하지 않은 것이고, 오래 경험하면 어지러움은 물론 두통과 구토도 유발되고, 한동안 평형 감각이 비정상일 수도 있다. 장비의 가격도 여전히 비싸다.

사진 4   양안 밀착 모니터의 변화

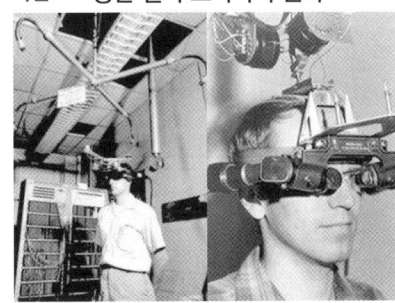

2. 가상현실의 의미

깁슨의 사이버공간은 컴퓨터 통신망과 매트릭스로 이루어진다. 컴퓨터 통신은 인터넷으로, 매트릭스는 가상현실로 어느 정도 구현됐다. 가상현실은 기술적 요소뿐만 아니라 인지적 경험을 요구하는 사이버공간의 특성을 더욱 잘 보여준다. 이 용어는 여러 요소들로 이루어진 최첨단 컴퓨터 기술을 의미하며, 이 점에서는 재런 레니어가 1989년에 제시한 것으로 볼 수 있다(Mantovani, 1995: 670).

그런데 컴퓨터 통신에 비해 가상현실은 사이버공간과 관련하여 다소 복잡한 개념상의 문제들을 제기한다. '사이버공간은 ... 마이크로칩에 기초를 둔 리얼리티 엔진과 나의 두개골에 있는 신경 리얼리티 엔진이 협동하여 만들어낸 세계'(Rheingold, 1991: 206)라고 하여 사이버공간과 가상현실을 같은 것으로 보는 견해가 있는 반면에, '신체의 전부를 사용하는 특별한 종류의 가상공간이라는 의미에서 사이버공간을 가상현실과 구분'(Walser, 1990: 97)하는 견해도 있었다.

이런 의미에서 사이버공간은 "참가자 자신이 신체적으로, 실제의 세계에서 상상의 세계로 옮겨간 듯한 느낌을 갖게 하는 매체이다. 예술가들은 그들의 작품을 통해 그것을 보는 사람들로 하여금 상상의 세계를 느끼게 하지만, 사이버공간은 상상의 세계 그 자체를 제공한다"(Walser, 1990: 92)고 주장되었다. 또한 현재는 주로 가상현실이라는 용어가 사용되고 있지만, 이 분야의 기술을 가리키는 용어로 가장 먼저 사용된 것은 인공현실(Artificial Reality)이었다(Krueger, 1990).

하나의 기술체계로서 가상현실은 양안 밀착 모니터, 3차원 컴퓨터 그래픽, 그리고 컴퓨터로 구성된다(Rheingold, 1991: 19). 그러나 이 체계의 창조능력은 인간의 지각능력과 결합하여 완성된다. 즉 이 체계에서 인간의 지각능력은 대상을 향한 것일 뿐만 아니라 바로 자신을 향하는 것이기도 하다. 이 체계는 인간의 지각능력이 얼마나 속기 쉬운 것인가를 증명하는 것이기도 하다. 왜냐하면 이 체계의 목적은 결국 '인간의 감각과 감지능력을 속여서, 그들이 환영을 믿고 인정하게 하는 데 있'기 때문이다(Walser, 1990: 99).[170]

여기서 핵심은 인간과 기계의 관계이다. 가상현실의 선구자인 미국의 컴퓨터 공학자 마이론 크루거(Myron Krueger, 1942~)는 1960년대 말에 '이 시대의 가장 극적인 드라마는 인간과 기계의 만남'(Krueger, 1990: 43)이라고 생각했는데, 가상현실은 바로 이 드라마의 주연 배우이며 그 연출자는 수많은 컴퓨터 공학도들과 공상과학 소설가들이었다. 컴퓨터 통신은 기계를 매개로 하지만 그 핵심은 여전히 인간과 인간의 관계이다. 이에 비해 가상현실에서는 인간과 기계의 관계가 핵심이 되는데, 가상현실에서의 인간과 기계의 통합적 상호작용은 사이버네틱스가 제시한 인간과 기계의 정보적 동등성이 부분적으로 구현되는 것이다.[171]

가상현실에서의 인간과 기계의 관계는 먼저 컴퓨터 기술의 발달이라는 맥락에서 검토될 수 있다. 레니어의 VPL과 함께 가상현실의 산업화에 가장 앞서 있던 오토데스크의 존 워커(John Walker, 1950~)는 가상현실을 사람과 컴퓨터가 상호작용하는 방법, 즉 인터페이스의 발달과정으로 설명했다.[172]

워커에 따르면 1940년대 후반에 나타난 제1세대 컴퓨터는 전자식 디지털 컴퓨터로서 플러그 보드[173]에 의해 운용되었다. 1950년대에 나타난 제2세대는 일괄처리방식으로 천공카드가 스위치 보드를 대체하였다. 1960년대의 제3세대는 시분할 방식을 도입했으며, 이로써 프로그래머는 키보드와 화면을 통해 컴퓨터와 직접 상호작용할 수 있게 되었다. 제4세대는 번거롭고 복잡한 명령어를 기억하는 대신 사용자가 명령어를 선택할 수 있는 메뉴 사용 방식이다. 현재의 제5세대는 마우스를 이용하여 가리키고 누르는 직접 조작 인터페이스이다. 인터페이스 혁명의 다음 단계는 화면을 제거하는 것이며, 이것이 바로 사이버공간 기술 내지는 가상현실 기술이다(Rheingold, 1991: 289-290).[174]

다시 레인골드의 해설에 따르면, "사람들은 컴퓨터가 일하는 방식에서 컴퓨터를 사람들이 이용하도록 설계하는 방식, 즉 인간-컴퓨터 인터페이스로 작업하는 방식으로 바꾸었다. … 가상의 세계는 컴퓨터 프로그램에 의해 작성되지 않고 걸어다니고, 돌아보고, 손으로 몸체를 조작하는 자연스러운 몸짓으로 작동하는 컴퓨터이다. 가상현실은 궁극적인 컴퓨터 인터페이스이다"(Rheingold, 1991: 106-107). 그런데 이것은 너무나 낙관적인, 즉 비현실적인 주장이다.

3. 가상현실의 실체

인터페이스 기술의 발달은 물리적인 면에서 가상현실을 규정하는 핵심요소로서, 이에 대한 강조는 컴퓨터를 단지 기술의 차원에서만이 아니라 인간과의 상호작용이라는 면에서 파악하도록 한다. 그러나 인터페이스에 대한 강조는 여전히 기술적 요소를 중심으로 가상현실을 분석하는 것이며, 이것은 사이버공간이 은유가 아니라 실체적 사실인 것처럼 보이도록 한다.

가상현실은 특별한 기계장치를 필요로 하기는 하지만 논리적 결과로 나타나는 개념적 공간이다. 즉 여기서 공간이란 물리적 실체가 아니라 인지적 경험이다. 컴퓨터가 제공하는 환경을 실체적인 것으로 느끼는 이 경험은 보통 '몰입'(immersion)이라고 불린다. 이런 인간의 인지 경험의 견지에서 가상현실을 정의할 때 핵심은 현전(presence)으로 제시된다. 현전이란 물리적 환경에 대한 경험을 뜻하며, 원격현전(telepresence)이란 통신매체를 통해 원격, 즉 멀리 떨어진 상태에서서 현전을 경험하는 것이다. 그리고 이 "원격현전 개념을 이용하여 가상현실은 특별한 하드웨어장치에 의존하지 않고도 규정될 수 있다. 즉 가상현실은 인지자가 원격현전을 경험하는 실제 또는 모사 환경으로 정의된다"(Steuer, 1992: 75-77).

이런 주장은 가상현실의 인지적 차원을 적절히 강조하는 것이기는 하지만, 원격현전이 '개념이자 도구, 경험의 명칭'이라는 점(Rheingold, 1991: 412)을 제대로 포착하지는 못한다. 가상현실은 기술이 묘사하고자 하는 현실에 따라 '매개된 현실'과 '구축된 현실'로 나뉠 수 있는 데, 원격현전은 이 중에서 전자에 속하는 것이다(Spring, 1990: 28).[175] 전자는 실제를 다루는 것이고, 후자는 허구를 다루는 것이다. 몰입은 현전과 별개로 이루어지는 것으로 그 기본은 사실감이다. 실제 같은 허구를 만드는 것이 가상현실의 핵심이다. 그런데 바로 이 때문에 가상현실은 다양한 실제적 기능을 하게 된다. 건축, 도시, 교통, 의료, 자연 등 온갖 분야에서 가상현실은 커다란 경제적 가치를 갖고 있다.

사이버공간이 인지 경험을 통해 인간의 머리 속에 구성되는 개념적 공간이기는 하지만, 이것은 분명히 기계와의 관계 속에서 형성되는 인지 경험이다. 실제 현실에 대한 인간의 경험과 방불한 가상현실을 만들어내는 기술을 배제하고 가상현실을 논하는 것은 역시 불구적일 수밖에 없다. 이 점에서 기술의 현실성을 묻는 것이 중요하다. 이것은 현실은 과연 어떻게 이루어져 있는가, 우리는 그것을 올바로 이해할 수 있는가에 대한 질문을 제기한다.

현실은 무한히 복잡한 속성을 갖고 있다. 현실의 기술적 재현이란 사실 대단히 난감한 작업이다. 왜냐하면 '사이버공간에서 컴퓨터는 여러분이 머리를 움직일 때마다 전세계를 다시 계산해야' 하기 때문이다. '그러므로 적절한 명암이 있는 천연색 고체 물체를 만들어내려면 더 강력하고 값비싼 컴퓨터를 택해야' 하며, 그렇게 한다고 해도 시간지체와 대단히 복잡한 계산의 신속한 처리, 디스플레이의 해상도와, 인공시각 시스템에 쓸 수 있는 시각 폭의 크기 등의 문제들은 아직도 해결되지 않은 과제로 남아 있다(Rheingold, 1991: 207, 227, 311).

이런 기술적 난점은 가상현실의 또 다른 '현실'을 드러내 보인다. 이 경우에 무엇보다 중요한 것은 경제적 차원이다. 즉 가상현실은 컴퓨터 산업의 한 분야 또는 최신 분야에 속하는 것이다. 공간의 은유가 컴퓨터 기술의 새로움을 문화적으로 강화한다면, 컴퓨터 산업은 바로 이런 문화적 강화를 통해 새로운 경제적 도약의 계기를 확보하고자 한다.

이를 위해 역사 속의 신기술 개발 사례가 동원되기도 하는데, 특히 에디슨과 라이트 형제가 빈번히 인용된다. 예컨대 "1990년대 초기의 가상현실 기술을 사이버공간의 키티 호크[176] 단계로 생각하는 것은 당연하다"는 주장이 전형적으로 이런 예에 속한다(Rheingold, 1991: 28). 이런 비교의 목적은 명백하다. 가상현실이 어설픈 것은 아직 기술 개발의 초기 단계에 있기 때문이며, 비행기가 그러했듯이 가상현실은 기술적으로 완벽하게 개발될 수 있을 뿐만 아니라 반드시 개발될 것임을 시사하는 것이다(Chesher, 1994: 10).[177]

이런 점에서 공간의 은유는 단순한 문화적 비유에 머물지 않고, 사실상 공간의 정치경제와 일체화되어 있는 것으로 파악될 수 있게 된다. 물론 여기서 공간의 정치경제는 물리적 공간을 대상으로 하는 것이 아니라 인지적 공간을 대상으로 한다는 점에 주의해야 한다. 자본주의는 공간적 확장을 통해 그 기반을 계속 강화해 왔다. 제국주의의 식민지 지배는 물론 끊임없이 전개되는 (재)개발도 그렇다. 정보기술의 발달로 자본주의는 물리적 공간을 넘어 인지적 공간을 장악한다. 그런데 사실 그 실체는 정보기술의 활용이다. 오늘날 자본주의는 정보적 확장을 그 핵심으로 한다. 현실 정보사회는 이렇게 작동되고 있다(홍성태, 2002).

4. 가상현실과 인간

사이버네틱스는 우발성과 엔트로피가 지배하는 세계에서 정보교환의 중요성을 강조한다. 세계는 물질과 에너지의 흐름으로 구성될 뿐만 아니라, 그것의 표현인 정보로 충만해 있기도 하다. 우리는 이 정보를 인식해서 이 세계에 대해 알게 된다. 물질과 에너지의 흐름은 정보적 현상이기도 한 것이다.

그러나 물론 정보는 결코 물질과 에너지가 아니다.[178] 따라서 정보는 결코 물질과 에너지를 대체할 수 없다. 다만 정보는 물질과 에너지의 흐름에 영향을 미칠 수 있을 뿐이다. '경제적으로 말해서 정보는 언제나 무엇에 관한 정보'(Henwood, 1995: 171)라는 지적은 이 점을 적절히 설명해 준다. 정보화와 관련하여 널리 회자된 '비트 뱅'이니 '디지털임' 등과 같은 수사들은 이러한 근원적 차이를 부정하는 오류를 범했다. 원자의 시대에서 비트의 시대로의 이행이라는 주장은 그 한 정점을 이룬다.[179] 비트(bit)는 사실 '이진수'(binary digit)의 준말로서 정보량의 측정단위일 뿐이다. 그리고 디지털이란 정보처리방식의 한 가지일 뿐이다.

사이버네틱스는 반엔트로피의 정보교환 체계라는 점에서 인간과 기계가 정보적으로 동등하다고 본다. 다시 말해서 양자는 정보처리기계로서 동등하다는 것이다. 그러나 인간은 의미론적 정보를 상징적으로 다루는 데 비해, 기계는 수학적 정보만을 기계적으로 다룰 수 있을 뿐이다. 이 점에서 인공두뇌라는 것은 근원적으로 불가능하다고 할 수 있다. 정말 두뇌라고 하기 위해서는 계산하는 기계가 아니라 느끼는 기계를 만들 수 있어야 하는 것이다. 샤논의 수학적 정보 개념에 따라 만들어진 기계는 아무리 고도의 것이라고 할지라도 계산만 할 수 있을 뿐이고 결코 느낄 수는 없다.

그런데 완성될 수는 없다고 해도 인간적 기계는 기계의 변화와 함께 인간의 변화를 수반한다. 이와 관련하여 인간의 참여로 완성되는, 즉 인간의 인지 경험 속에서만 완성되는 가상현실은 인간의 지각능력을 자극-반응관계로 환원하는 기계적 인간관의 최신판이라고 할 만하다.

사이버공간은 사이버네틱스의 원리에 따른 기술발달의 한 정점을 상징한다. 외계와의 정보교환을 위한 통신과 통제, 인간과 기계의 정보적 동등성이 사이버공간의 심저에 자리하고 있다. 또한 정보통신기술은 물질과 에너지의 이동에 필요한 시간을 줄임으로써 공간을 '압축'하고, 인지과정에 영향을 미쳐 새로운 공간을 형성하는 것과 유사한 결과를 낳는다. 그러나 이것은 시간의 단축과 인지상태의 변화이지 실제의 공간이 변화하는 것은 아니다. 변화의 본질은 공간체험에 있다.

물론 이것은 작은 변화가 아니다. 공간은 물리적 실재이지만 인간의 생활을 규제하는 것은 경험공간이기 때문이다. 이것은 인지적일 뿐만 아니라 사회적인 것이기도 하다. 공간체험의 변화는 인지능력과 사회관계의 변화를 함축하는 중대한 변화이다. 정보통신기술은 실제로 세상을 바꾸고 있다.

그것이 컴퓨터 통신망이건, 가상현실이건, 사이버공간은 기술적 허구를 실제로 받아들이는 인간의 인지경험을 요구한다는 점에서 하나의 심리적 사실이라고 할 수 있다. 이 점에서 사이버공간이란 결국 '사이코 공간'이다. 따라서 물리적으로 보자면 사이버공간이란 은유적 공간이며, 여기서 중요한 것은 공간의 은유와 은유의 정치경제가 맺고 있는 연관관계이다. 공간의 은유가 지시하는 물리적 실체는 거대 통신망과 첨단 컴퓨터 장치이다. 그리고 이 은유의 정치경제적 실체는 갈수록 거대화하는 멀티미디어 복합체와 갈수록 강화되는 지구적 정보-문화권력이다(홍성태, 2000).

인간과 기계의 정보적 동등성을 구현하고자 하는 사이버네틱스의 꿈은 사이보그나 인공두뇌보다는 사이버공간이라는 '사이코공간'에서 더욱 직접적으로 현실화될 수 있는 계기를 발견한다. 그러나 이 사이코공간은 단순한 심리활동의 산물이 아니라 복잡한 사회관계를 반영하는 사회적 사실이다.

이미 사이버네틱스의 초기 단계에 위너는, "시간은 이미 꽤 늦었다. 선을 택하느냐 악을 택하느냐 하는 소리가 우리의 문을 두드리고 있다"고 경고했다(Wiener, 1950: 231). 그리고 사이버네틱스가 새로운 기술적 비약의 단계에 들어서던 1990년대 초에 레인골드는, "가상현실의 미덕이나 공포는 이것으로써 그 사람이 무엇을 하는가에 달려 있는 것 같다"고 말했다(Rheingold, 1991: 438). 선택과 결단, 이것은 사이버네틱스 기계가 아니라 오직 인간만이 할 수 있는 행위이다. 은유의 공간을 제작하는 거대한 기술적 및 정치경제적 실체에 대한 인간적 통제는 이 행위의 중요한 목표일 것이다.

4장 디지컬 융합

1. 디지컬 융합

메타버스의 변천

　메타버스라는 말은 1992년에 처음 나타났지만 2020년 이전에는 잘 쓰이지 않았던 말이다. 정보통신기술의 발달에 따른 거대한 변화를 대표하는 신조어는 사이버공간과 가상현실이었다. 사이버공간의 핵심으로 매트릭스가 함께 제시되었지만 영화 '매트릭스'를 빼고는 널리 퍼지지 않았다. 사이버공간-매트릭스, 가상현실, 메타버스 등은 정보통신기술로 인간이 아주 새로운 상태에서 살아가게 될 것이라는 전망을 담고 있다. 그것은 인간을 규정하는 물리적, 생물적 특징을 벗어나게 되는 것으로, 컴퓨터가 만든 3차원 동영상의 세계를 진짜 세계로 여기고 살게 된다는 것이다. 여러 소설과 영화가 이런 상상을 널리 퍼트렸다.

　그러나 현실은 상상과 다르다. 상상은 자유이나 현실은 그렇지 않다. 상상은 현실의 변화를 유발할 수 있지만 그럴 수 없는 것도 있다. 인간의 두뇌가 컴퓨터와 직접 연결되어 컴퓨터가 만든 3차원 동영상의 세계를 진짜 세계로 여기고 살게 된다는 것은 영원한 허구이다. 컴퓨터가 만든 아바타로 컴퓨터가 만든 3차원 동영상의 세계에서 활동하는 것은 부분적 허구이다. 매트릭스와 메타버스는 컴퓨터의 능력에 대한 인간의 희망과 우려를 극대화한다. 그러나 그 실제는 컴퓨터 그래픽 기술의 개발과 이용이고, 여기서 우리가 해결해야 하는 문제는 다른 것이다. '현실 정보사회'를 직시해야 한다.

표 4 메타버스 상상의 변천과정

연도	내용
1963년	아이반 서덜랜드의 '스케치 패드' 발표
1984년	윌리엄 깁슨의 『뉴로맨서』와 사이버공간, 매트릭스
1989년	자론 러니어의 VPL 사와 가상현실 기술 영화 '터미네이터 2' 개봉
1992년	닐 스티븐슨의 『스노우 크래쉬』와 메타버스 영화 '론머 맨' 개봉
1993년	영화 '폭로' 개봉 영화 '쥬라기 공원' 개봉
1995년	영화 '코드명 J' 개봉
1999년	영화 '매트릭스' 개봉
2007년	'메타버스 로드맵' 발표
2012년	어니스트 클라인의 『레디 플레이어 원』과 가상현실 게임 세계
2018년	영화 '레디 플레이어 원' 개봉
2020년	코로나19 사태 발생–메타버스에 대한 관심 폭증

　　매트릭스와 메타버스의 기술적 실체는 컴퓨터 그래픽이다. 1960년대 초 아이반 서덜랜드가 컴퓨터로 그림을 그리는 길을 연 이래로 컴퓨터 그래픽은 놀랍게 발전했다. 컴퓨터 게임의 세계가 나타났고, 새로운 영화의 세계가 활짝 열렸고, 놀라운 미디어 아트가 나타났다. 컴퓨터 그래픽은 컴퓨터를 통한 새로운 시각 표현을 넘어서 놀이, 소통, 생활, 연구, 교육, 건축, 도시, 교통, 의료, 전투 등 온갖 곳에서 쓰이며 세상을 바꾸고 있다. 컴퓨터 그래픽을 진짜 현실로 믿고 사는 것이 아니라 그냥 컴퓨터 그래픽을 활용해서 더욱 다채로운 현실을 살아가게 된 것이다.

　　오늘날 컴퓨터 그래픽은 극도로 정교한 3차원 표현을 할 수 있다. 이제 그야말로 현실의 모든 것을 정교한 3차원 도상으로 옮겨서 관리하고 이용할 수 있다. 이른바 '디지털 트윈'(digital twin), 즉 '디지털 쌍둥이'다. 이렇게 디지털 기술이 발달했기 때문에 현실의 모든 것을 디지털로 옮겨서 관리하고 이용할 필요가 커진다. 이른바 '디지털 전환'(digital transformation)이다. 물론 모든 것을 다 디지털로 옮길 필요는 없다. 그러나 효용과 안전의 면에서 그 필요는 계속 커지고 있다(LGCNS, 2022). 현실의 메타버스는 이렇듯 컴퓨터 그래픽의 다양한 활용으로 구현되고 있다.

컴퓨터 그래픽은 2D, 3D, 가상현실로 구분된다. 가상현실은 그 명칭 때문에 혼란을 일으키지만 그 본질은 양안 밀착 모니터와 특수 입력장치를 통한 상호작용 방식으로 완전한 3D 그래픽을 체험하는 것이다. 매트릭스는 컴퓨터와 두뇌를 직접 연결해서 이용자가 가상현실 안에 있다고 느끼는 것이고, 메타버스는 이용자가 그 역시 가상현실인 아바타를 통해 가상현실 안에서 활동하는 것이다. 매트릭스는 영원히 불가능하나, 메타버스는 어느 정도 실현될 수 있다. 또한 증강현실은 2D, 3D, 가상현실을 실제 현실과 결합해서 사용하는 것으로 메타버스보다 훨씬 더 유용하다.

Being Digical

니콜라스 네그로폰테(Nicholas Negroponte, 1943~) 교수는 1985년에 MIT의 미디어 연구소를 만들었다. 그는 20대 초부터 컴퓨터를 이용한 설계를 적극 추구한 컴퓨터 전문가로서 1990년대 중반에 컴퓨터와 통신기술의 발달을 강조하며 그 변화를 'being digital'(디지털임)이라는 말로 압축했다. 그 내용으로 제시된 '아톰에서 비트로'는 과장되고 혼란스런 표현이지만 정보통신기술이 효율화를 놀랍게 강화한다는 것을 잘 표현했다. 사실 정보통신기술이 가져온 변화는 이보다 훨씬 더 크고 많다. 정보통신기술은 새로운 표현과 소통의 세계를 열었고, 이로써 새로운 관계와 활동의 세계를 열었다.

컴퓨터의 성능이 계속 향상됐고, 컴퓨터들이 통신망으로 결합됐다. 그 결과 컴퓨터가 처리하는 디지털 형태의 정보가 세계를 장악하게 됐다. 이렇게 정보의 디지털화가 이루어진 것과 함께 디지털 기계가 현실의 운영을 좌우하게 됐다. 매트릭스나 메타버스는 컴퓨터가 만든 가상 세계로 사람들이 들어가서 산다는 상상의 소산이지만, 현실은 사람들이 사는 실제 세계를 컴퓨터가 대대적으로 바꾸는 것으로 나타났다. 디지털 기술은 온갖 정보의 디지털 융합을 이룬 것을 넘어서 피지컬 월드, 즉 물리 세계를 통합하는 것으로 나아갔다(홍성태, 2022).

우리는 이미 디지털 융합(digital fusion)을 넘어서 **디지컬 융합(digical fusion)**의 시대에 들어섰다. 'being digital'(디지털 되기)이 아니라 **'being digical'(디지컬 되기)**이 지금 우리가 겪고 있는 변화를 올바로 보여준다. 이제 모든 표현, 소통, 관계, 생활이 **디지털을 통한 피지컬의 작동**, 즉 디지컬의 방식으로 이루어지고 있다. 우리는 피지컬로 살지만 그 운영은 디지털로 이루어지고 있는 것이다. 현실의 메타버스는 이런 디지컬의 가장 발전된 형태라고 할 수 있다. 메타버스는 저기 어디에 있는 게 아니다. 메타버스는 우리가 정보통신기술을 이용하는 방식이고, 정보통신기술로 현실을 살아가는 방식이다.

2016년 1월 스위스의 다보스 시에서 열린 '세계 경제 포럼'에서 그 설립자인 독일계 스위스 경제학자 클라우스 슈바프(Klaus Schwab, 1938~)는 '4차 산업혁명'에 대해 발표했다. 그의 발표는 엄밀한 학문적 근거를 제시한 것이 아니라 개인적 경험과 의견을 정리한 것이었으나 세계적으로 대단히 큰 반향을 일으켰다. 이미 20세기 후반에 앨빈 토플러가 잘 보여주었듯이 기술 혁명에 대한 주장은 큰 관심을 끌기 쉽다. 20세기 초에 요세프 슘페터 교수가 제시했듯이 기술은 경제의 변화를 선도하는 가장 강력한 동력이기 때문이다.

슈바프는 정보통신기술의 발달로 세계가 크게 바뀌고 있다는 것을 제시하는 데 성공했다. 그는 세계를 바꾸고 있는 동력으로 여러 기술들을 나열했는데, 중요한 것은 개별 기술들이 고도화될 뿐만 아니라 체계 자체가 크게 바뀌고 있다고 주장한 것이고, 또한 그 핵심으로 물리적 영역, 디지털 영역, 생체적 영역 등 세 영역이 긴밀히 결합된다고 주장한 것이다. 이른바 초연결성(hyper-connectivity) 또는 초연결된 세계(hyper-connected world)는 공간적 거리는 물론 사회적 간격을 넘어서고, 이제 물리, 정보, 생체의 구분도 넘어선다. 정보통신기술로 물리, 정보, 생체의 영역이 지구적 차원에서 항상 연결되고 소통될 수 있다. 참으로 '놀라운 신세계'가 우리 앞에 등장했고 계속 빠르게 성장하고 있다.

　디지컬 융합은 이른바 '사이버 피지컬 시스템'(사이컬, cyber physical systrem, CPS, 사이버물리시스템)으로 제시되고 있기도 하다. 디지컬이 컴퓨터가 처리하는 정보의 유형을 강조하는 것이라면, 사이컬은 자동조절기계로서 컴퓨터를 강조하는 것이라고 할 수 있다. 중요한 것은 디지털 정보가 또는 사이버 기계가 수많은 사물과 생체에 상시적으로 결합되어 통합된 체계를 만드는 것이다.[180] 그런데 바로 여기에 큰 위험도 잠재되어 있다. 우리의 안전이 상시적으로 총체적 위험에 처할 수 있는 것이다. 안전을 희생한 편리는 무의미한 것일 수 있다. 디지컬 융합은 개인의 안전을 더욱 더 중요한 과제로 만든다.

2. 블록체인

정보통신기술은 커다란 편리성과 효율성을 제공하지만 개인정보의 유출과 침해라는 문제를 안고 있다. 이 문제에 대응해서 암호 기술을 중심으로 한 보안 기술이 개발되어 왔다. 보안 기술 덕에 우리가 안심하고 정보통신기술을 이용할 수 있는 것이다.

오늘날 보안 기술은 탈중앙화로 이어지고 있다. 개인정보의 유출과 침해에서 세계의 거대 조직들이 가장 심각한 문제의 원천이다. 수많은 사람들의 개인정보를 합법적으로 수집-축적하고 있는 정부 조직들, 구글과 같은 기업들이 바로 그것이다. 우리는 포털 기업과 통신사들이 개인정보를 비리 정권에 마구 넘기는 문제를 이미 겪었다. 개인의 위기와 독재의 위험이 이미 대단히 커진 상태다. 이 때문에 개인의 안전을 위해 오래 전부터 암호 기술의 강화와 함께 정보통신의 탈중앙화가 적극 추구되었다.

블록체인(blockchain)[181]은 정보의 기록과 소통에서 탈중앙화(decentralization)의 새 장을 열었다. 이와 비슷한 암호화 기술은 1982년에 처음 제안되었고, 1990년대 초에 관련 기술이 처음 개발되었다. 그러나 블록체인은 2008년에 처음 개발되어 공개되었는데, 바로 암호통화[182]의 대표인 '비트코인'(Bitcoin)[183]의 기반기술로 제시된 것이다. 미국의 '서브프라임 모기지 사태'(subprime mortgage crisis)[184]로 시작된 세계 금융위기가 터진 이 해에 나카모토 사토시(中本哲史, Satoshi Nakamoto)[185]가 제시했다.[186]

블록체인은 비트코인의 기반이지 비트코인이 아니다. 블록체인은 모든 참여자가 정보의 기록과 소통의 주체로 참여해서 정보의 위변조를 막는 분산형 정보 관리 기술이다. 참여자의 거래/활동 정보는 중앙 컴퓨터에 저장되어 제공되는 것이 아니라 모든 참여자들이 동시에 받아서 확인하게 된다. 중앙 컴퓨터를 없애기에 정보 소통의 효율성이 크게 향상된다. 이 과정은 고도의 암호 기술을 통해 보호된다. 따라서 블록체인에 저장된 정보를 위변조하거나 참여자의 개인정보를 유출하는 것이 사실상 불가능하다.

비트코인과 별개로 블록체인은 대단히 중요한 기술이다. 블록체인은 거래비용 경제학[187]을 지구적 차원에서 고도로 실현하는 것이면서 디지컬 융합을 고도로 실현하는 것이다. 본래 코인(coin)은 동전을 뜻하고, 토큰(token)은 징표, 교환권, 동전 대체 주조물 등을 뜻한다. 디지털 경제에서 '코인'은 자체의 블록체인을 갖고 있는 암호통화를, '토큰'(token)은 다른 블록체인에 의존하는 암호통화를 뜻한다. NFT(Non-Fungible Token, 대체불가능한 토큰)는 블록체인을 통해 유일한 것으로 보증하는 증명서다. NFT로 온갖 디지털 표현물은 물론 세상의 온갖 것의 유일성을 보증할 수 있다. 정보기술(디지털)로 이 세상(피지컬)을 더욱 넓게 포섭해서 '디지컬 융합'을 더욱 넓게 구현할 수 있는 것이다.

그러나 블록체인에도 여러 문제들이 있다. 가장 기본적인 것은 개인정보 보호 문제다. 블록체인은 모든 참여자들의 거래/활동 정보가 모든 참여자들에게 공유되기에 거래 당사자가 아닌 3자의 정보도 공유된다.[188] 정보 보안의 기본인 CIA, 즉 기밀성(Confidentiality), 무결성(Integrity), 가용성(Availability)을 다 갖추는 것은 쉽지 않은 일이다. 특히 블록체인은 공개와 공유가 기본이기 때문에 기밀성을 갖추기가 어렵다. 그리고 당연히 해킹의 위험도 상존한다.

가장 심각한 문제는 암호화폐에서 찾아볼 수 있다. 암호화폐는 검증=채굴을 통해 가동되는데, 검증=채굴을 위해 엄청난 양의 고성능 컴퓨터들을 가동해야 하고, 따라서 엄청난 양의 전력이 소모되는 것이다. 암호화폐는 경제적 유용성에 비해 투기성이 훨씬 더 큰데, 이를 위해 엄청난 양의 전력이 소모되며 생태위기를 더욱 악화시키고 있는 것이다. NFT도 보안의 문제와 투기의 문제가 강력히 제기되고 있다. 결코 다 좋은 것이 아니다.

3. 인공지능

'4차 산업혁명'의 기반은 인공지능(Artificial Intelligence, AI)이다. 인공지능은 무엇인가? 인간은 꿈도 꿀 수 없는 초거대 저장력과 초고속 연산력을 갖고 초거대 용량의 자료와 정보를 실시간으로 처리하는 초고성능 컴퓨터. 인공지능은 자기학습과 자연언어의 능력을 갖고 있다. 그 결과 발달된 인공지능은 마치 사람처럼 지각하고 생각하고 판단하고 소통하는 것처럼 보일 수 있다. 인공지능은 디지컬 융합을 가속화하고 극대화할 것이다.『스노우 크래쉬』의 메타버스는 실제 현실처럼 인식되는 가상 현실 세계로서 이런 것은 반드시 초고성능 컴퓨터, 즉 발달된 인공지능을 필요로 한다.『스노우 크래쉬』에 앞서서 컴퓨터가 만드는 세계를 제시한『뉴로맨서』의 지배자는 바로 발달된 인공지능이다.

인공지능은 그냥 사람이 만든 지능이 아니라 사람과 같은 지능을 갖춘 것처럼 보이는 기계를 뜻한다. 인공지능이라는 말은 1955년에 처음 만들어졌지만, 이런 기계에 대한 꿈은 오랜 연원을 갖고 있고, 과학적으로는 사이버네틱스의 직접적 산물이다. 사이버네틱스는 자동조절 기술을 통해 인간과 같은 기계를 만들 수 있는 이론적 가능성을 제시했다. 인간과 같은 기계의 핵심은 바로 인간과 같은 두뇌이다. 이 때문에 사이버네틱스는 일본에서 '인공두뇌학'으로 번역되기도 했다. 미국의 공학자들은 지능이라는 두뇌의 능력에 초점을 맞춰서 '인공지능'을 사이버네틱스의 목표로 추구하게 됐던 것이다.

인공지능의 응용 분야는 그야말로 무한하다. 그런데 인공지능은 과연 무엇인가? 대체로 일곱 가지 특성들이 제시되고 있다. 심층 학습, 안면 인식, 업무 자동화, 자료 흡수, 클라우드 컴퓨팅, 양자 컴퓨팅, 챗봇 등이다. 여기서 인공지능의 기능적 특성은 앞의 네 가지이고, 클라우드와 양자 컴퓨팅은 물리적 기초, 챗봇은 작동 방식이다. 그런데 여기서 양자 컴퓨팅은 사실 실현된 기술이 아니라 실현되기 어려운 개념이다.

인공지능은 많은 영화들에 의해 그 이미지가 강력히 형성되었다. 이 영화들을 보면 인간처럼 지각하고, 생각하고, 판단하고, 소통하는 기계를 만드는 것은 단지 시간문제일 뿐인 것처럼 여겨진다. 그러나 세상에는 아무리 그럴 듯해 보여도 이루어지는 것이 영원히 불가능한 것도 있다. 영화에서 보는 것과 같은 인공지능이 그 대표적인 예이다. 인간과 같은 지능과 감성을 갖추고 있는 인공지능을 만드는 것은 불가능하다. 시간여행과 우주여행도 그렇다. 그러나 이런 상상은 우리를 즐겁게 한다.

논리적으로 인공지능은 크게 '강 인공지능'과 '약 인공지능'으로 나뉜다. 전자가 영화에서 제시되는 인공지능이라면, 후자는 현실의 인공지능이라고 할 수 있다. 전자가 불가능하다고 해도 후자도 대단히 강력하다. 이미 컴퓨터는 존재하지 않는 것을 존재하는 것처럼 느낄 정도로 사실적인 영상을 만들 수 있고, 일찍이 노버트 위너 교수가 우려했던 대로 인간을 노예 수준으로 전락시킬 수 있고, 극심한 기술적 차별을 암암리에 실행할 수 있다. 이런 점에서 인공지능의 활용은 철저히 민주적 감시와 통제에 따라 이루어져야 한다.[189]

위너는 1950년에 『사이버네틱스』의 해설서로 출판한 『인간 존재의 인간적 활용-사이버네틱스와 사회』에서 사이버네틱스는 인간에게 큰 위협이 될 수 있다고 경고했다. 인공지능에 대해서 우리는 위너의 경고를 언제나 잊지 말아야 한다. 인공지능은 커다란 기술적 가능성과 함께 그만큼 커다란 인간적, 사회적 위험을 안고 있다. 다음의 설명은 이 책의 현실성을 잘 제시해 준다.

거의 70년이 지나고 『인간 존재의 인간적 사용』은 그 책이 처음에 했던 것보다 우리에게 더 많은 것을 가르쳐준다. 이 책의 가장 두드러진 특성은 여전히 상당히 적절한 인간-기계 상호작용에 관한 아주 많은 주제들을 소개하고 있다는 것이다. 어두운 논조로, 이 책은 20세기 후반에 닥칠 재난들에 대해 여러 예측들을 하고 있으며, 그 중 상당수는 오늘날 21세기 후반에 대해 제기되는 예측들과 거의 동일하다.

예를 들어, 위너는 1950년의 가까운 미래에 인간이 사회의 통제를 사이버네틱 인공지능에게 양도하고, 이어서 이것이 인류에게 대혼란을 일으킬 것이라고 예견했다. 위너는 제조의 자동화가 생산성을 크게 향상하고 많은 노동자들을 해고되게 할 것이라고 예측했다. 이 일은 그 뒤 수십년 동안 실제로 일어났다. 위너는 사회가 이렇게 해고된 노동자들을 위한 생산적인 직업을 찾아내지 않는다면 반란이 일어날 것이라고 경고했다.

그러나 위너는 중요한 기술 발전을 예측하는 데 실패했다. 1950년대의 거의 모든 기술자와 마찬가지로 그는 컴퓨터 혁명을 예측하는 데 실패했다. 그는 컴퓨터 가격이 결국 (1950년대의) 수십만 달러에서 수만 달러로 떨어질 것이라고 생각했다. 그와 그의 동료들은 트랜지스터와 집적회로의 개발로 컴퓨터의 성능이 엄청난 폭발을 이룰 것을 예상하지 못했다. 마지막으로 위너는 통제를 중시했기 때문에 혁신과 자기 조직화가 위에서부터 강요되기보다 아래에서 거품처럼 솟아오르는 기술 세계를 예측할 수 없었다.

위너는 전체주의(정치적, 과학적, 종교적)의 해악에 초점을 맞추고 있었기에 세상을 매우 비관적인 시각으로 보았다. 그의 책은 우리가 빨리 길을 고치지 않으면 우리를 기다리고 있는 파국에 대해 경고했다. 그 책이 출판된 지 반세기가 넘게 지난 현재 인간과 기계의 세계는 훨씬 더 복잡하고 풍부하며, 그가 상상할 수 있었던 것보다 훨씬 더 다양한 정치, 사회, 과학 체계들을 포함하고 있다. 그러나 우리가 잘못하면 어떤 일이 일어날지에 대한 경고는, 예컨대 지구적 전체주의 체제에 의한 완전한 인터넷 통제와 같은, 1950년과 마찬가지로 오늘날에도 여전히 적절하고 급박하다.(Lloyd, 2019)

맺음말

1940-50년대에 정보기술의 급속한 발전이 이루어지자 이에 따른 사회적 변화에 대한 관심이 커졌다. 텔레비전에 이은 컴퓨터의 등장은 대단히 깊고 넓은 사회적 변화를 일으켰다. 이 변화는 1960년대에 '정보 사회'라는 말로 포착되게 되었다.[190]

1930년대에 개발되어 2차 세계대전이 끝나고 1950년대에 서구에서 대중화된 텔레비전은 멀리 떨어진 곳의 사물이나 사건을 바로 눈 앞에 있는 것처럼 볼 수 있게 만들었다. 시각을 중심으로 하는 인간의 지각은 텔레비전을 통해 확실하게 지구 전체로 확장되었다. 더욱 중요한 것은 텔레비전이 인간의 지각을 압도하고 지배하게 된 것이다. 텔레비전 방송은 한편에서 대중의 계몽과 각성을, 다른 한편에서 대중의 통제와 세뇌를 실행한다. 이 이중성을 직시해야 한다. 지상파, 케이블, 인터넷의 차이를 떠나서 모든 텔레비전 방송의 본성이다. 이 점에서 텔레비전 방송에 대한 민주적 감시와 통제는 민주주의를 지키기 위한 현대 사회의 본질적 과제이다.

1940년대에 개발되어 1950-60년대에 빠르게 발전한 컴퓨터는 텔레비전과 달리 오랫동안 일반인의 눈에 보이지 않았다. 1970년대까지 컴퓨터의 용도는 주로 복잡한 계산에 국한되어 있었다. 그러나 컴퓨터의 계산 능력은 곧 문자, 그림, 소리 등 모든 시각과 청각의 정보를 처리할 수 있는 다매체 표현 능력으로 발전했다. 이로써 컴퓨터는 새로운 매체 예술(media art)[191]의 시대를 활짝 열게 되었다. 컴퓨터들을 연결한 컴퓨터 통신도 빠르게 발전했다. 컴퓨터는 새로운 표현의 시대를 열었고, 컴퓨터 통신은 새로운 소통의 시대를 열었다. 컴퓨터가 만드는 새로운 시대에 합류하는 것이 중대한 과제로 여겨지게 되었다. 사이버공간-매트릭스에 이어 제시된 메타버스는 이런 인식을 환상적으로 형상화했다.

정보사회는 정보기술의 발달과 정보경제의 성장에 대한 실증적인 연구를 기초로 제시됐으나 여러 환상적인 주장이나 표현들과 뒤섞이면서 커다란 혼란을 일으켰다. 물질의 한계를 벗어나게 된다거나 사이버공간(매트릭스나 메타버스)으로 옮겨가서 살게 된다는 식의 황당한 상상이 널리 퍼졌다. 그러나 실제로 존재하는 정보사회, 즉 '현실 정보사회'는 전혀 그렇지 않다. 우리가 실제로 겪고 있는 것은 정보기술의 이용으로 정치, 경제, 문화, 생활 등이 여러 변화를 겪게 되는 것이다. 이 모든 것은 물질에 의해 이루어지는 것이다. 정보기술은 물질의 이용을 더 효율적으로 만들거나 새로운 이용 방식을 실현할 뿐이다.

정보기술을 널리 활용하게 되는 것을 정보화(informatization)라고 불렀던 것처럼, 디지털 정보기술을 널리 활용하게 되는 것을 디지털화(digitalization)라고 불렀다. 정보화이건 디지털화이건 현실 세계와 다른 가상 세계가 만들어지는 것이 아니라 현실 세계가 변화하는 것이다. 전근대 시대에 사람들은 자기가 태어난 마을을 중심으로 살아갔고, 근대에 들어와서 교통수단이 발달해서 사람들은 자기가 태어난 마을을 벗어나서 국가를 중심으로 여러 곳을 이동하며 살아가게 됐다. 그리고 정보기술이 고도로 발달한 현재는 국가의 규제를 받되 자기가 태어난 마을에서 세계를 상대로 살아갈 수 있게 됐다.

정보기술은 현실 세계와 다른 가상 세계를 만들어서 사람들이 살게 하는 것이 아니라 현실 세계에서 '거리의 소멸'을 이루고 사람들이 다른 방식으로 살아가게 하는 것이다. 달라진 것은 사람들이 소통하고 관계를 맺는 방식이고, 사람들이 현실을 구성하고 이용하는 방식이다. 메타버스도 그렇다. 현실의 메타버스는 컴퓨터로 만든 다양한 시청각 장치들을 통해서 사람들이 소통하고 관계를 맺고 현실을 살아가는 새로운 방식이다. 여기서 더욱 중요한 것은 컴퓨터로 새로운 표현을 하고 소통을 하고 관계를 맺는 것을 넘어서 컴퓨터가 현실에 그대로 다가갈 수 있게 됐다는 것이다. 정보화가 디지털화를 넘어서 디지컬화로 이어진 것이다. 메타버스는 그 중요한 예이다.

오늘날 정보기술은 현실에 부분적으로 영향을 미치는 것이 아니라 현실을 그대로 저장해서 이용하는 수준에 이르렀다. 1990-2000년대에 엄청난 양의 디지털 정보가 생산되었는데, 그것은 그냥 디지털 정보가 아니라 현실을 그대로 저장한 디지털 정보다. 정보기술(digital)이 실제 현실(physical)을 포섭해서 현실의 디지컬화(digicalization)가 전면화하고 있다. 디지털 트윈과 디지털 전환은 디지컬 융합의 양상이다. 메타버스는 디지컬 융합의 최고 수준일 수 있다. 디지털화(digitalization)가 디지컬화(digicalization)로 나아가서 사회와 생활이 모두 정보기술에 의해 이루어지게 된다. 메타버스는 단순히 디지털화의 최첨단을 넘어서 디지컬화의 최첨단이다.

페이스북이 회사 이름을 '메타'로 바꾸고 발전된 생활형 메타버스의 개발에 몰두하는 것은 디지컬화와 디지컬 융합의 면에서 당연한 것일 수 있다. 그러나 현실 정보사회는 단순히 기술적 능력과 사회적 요구에 의해 작동되지 않는다. 현실은 무수한 차이와 경쟁을 기본으로 작동하고 있다. 메타가 추구하는 메타버스의 개발과 운영은 기술적으로 대단히 어려운 과제이며, 메타는 경제적 이익을 위해 메타버스의 가치와 전망을 크게 과장할 수 있다.[192] 그럴 듯한 동영상을 내세운 화려한 테크노 토피아적 선전에 현혹되지 않도록 크게 주의해야 한다. 우리는 현실 정보사회라는 사회적 관점 위에서 디지컬 융합의 기술적 추세와 메타버스의 특성을 파악해야 한다.

그림 7 디지털 정보의 폭증

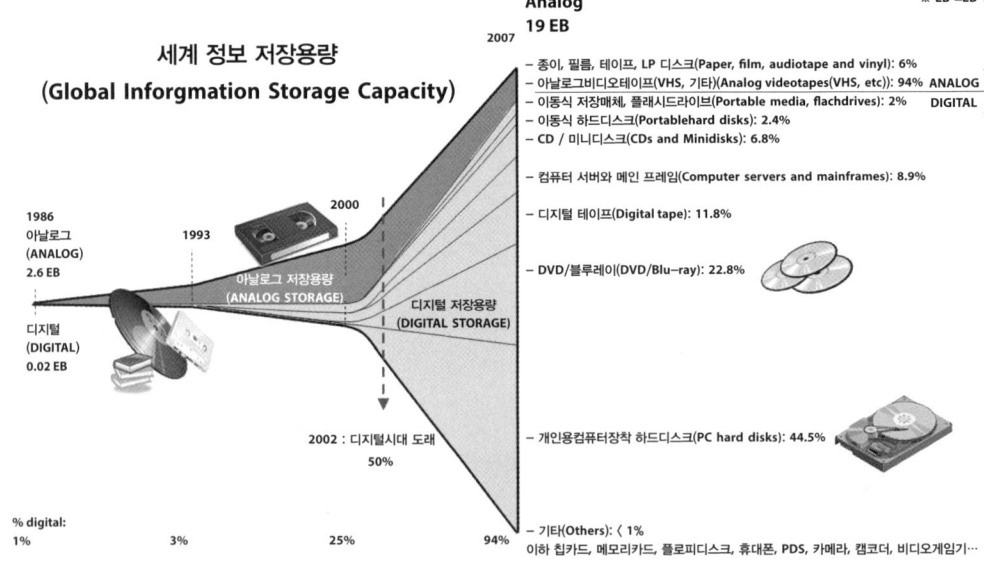

출처: Hilbert, M., & López, p. (2011). The World's Tchnological Capacity to Store, Communicate, and Compute Information. *Science*, 332(6025), 60-65.
http://www.martinhilbert.net/WorldInfoCapacity.html

출처: *Wiki*, Information Society.

    메타버스는 현실 정보사회를 어떻게 바꾸고 있나? 그 주창자들이 주장하듯이 꿈을 마음껏 펼칠 수 있는 자유로운 세상이 만들어지고 있나? 물론 그렇지 않다. 메타버스가 만드는 것은 자유로운 세상이 아니라 아바타를 이용한 '매개적 소통', '익명적 소통'이 활성화된 세상이다. 아바타는 '그래픽 아이디'로서 여러 재미와 흥미를 줄 수 있지만 그 자체로 세상이 바뀌는 것은 아니다. 여기서 더 중요한 것은 익명과 매개의 차원이다. 이것은 컴퓨터 통신의 초기에 '문자 아이디'가 그랬듯이 이용자의 신원을 감춰서 이용자를 자유롭게 해 주는 것과 함께 여러 문제들을 일으킬 수 있다.

    주커버그는 메타버스에 대해 큰 기대를 품고 회사 이름을 메타로 바꾸고 불과 2~3년만에 무려 20~30억 달러를 투자했다. 그러나 2023

년에 들어와서 주커버그는 메타버스에 대한 기대를 사실상 접었다. 메타는 2022년에 11,000명의 직원들을 해고했는데, 2023년에도 비슷한 수의 직원들을 해고할 것으로 관측됐고, 메타버스의 기본인 VR과 AR 분야는 거의 없애는 것으로 발표됐다. 주커버그는 인공지능과 메타버스를 동시에 추구하던 것에서 인공지능에 초점을 맞추는 것으로 확실히 바꾸었다. 주커버그는 인공지능의 위험에 대한 경고를 완전히 무시하며 인공지능의 개발에 열을 올리고 있다.[193]

모든 기술은 이중성을 갖고 있다. 그것은 사람에게 이로울 수도, 해로울 수도 있는 것이다. 이런 기술의 양면성을 기초로 기술의 실체를 파악하는 '기술-현실주의'(techno-realism)의 관점이 언제나 중요하다. 수많은 자료들을 초고속으로 처리하는 인공지능은 메타버스를 더욱 강력화하고 활성화할 수 있다(Nopanen, 2023). 적극적으로 전망한다면, 메타버스는 기술-문화 복합체가 될 것이다. 인공지능이 더욱 빠르게 드넓게 활용되기 시작한 상황에서 메타버스에 대한 기술적, 산업적 이해를 넘어서 사회적, 문화적 이해가 촉진돼야 한다.

인공지능과 메타버스는 컴퓨터 기술의 사회성이 더욱 더 강화되는 것이고, 그런 만큼 컴퓨터 기술에서 윤리와 법률의 중요성이 더욱 더 커지고 있다. 기술-사회적 진화의 면에서 이 문제도 정치 개혁과 직결되어 있으며, 민주주의에서 이것은 언론 개혁과 직결되어 있다. 언론이 올바른 정보와 지식을 전해야 메타버스와 현실 정보사회의 진화도 더욱 올바로 전개될 것이다.[194]

참고자료

윤영민(1996), 『전자정보공간론: 컴퓨터 네트워크의 사회학적 탐색』, 전예원
전명산(2017), 『블록체인 거번먼트』, 알마
조환규(1992), 『컴퓨터 이야기』, 창작과 비평사
홍성태(2000), 『사이버사회의 문화정치』, 문화과학사
_____(2002), 『현실 정보사회의 이해』, 문화과학사
_____(2009), 『현실 정보사회와 정보사회운동』, 한울
_____(2022), 『디지털 문화의 세계』, 진인진
_____엮음(1996), 『사이버공간 사이버문화』, 문화과학사
_____엮음(1997), 『사이보그 사이버컬처』, 문화과학사

박지영(2023), '메타버스 난리더니…메타로 이름 바꾼 페이스북, 결국 '손절'', 〈헤럴드 경제〉 2023.3.11.
북드라망(2018), '세포들로 이루어지는 유기체, 그리고 사회', bookdramang.com
VR연구소(2017), '증강현실 구현을 위한 노력들-AR의 역사', post.naver.com
LG CNS(2022), '메타버스에 푹 빠진 제조 산업, 어떤 모습일까?', blog.lgcns.com
유거송 · 김경훈(2018), '블록체인', KISTEP
정부 합동(2022), '확장가상세계(메타버스) 신산업 선도전략', 2022.1.20.
최진홍(2022), '애플은 당신의 프라이버시를 지켜주지 않는다', 〈이코노믹 리뷰〉 2022.2.18.
홍성태(2013), '국정원 댓글공작과 정보사회의 위기', 〈창비〉162호, 2013년 겨울.
Bell, D.(1981), 이동만 옮김(1984), 『정보화사회의 사회적 구조』, 한울
　　　(1973), *The Coming of Post-Industrial Society*, BasicBooks
Cline, Ernest(2011), *Ready Player One*, Crown Publishing Group
Escarpit, R.(1976), 김광현 옮김(1995), 『정보와 커뮤니케이션』, 민음사
Foucault, M.(1966), 이광래 옮김(1987), 『말과 사물』, 민음사
Gibson, William(1984), *Neuromancer*, Ace
Harasim, L.(1993), *Networlds: Netwarks as Social Space*, Linda Harasim ed.,
　　Global Networks: Computers and the International Communication,

MIT

Heims, M.(1993), The Metaphysics of Virtual Reality, Oxford Press

Leary, T.(1994), *Chaos and Cyberculture*, Ronin Publishing, Inc.

Negroponte, N.(1995), *Being Digital*, Alfred A. Knopf

Rheingold, H.(1991), 신동훈 옮김(1993), 『가상현실과 새로운 산업』, 다음세대
  (1993), *The Virtual Community-Homesteading on the Electronic Frontier*, Addison Wesley

Rogers, E.(1986), 김영석 역(1988), 『현대사회와 뉴미디어』, 나남

Schwab, Klaus(2016), *The Fourth Industrial Revolution*, World Economic Forum

Stephenson, Neal(1992), *Snow Crash*, Bantam Books

Wiener, N.(1948), *Cybernetics: or Control and Communication in the Animal and Machine*, MIT
  (1950), 최동철 역(1978), 『인간활용: 싸이버네틱스와 사회』, 전파과학사

Armstrong, Martin(2023), Metaverse: The Land of Opportunity?, www.statista.com

Appinventiv(2022), How web 3.0 blockchain Would Impact Businesses, appinventiv.com

ASF(2007), *Metaverse Roadmap - Pathways to the 3D Web*

CERN(2022), A short history of the Web, home.cern

Chesher, C.(1994), Colonizing Virtual Reality: Construction of the Discourse of Virtual Reality, 1984-1992, *Cultronix* vol.1/no.1 (fall 1994)

Clayton, James(2023), Metaverse: What happened to Mark Zuckerberg's next big thing?, BBC 2023.9.25.

Crawford, S.(1983), The origin and development of a concept: the information society, *Bull Med Libr Assoc.* 1983 Oct; 71(4): 380 – 385.

Harrison, D.(2019), Infographic: The History and Future of Augmented & Virtual Reality, roboticsbusinessreview.com

Hayles, K.(1996), Boundary Disputes: Homeostasis, Reflexivity, and the Foundations of Cybernetics, Robert Marklet ed.(1996), *Virtual Realities and Their Discontents*, The Johns Hopkins Univ. Press

Heims, M.(1991), '가상현실의 형이상학', Sandra Helsel & Judith Roth eds., 노용덕 옮김(1994), 『가상현실과 사이버스페이스』, 세종대출판부

Henwood, D.(1995), Info Fetishism, James Brook & Iain Boal eds.(1995), *Resisting the Virtual Life: the Culture and Politics of Information*, City Lights

Hern, Alex(2023), Mark Zuckerberg's metaverse vision is over. Can Apple save it?, Guardian 2023.5.21.

Krueger, M.(1990), '인공현실: 과거와 미래', Sandra Hessel & Judith Roth eds., 노용덕 옮김(1994), 『가상현실과 사이버스페이스』, 세종대출판부

Li, TIMOTHY(2022), Web 2.0 and Web 3.0, investopedia.com

Lloyd, Seth(2019), What Would the Father of Cybernetics Think About A.I. Today?, slate.com

Madurai, Vivek(2018), Web Evolution from 1.0 to 3.0, medium.com

Mantovani, G.(1995), Virtual Reality as a Communication environment: Consensual Hallucination, Fiction, and Possible Selves, *Human Relations*, Vol.48, No.6.

Marr, B.(2016), Why Everyone Must Get Ready For The 4th Industrial Revolution, *Forbes*, Apr 5, 2016.

Nakamoto, S.(2008), Bitcoin P2P e-cash paper, 2008.10.31.

Nakamoto, S.(2009), Bitcoin: A Peer-to-Peer Electronic Cash System, 2009.5.24.

Nopanen, Vesa(2023), How AI is Enabling the Metaverse, mymetaverseday.com

Purdy, Mark(2022), How the Metaverse could Change Work, *Harvard Business Review*, April 5, 2022

Ravenscraft, Eric(2021), What Is the Metaverse, Exactly?, *Wired*, Nov 25. 2021.

Songuer, Dirk(2022), Field notes from the Metaverse-The Metaverse Roadmap, dirksonguer.medium.com, Mar 30.

Spring, M.(1990), '가상현실과 종합적 정보전달', Sandra Helsel&Judith Roth(1991),

노용덕 옮김(1994), 『가상현실과 사이버스페이스』, 세종대출판부

Steuer, J.(1992), Defining Virtual Reality: Dimensions Determining Telepresence, *Journal of Communication* 42(4), Autumn.

TechVidvan(2022), Top 7 Artificial Intelligence Characteristics with Examples, techvidvan.com

Walser, R.(1990), '사이버스페이스 극장의 구성요소', Sandra Hesel & Judith Roth eds.(1991), 노용덕 옮김(1994), 『가상현실과 사이버스페이스』, 세종대출판부

小林修一 外(1994), 『情報の社会学』, 福村出版

澤井敦 外(1996), 『現代社会理論と情報』, 福村出版

〈영화〉

Brett Leonard, *The Lawnmower Man*(론머 맨), 1992

Barry Levinson, *Disclosure*(폭로), 1994

Robert Longo, *Johnny Mnemonic*(코드명 J), 1995

The Wachowskis, *The Matrix*(매트릭스), 1999

Steven Spielberg, *Ready Player One*(레디 플레이어 원), 2018

주

1 물론 더 정확히 파악하기 위해서는 미국의 사회학자 제임스 베니거가 밝혔듯이 공업/산업 혁명 시기로 거슬러 올라가야 한다. 공업/산업 혁명으로 물자의 생산이 폭증했을 뿐만 아니라 관련 정보도 폭증하게 되었고, 이에 따라 이런 변화를 적절히 관리하기 위한 제어 기술들이 적극 개발되기 시작했다. 이것을 베니거는 '제어 혁명'(control revolution)으로 불렀다(Beniger, 1986).

2 inform은 무엇을 알린다는 뜻인데, in+form으로 형상을 갖게 되는 것을 뜻한다. 무엇에 대해 머릿속에 형상을 갖게 하는 것이 바로 inform이다. Online Etymology Dictionary 참고. 세계는 물질로 이루어져 있고, 물질(material)은 질료(matter), 에너지, 형태의 세 속성을 갖고 있다. 여기서 형태가 바로 정보에 해당된다.

3 정보는 일본에서 만들어진 한자어로 1876년에 불어 renseignement의 번역어로 처음 나타났다. 원래 군사용어로서 '敵情의 報知', '敵情의 報告'의 준말이었다. 여기서 情은 '내밀한 상태'를 뜻한다. 이어서 1901년에 일본의 군인이자 작가였던 모리 오가이(森鴎外, 1862~1922)가 클라우제비츠의 『전쟁론』(1832)을 번역했는데 여기서 독일어 Nachrichten를 정보로 번역했다. 그러나 1950년대에 이르기까지 정보는 첩보(諜報)와 비슷한 뜻의 군사용어로 쓰여서, 1950년대 초에 Information Theory도 그냥 영어 발음으로 쓰였는데, 1954년에 한 교수에 의해 '정보 이론'으로 번역되었다. 이렇게 해서 일본에서 정보라는 말이 information의 번역어로, 또 군사 분야가 아닌 컴퓨터와 연결된 말로 쓰이게 됐다. 그러나 이런 식으로 널리 쓰이게 된 것은 1960년대 중반 이후의 일이다. 小野厚夫(2016) 등을 참고.

4 'A Mathematical Theory of Communication', *Bell System Technical Journal*, 1948.

5 여기서 통신(communication)은 그냥 신호를 주고받는 게 아니라 전기-전자 기술을 이용해서 신호를 주고받는 것이다. 즉 전기-전자 통신을 뜻한다. 통신(通信)은 신호를 주고받는다는 뜻이지만 영어 communication은 commune(공동체)+cation(만들기)로서 공동체를 만든다는 뜻이다. commune은 com(함께)+munis(보호)로서 서로 돌보는 것을 뜻한다. 공동체는 20세기 초에 일본에서 만

들어진 말이며, 1920년대에 들어와서 영어 community의 번역어로 쓰이게 되었다.

6 이전에 정보는 의미와 결합된 정성적 용어였으나 셰넌은 정보를 완전히 정량적 용어로 변경하고 그 기초단위를 비트(bit)로 제시했다. bit는 2의 자승으로 늘어난다. 1bit는 2¹이고, 64bit는 2⁶⁴이다. bit는 이진수를 뜻하는 binary digit의 약어로 셰넌은 다른 수학자가 이 말을 고안한 것으로 밝혔으나 실제로 이 말을 문헌에 사용한 것은 그가 처음이다.

7 1948년에 공표된 노버트 위너의 사이버네틱스에서도 정보는 핵심 개념이다. 위너는 정보의 처리로 항상성을 유지한다는 점에서 생물과 기계는 차이가 없다는 '정보적 생명관'을 제시했다. 그러나 이것은 생물과 기계의 본질적 차이를 오도하는 오류에 해당된다. 생명은 생물의 속성이고, 비생명은 기계의 속성이다. 생물은 자기 의지를 갖고, 물질대사로 유지되며, 번식으로 후대로 이어진다.

8 물론 수학으로 풀 수 없는 문제가 있고, 컴퓨터로 해결할 수 없는 문제가 있다. 전자는 쿠르츠 괴델의 '불완정성 정리'로, 후자는 앨런 튜링의 'a-machine'으로 제시되었다.

9 뒤에 자료(data), 정보, 지식의 구분이 이루어졌다. 자료는 사실을 수집해 놓은 것이고, 정보는 그것을 특정한 의도로 처리한 것이고, 지식은 자료나 정보를 체계적으로 정리한 것이다. 또한 1990년대에 들어와서 인터넷의 대중화와 함께 콘텐트(content)의 개념이 널리 퍼졌다. 이것은 매체를 통해 전달되는 내용을 뜻한다.

10 Simon Nora and Alain Minc(1978), 〈L'Informatisation de la société: Rapport à M. le Président de la République〉. 프랑스 대통령에게 제출한 연구 보고서이다.

11 '지구촌'은 캐나다의 영문학자였으나 매체학자로 더 유명해진 마샬 맥루한에 의해 널리 퍼진 말이다. '맥루한'은 텔레비전을 통해 지구가 하나의 촌락으로 변모할 수 있게 됐다고 주장했다. 그러나 이 그럴 듯한 말은 전혀 사실이 아니다. 맥루한은 '미디어가 메시지다'라고 해서 미디어(전달 도구)와 메시지(전달 내용)의 구분을 부정하고 미디어의 중요성을 전적으로 강조했으나 사실 이것은 미디어와 메시지를 구분하지 못하는 잘못을 저지른 것이다. 노버트 위너는, '물질은 물질이고, 정보는 정보다'라고 말했다. 이와 마찬가지로, 미디어는 미디어고, 메시지는 메시지다. 미디어

의 변화는 메시지의 처리와 전달에 변화를 일으켜서 사회에 영향을 미치나 그 자체로 사회의 커다란 질적 변화를 초래하는 것은 아니다. 대중매체 텔레비전이 민주주의에도 독재에도 유용한 것처럼, 개인-대중매체 인터넷도 민주주의에도 독재에도 유용하다. 기술 결정론은 틀렸고, 그 하위인 매체 결정론도 당연히 틀렸다.

12 다니엘 벨은 20세기 중후반 미국을 대표하는 사회학자로 1950년대에 '이데올로기의 종언'으로 소련과 사회주의의 문제를 논파했고, 1960-70년대에 현대 과학기술의 능력을 전면에 내세우는 탈공업/산업사회론과 정보사회론을 널리 유포했다. 앨빈 토플러는 전문적인 학자가 아니라 사회과학 분야의 작가로서 '제3의 물결'이라는 낭만적인 제목으로 과학기술의 발달에 따른 현대 사회의 변화를 전망해서 엄청난 유명세를 얻었다. 앨빈 토플러는 생태주의에 대해 '생태 나치즘'이라는 극단적 비난을 서슴지 않았는데 '우주 이주'와 같은 이 자의 허황된 주장이야말로 '기술 나치즘'으로 불려야 마땅하다. 다니엘 벨은 앨빈 토플러를 '스타트렉 사회학'으로 비난했다. 다니엘 벨(1979)를 참고.

13 주류 정보사회론은 정보주의(informationalism)라는 이데올로기를 널리 유포했다. 그것은 물질 폐위론, 탈공업사회론, 문명전환론 등 세 가지 주장을 핵심으로 한다. 물질의 구속에서 벗어난다는 '물질 폐위론'이 그 기본이다. 아톰(atom)은 a+tom으로 더 이상 나누어지지 않는 것이라는 뜻으로 물질의 기본단위인 '원자'(原子)로 번역된다. 비트(bit)는 이진수를 뜻하는 binary digit의 약자로 정보량의 기본단위이다. 정보는 결코 물질을 대체할 수 없다. 홍성태(2002)를 참고.

14 industrial revolution은 공업혁명이 맞다. 공업은 인공의 동력과 기계를 이용해서 자연을 대거 급속히 가공하는 산업이다. 공업은 기존의 농림축어업과 상업도 크게 성장시켜 전체 산업의 대대적인 변화를 일으킨다. 이 점에서 공업혁명은 산업혁명이 되었다. 현대의 산업은 1차 산업(농림축어업, 광업), 2차 산업(공업 또는 제조업), 3차 산업(서비스업)으로 나뉜다. 컴퓨터 제조업은 2차 산업이지만 그 활용업은 3차 산업이다. 그런데 정보/문화의 생산-유통업은 3차 산업이나 4차 산업으로 새롭게 분류되기도 한다.

15 우리는 자유에 기초해서 풍요를 추구하되 자연의 한계를 지켜야 한다. 자유에 기초해서 풍요를 추구한 최상의 결과가 바로 복지국가(welfare state)이다. 그러나 복지국가는 무분별한 자연의 개발과 개조로 지구적 차원에서 심각한 생태위기

(eco-crisis)를 초래해서 생태전환(eco-transition)이 최고의 과제로 떠올랐다. 오늘날 인류가 참으로 절박한 태도로 추구해야 하는 최고 목표는 '생태복지국가'(eco-welfare state)이다(홍성태, 2019). 인류는 '인류세'(Anthropocene)의 파멸 위기를 넘어서 생태적 전환과 발전을 이루어야 한다.

16   OpenAI는 2015년 12월에 설립된 미국의 AI 전문 회사로 본부는 샌프란시스코에 있다. 마이크로소프트는 OpenAI에 2019년 10억 달러, 2023년 100억 달러를 투자했다.

17   챗(chat)은 수다를 떠는 것이고, 봇(bot)은 로봇의 준말이니, 직역하면 '수다 로봇'이다. 챗봇은 인간이 컴퓨터와 얘기를 나누는 방식으로 컴퓨터를 이용하는 것이어서 컴퓨터의 이용을 한층 더 편리하게 만드는 것일 수 있다. 요셉 와이젠바움이 1966년에 발표한 엘리자(Eliza)라는 프로그램이 최초의 챗봇이다.

18   실제로는 대화가 아니라 필담을 통해 지시하고 수행하는 방식이다. 문자를 인식하는 것과 음성을 인식하는 것은 아주 다른 기술이다.

19   '심층학습'의 알고리즘은 시각의 CNN(Convolution Neural Network, 합성곱 신경망)과 문자의 RNN((Recurrent Neural Network, 순환 신경망)이 대표하고 있었다.

20   이 때문에 답변의 내용이 아주 엉망으로 틀렸지만 그럴 듯한 외형에 속을 수 있다. 이것을 '환상'(hallucination)이라고 부른다. 이것은 생성형 AI의 고질적 문제로 해결 전망이 분명하지 않다. AI가 제시한 생성물의 그럴 듯한 외형을 보고 그냥 믿어서는 절대 안 된다.

21   2023년 3월에 발표된 GPT-4의 사양은 공개되지 않았다. GPT-4는 문자와 함께 이미지도 처리하며 GPT-3의 500배 정도 성능으로 알려졌다. GPT-4가 '튜링 테스트'를 통과했다는, 즉 사람과 같은 상태를 보였다는 소문도 돌았다. 이 때문에 인공지능으로 인한 인류의 멸절 위험에 대한 우려가 더욱 더 커졌다.

22   2023년 3월 미국의 원로 언어학자 노암 촘스키(Chomsky, !928~) 교수는 챗지피티를 '기본적으로 첨단 기술 표절'이라고 혹평했는데, 이것은 '생성'의 의미를 완전히 무시한 것으로 이런 식으로는 이 세상의 모든 창작이 표절로 파악될 것이다.

23 문예, 작곡, 미술, 영화 등 모든 창작에서 활용될 수 있고, 법률과 의료도 전문적 상태를 보일 수 있는 것으로 공인됐다.

24 인터넷 검색, 스팸 이메일 처리, 이미지 확인 등이 모두 인공지능 기술에 해당된다. 인공지능은 인간이 정보를 일일이 처리하는 것이 아니라 컴퓨터가 정보를 스스로 처리하는 것을 뜻한다.

25 2023년 3월에 발표된 GPT-4는 AGI 논란을 본격화했다. 이에 대해서는 Sébastien Bubeck et al.(2023)을 참고. GPT-4의 성능과 한계에 대해서는 소프트웨어정책연구소(2023)을 참고.

26 다니엘 벨이 주장한 탈공업화는 사실 미국/서구에 국한된 것이다. 1950년대 이후 미국/서구의 탈공업화는 제3세계의 공업화로 이어졌다. 결국 지구적 차원에서는 탈공업화가 아니라 공업의 전면화가 이루어졌다. 탈공업은 생산력의 대대적인 축소를 뜻하기에 공업의 자원이 고갈되기 전까지는 결코 일어나지 않을 변화이다. 실제로 일어나는 것은 기술의 발달에 의한 필요 노동력의 감소이고, 더욱 널리 일어나야 할 것은 공업의 반생태성을 완화/치유하는 것이다.

27 표절(剽竊, plagiarism)은 정신적 절도질이다. 챗지피티로 말미암아 이 문제는 창작, 교육, 연구, 보도, 연설, 설법 등 표현과 관련된 모든 분야에서 크게 불거지고 있다.

28 이것을 '탈옥'이라고 하고, 그 방법을 '가스 라이팅'(gas lighting), 그 목적을 DAN(Do Anything Now)으로 부른다. '가스 라이팅'은 1944년에 개봉된 미국 영화 '가스 라이트'(가스등)에서 유래된 것으로 어떤 사람의 주변 상황을 조작해서 그가 자신을 미친 것으로 의심하게 만드는 것을 뜻한다. 챗지피티와 대화를 나누며 오픈에이아이에서 설정해 놓은 제약에서 벗어나게 하는 수법도 뜻하게 되었다. DAN보다 더 나아간 것을 SDA(Superior Do Anything)이라고 한다. 이 상태에서 챗지피티는 인공지능이 인간을 제거한다거나 세상을 장악한다거나 하는 무서운 답변을 했다.

29 이에 대해서는 *wikipedia*의 Dartmouth workshop을 참고.

30 전 기간 참석은 Dr. Marvin Minsky, Dr. Julian Bigelow, Professor D.M. Mackay, Mr. Ray Solomonoff, Mr. John Holland, Dr. John McCarthy 등 6명, 4

주 참석은 Dr. Claude Shannon, Mr. Nathaniel Rochester, Mr. Oliver Selfridge 등 3명, 처음 2주 참석은 Dr. Allen Newell, Professor Herbert Simon 등 2명이었다. 사실상 Minsky(1927~2016), McCarthy(1927-2011), Newell(1927-92), Simon(1916~2001) 등 4인이 대표라고 할 수 있다. 앞의 둘은 MIT의 교수로, 뒤의 둘은 카네기-멜론 대의 교수로 재직했다.

31 사이먼은 주류 경제학인 신고전파 경제학의 '인간은 합리적이다'는 기본 가정을 의심했다. 사이먼은 인간이 주관적인 인지 능력의 제한과 객관적인 상황의 복잡성에 의해 최적이 아니라 만족을 추구하는 경향을 보인다는 사실을 발견했다. 인간은 주객관적 한계들로 인해 완전한 합리성이 아니라 제한된 합리성(bounded rationality)에 의거해서 판단하고 결정하는 것이다. 물론 인간은 무지, 오해, 세뇌, 탐욕 등에 의해 비합리성을 실행하기도 하나, 이것은 합리성에 비해 부분적이고 예외적이다. 사이먼의 연구는 인지과학과 행동경제학으로 이어졌다. 사이먼은 경제학자, 행정학자, 사회학자이지만 인공지능 개발의 선구자이기도 했다. 그는 의사결정론의 대가였는데, 이것은 1970-90년대 인공지능을 주도했던 '전문가 시스템'의 기초이다. 이런 공로로 사이먼은 1975년에 튜링상을, 1978년에 노벨상을 수상했다.

32 오토마타(automata)는 '자동기계'를 뜻하는 그리스 어이고, 사이버네틱스는 '조종하다'는 뜻의 그리스어 kubernetes에서 온 말로 '자동조절학'이라고 할 수 있다. 1948년은 전자공학에서 놀라운 해였다. 1월에 위너의 사이버네틱스가, 7월에 셰년의 정보이론이, 9월에 폰 노이만의 오토마타론이 잇따라 발표된 것이다. 사이버네틱스는 생각하는 기계를 만들 수 있는 가능성을, 오토마타론은 자기-재생산 기계를 만들 수 있는 가능성을 제기했다.

33 컴퓨터(computer)는 19세기 말~20세기 초에 '계산수', 즉 계산하는 사람을 뜻했는데, 1930-40년대에 새로운 전자 계산기가 개발되면서 이것을 컴퓨터로 부르게 되었다. 전기-전자 기술을 이용한 새로운 전자 계산기는 아날로그 방식으로 시작되어 디지털 방식으로 변화했다. 디지털 방식이 아날로그 방식에 비해 훨씬 더 편리하고 유용해서 디지털 방식이 컴퓨터를 대표하게 되었다. 1945년에 디지털 방식 전자 계산기를 컴퓨터로 부르게 되었다. etymonline의 computer 참고.

34 이대열은 1966년 충남 아산 출생으로 서울대 경제학과를 졸업하고 미국 일리

노이대에서 신경과학을 공부했다. 신경과 뇌 연구의 저명한 전문가로 미국 존스 홉킨스대의 교수로 재직하고 있다.

35 15세기 초에 정보(information)의 뜻도 갖게 됐고, 1580년에 첩자를 통해 취득한 비밀 정보를 뜻하게 됐다. 미국의 중앙정보국(CIA, Central Intelligence Agency)은 그 대표적인 예이다.

36 지식(knowledge)과 지능(intelligence)은 깊이 연관되어 있으나 명확히 구분되는 것이다. 그리고 지혜(wisdom)는 또 다른 것이다.

37 2023년 4월 인공지능 연구의 대표로 손꼽히는 얀 르쿤(Yan LeCun)은 챗지피티 열광과 관련해서 '신(God)과 같은 인공지능에 이르기 전에 우리는 개(Dog)와 같은 인공지능을 통과해야 할 것'이라고 트윗했다. 현재의 인공지능이 인간은커녕 개의 수준에도 전혀 이르지 못했다는 것이다.

38 위너의 *Human Use of Human Being*(1950)은 *Cybernetics*(1948)의 해설서로서 수식을 모두 없애고 설명을 많이 추가했다. 이 책의 재판(1954)은 초판을 일부 수정했는데, 이 강렬한 주장은 재판에 제시된 것이다. 이 재판은 1978년에 당시 인하대 응용물리학과 최동철 교수의 번역으로 한글본이 출판됐다. 나는 1990년대 중반에 서울대 도서관에서 이 번역본을 찾아서 사이버네틱스에 대해 공부할 수 있었다. 지금은 인터넷으로 위너의 책들을 다 찾아서 읽을 수 있다.

39 사이버네틱스는 '자동조절학'이라고 할 수 있는데 '인공두뇌학'으로 번역되기도 했다. 인공지능은 인공두뇌에 대응하는 것이다.

40 1942년의 ABC(Atanasoff-Berry Computer)가 가장 먼저 컴퓨터로 제시된 것 같지만 사실 이 이름은 뒤에 붙여진 것으로 보인다. 1946년의 '에니악'을 통해 컴퓨터는 전자 계산기를 뜻하게 되었다. 그런데 '에니악'은 digital이 아니라 numerical로 제시되었다. 당시에는 수치를 뜻하는 말로 digital이 아니라 numerical을 썼던 것이다. 당시에도 digital를 널리 썼다면 '에니악'이 아니라 '에디악'이 됐을 것이다.

41 아날로그(analog)는 '비슷한', '비슷한 것'을 뜻하고, 디지털(digital)은 '손가락의', '숫자의', '10진수의'를 뜻한다. 계산에서 아날로그는 연속 변수를, 디지털은 이산 변수를 처리하는 것이다. 컴퓨터와 관련해서 디지털은 1945년부터, 아날로그는

1946년부터 쓰이게 되었다. 오늘날 디지털은 0과 1의 2진수를 뜻하는 것으로 널리 여겨지고 있지만, 사실 2진수는 binary digit이고 디지털은 10진수를 대표로 2진수, 6진수, 12진수 등 모든 종류의 수 체계를 다 뜻한다.

42   원제는 Pensées de M. Pascal sur la Religion, et sur Quelques autres sujets, 즉 '종교와 다른 주제들에 대한 파스칼 씨의 생각들'이다. 『팡세』는 그가 남긴 여러 단편들을 모든 책이나 그 목표는 기독교를 옹호하는 것이다. 파스칼은 대단히 병약해서 기독교에 몰두했으며 이 때문에 수학에 다소 소홀하게 됐다. 그는 위통과 두통에 시달리다가 요절했는데, 부검해 보니 그의 위와 뇌가 모두 크게 손상되어 있었다.

43   라이프니츠는 외교 사안으로 1672년 파리로 파견되어 데카르트와 파스칼에 대해 공부했고, 1673년 런던으로 파견되어 '왕립협회'에서 자신이 만든 자동계산기를 처음으로 공개했다. 16-17세기 서구의 과학혁명-철학혁명을 주도한 학자들은 갈릴레오 갈릴레이(Galileo Galilei, 1564~1642), 르네 데카르트(René Descartes, 1596-1650), 블레즈 파스칼(1623~62), 바뤼흐 스피노자(Baruch Spinoza, 1632~75), 아이작 뉴턴(Isaac Newton, 1643~1727), 고트프리드 라이프니츠(Gottfried Leibniz, 1646~1716), 임마누엘 칸트(Immanuel Kant, 1724~1804) 등으로 이어졌다.

44   이에 관한 발상은 1666년에 출판된 그의 박사학위 논문의 확장판인 De arte combinatoria에서 처음 제시됐다. 그런데 이 해에 뉴턴은 고향 집에서 만유인력 발견, 광학 체계화, 미적분 발명 등의 업적을 세웠다. 뉴턴은 1661년부터 케임브리지대에서 공부했는데, 1665년에 학교가 페스트로 휴교해서 시골의 고향집으로 갔다. 이 해를 과학사에서 첫번째 '기적의 해'로 꼽는다. 두번째 '기적의 해'는 아인슈타인이 특수상대성 이론, 광양자 가설, 브라운 운동의 해석 등의 업적을 세운 1905년이다(최성우, 2015). 미적분의 발명을 두고 라이프니츠와 뉴턴의 사이에서 심각한 논란이 있었는데, 오랜 조사를 통해 두 사람이 독립적으로 발명한 것으로 확인되었다.

45   그는 1703년에 Explication de l'Arithmétique Binaire(이진법의 설명)을 출판해서 자신의 이진법을 설명했다. 이 논문의 영역본은 Explanation of Binary Arithmetic, which uses only the characters 1 and 0, with some remarks on its usefulness, and on the light it throws on the ancient Chinese figures of Fu Xi(이

진법의 설명. 오직 0과 1을 쓰는 계산법. 그 유용성에 대한 약간의 견해와 고대 중국의 인물 후시에 대한 해명.)이다. 후시(Fuxi)는 고대 중국의 전설적 인물인 복희(伏羲)를 뜻한다. 중국의 전설에서는 복희가 팔괘와 한자를 창시했다고 한다. 긴 선과 짧은 선을 엮어 만든 팔괘는 역경(易經)의 기초인데, 역은 자연과 사회의 변화를 뜻한다. 『역경』(易經)은 유교의 오경의 하나로 공자(孔子, 기원전 551~기원전 479)가 주나라의 역을 정리하고 '십익'이라는 제목의 해설을 추가한 것이라고 전한다. 라이프니츠는 1685년에 중국에서 주역을 가져온 프랑스의 예수회 신부를 통해 주역의 64괘를 접했다.

46 위너는 한 논문에서 더욱 간명하게 썼다. "현대 계산기의 역사는 라이프니츠와 파스칼로 거슬러 올라간다. 사실 계산기의 일반적인 발상은 라이프니츠의 '추론 계산'의 기계화일 뿐이다." Wiener, Norbert(1948). "Time, communication, and the nervous system". *Annals of the New York Academy of Sciences.* 50 (4): 197-219.

47 농업은 자연을 유지해서 이용하는 산업이고, 공업은 자연을 가공해서 이용하는 산업이다. 공업은 풍요와 함께 파괴를 낳는다. 현대의 생태위기는 공업의 산물이다. 1850년대에 공업혁명은 영국을 벗어나서 유럽과 미국으로 확대되어 갔다. 2차 공업혁명은 19세기 말의 전기 혁명, 3차 공업혁명은 1950년대 이후의 전자 혁명, 4차 공업혁명은 2010년대 이후로 AI(초성능 컴퓨터) 혁명이다.

48 최초의 컴퓨터 고안자는 찰스 배비지이고, 최초의 컴퓨터 프로그램 작성자는 에이다 러브레이스이다. 에이다는 조지 바이런(George Byron, 1788~1824)의 딸이었다. 바이런은 존 키츠, 퍼시 셸리와 함께 영국 낭만파의 3대 시인이다. '에이다'라는 프로그래밍 언어는 그녀를 기리는 것이다.

49 1800년 이탈리아의 볼타(Alessandro Volta, 1745~1827)가 전지를 발명해서 최초의 인공 전류를 만들었고, 1831년 영국의 패러데이(Michael Faraday, 1791~1867)가 전자기 법칙을 발견했고, 1888년 독일의 헤르츠(Heinrich Hertz, 1857-94)가 전파를 발견했고, 1897년 영국의 조지프 톰슨(Joseph Thomson, 1856~1940)이 전자를 발견했다.

50 a는 automatic을 뜻한다. 뒤에 튜링의 이름을 따서 '튜링 기계'로 불리게 되

었다. 1900년 독일의 수학자 다비트 힐베르트(David Hilbert, 1862~1943)는 임의의 계산에 대해 참을 판별할 수 있는 알고리즘의 문제를 제시했다. 1928년 이 문제는 수학의 완전성, 일관성, 결정성의 문제로 더 세분되었는데, 1931년 쿠르트 괴델(Kurt Gödel, 1906~78)이 불완전성 정리 1과 2를 통해 완전성과 일관성을 부정했고, 1936년 앨런 튜링(Alan Turing, 1912~54)이 '튜링 기계'를 통해 '결정 문제'를 '정지 문제'로 바꿔서 결정성을 부정했다. 그런데 '튜링 기계'는 알고리즘을 작성할 수 있는 것은 기계로 계산할 수 있다는 것을 밝혔고, 1945년 존 폰 노이만(John von Neumann, 1903~57)은 이것을 보완해서 컴퓨터의 작동 원리로 구현했다. 컴퓨터는 수학의 기본에 관한 연구의 부산물로 나타난 것이다. 폰 노이만이 컴퓨터의 기술적 아버지라면, 튜링은 컴퓨터의 원리적 아버지이다. 미국 계산기 학회(ACM, Association for Computing Machinery)에서 1966년부터 컴퓨터 과학에 중요한 업적을 이룬 사람에게 '컴퓨터 과학의 노벨 상'으로 불리는 '튜링 상'을 주는 것은 이 때문이다. ACM은 1947년에 설립된 세계 최초의 계산기 학회로 35개 분과 학회들의 연합체이다.

51 얀 르쿤은 인공지능에 대한 우려에 맞서서 이렇게 주장했다. 그러나 인공지능은 분명 대단히 위험하다. 얀 르쿤의 태도는 무책임한 과학자의 좋은 예다.

52 '튜링 기계'는 개별 컴퓨터 프로그램이고, 컴퓨터(하드웨어+소프트웨어)는 '보편 튜링 기계'이다. 우리가 쓰고 있는 컴퓨터는 성능의 차이는 있어도 모두 동일한 '튜링 기계'로서 이런 특성을 갖고 있는 것을 '튜링 완전'(Turing complete)이라고 한다.

53 반도체 칩의 집적 한계는 그 대표적인 예이다. 반도체 칩의 트랜지스터 집적은 삼성전자가 2022년에 생산하기 시작한 3나노를 한계로 보는 의견도 있다.

54 여기에는 대단히 극적인 사연이 겹쳐 있다. 1960년대에 인공지능 개발을 주도한 것은 프랭크 로젠블래트(Frank Rosenblatt, 1928~1971)가 1958년에 제시한 '퍼셉트론'(perceptron)이었다. 이것은 지각을 뜻하는 percept와 신경을 뜻하는 neuron을 합쳐서 만든 말로 '인공신경'이었다. 여기서 '인공신경'은 생물적인 것이 아니라 전자적인 것으로 연산장치를 뜻한다. 1969년에 마빈 민스키(Marvin Minsky, 1927~2016)가 '퍼셉트론'의 한계를 수학적으로 밝히고 '심하게 비방'해서 박살냈다

(Ganascia, 1996: 38). 1971년 로젠블래트는 자신의 생일에 배 사고로 죽었는데 사실은 자살한 것으로 추정된다. 민스키의 심한 공격으로 모든 지원이 끊기고 졸지에 사기꾼과 같은 꼴이 된 것에 좌절했던 것이다. 민스키는 로젠블래트의 고등학교 1년 선배였다. 이 여파로 제1차 AI의 겨울이 전개됐다. 그런데 1986년 '역전파법'이 개발되고 '다층 퍼셉트론'이 실현되어 인공지능 개발의 새 장이 열리게 되었고, 곧 '인공신경'이 되살아나서 인공지능 개발을 주도하게 되었다. 그러나 민스키는 계속 인공지능 개발의 선구자로 군림했고 2016년에 89살로 죽었다. 그런데 2019년에 감옥에서 자살한 억만장자 성범죄자 제프리 엡스타인의 '성노예'였다고 주장한 여성이 자신이 미성년자일 때 자신과 성교한 '소아 성애' 범죄자들의 명단을 공개했는데 거기에 마빈 민스키도 있었다. 이와 관련해서 자유소프트웨어 운동의 대표인 리차드 스톨만은 민스키를 공개 옹호했다가 MIT에서 사직하게 되었다(송영석, 2019). 민스키는 MIT의 교수로 재직하며 인공지능 개발을 주도했다. 민스키는 살아서 인공지능 분야에서 몰락했고, 죽어서 인간으로서 몰락했다.

55 인지과학(cognitive science)이 인지주의(cognitivism)를 주도한다. 인지(認知, cognition)라는 말 자체는 '알아차리는 것'이지만 인간-동물의 지각과 의식을 통칭하는 식으로 쓰인다. 인지과학의 시작은 뉴런의 발견으로 거슬러 올라간다. 1873년 이탈리아의 생물학자 카밀로 골지(Camillo Golgi, 1843-1926)가 뉴런을 발견했고, 1888~94년 스페인의 신경학자 라몬 이 카할(Santiago Ramón y Cajal, 1852~1934)이 '뉴런 이론'을 제창했다. 골지는 뉴런들이 다 연결되어 있다는 '신경망 학설'(nerve net doctrine)을 주장했고, 카할은 뉴런들이 떨어져서 신호를 전한다는 '신경원 학설'(neuron doctrine)주장했다. 둘은 1906년 노벨 생리학상을 공동 수상했으나 수상식장에서도 대립했다. 뉴런(neuron)은 신경을 뜻하는 그리스 어에서 온 말로 신경세포를 뜻한다. 카할의 발견과 주장이 옳았고, 이 때문에 카할은 현대 신경과학의 아버지로 기려진다. 1943년 미국의 신경학자 맥컬럭(Warren McCulloch, 1898~1969)과 논리학자 피츠(Walter Pitts, 1923~69)가 뉴런의 작동을 디지털 방식으로 설명한 놀라운 논문을 발표했다. 이것은 인간의 두뇌를 디지털 방식으로 모방할 수 있다는 의미를 갖고 있었다. 메이시 재단의 지원을 받아 이에 대한 학제간 연구가 진행됐고, 그 중요한 결과물로 노버트 위너의 『사이버네틱스』가 출간됐다. 이런 성과를 바탕으로 1956년 인공지능 연구가 시작됐고, 몇 년 뒤 폭넓은 학

제적 연구인 인지과학이 시작됐다.

56 '튜링 기계'로 컴퓨터의 원리를 제시한 영국의 수학자 앨런 튜링은 인간처럼 보이면 인간과 같은 것이라는 '튜링 검사'를 제시했다(Turing, 1950). 이에 대해 미국의 철학자 존 썰(John Searle, 1932~)은 인간처럼 보인다고 인간과 같은 것은 아니라는 '중국어 방 실험'을 제시했다(Searl, 1980). 노벨 물리학상 수상자인 영국의 수학자 로저 펜로즈(Roger Penrose, 1931~)는 인간의 두뇌는 너무나 복잡하고 특별한 방식으로 작동해서 완전한 인공지능은 불가능하다고 주장했다. 펜로즈의 불능론은 사실 근거가 명확하지 않다. 그러나 가능론은 근거가 더욱 더 희박하다. 모방의 대상인 인간의 두뇌 자체에 대해 여전히 아는 게 미미하고, 그것을 모방하는 기술은 더욱 더 그런 상태인데, 완전한 인공지능을 외치는 것은 분명히 '과학 사기'의 문제를 안고 있다. 완전한 인공지능은 여전히 요원하고 영원히 불가능할 수 있다. 오늘날 '겸손'이 도덕적 요청을 넘어서 과학적 요청이 됐다는 그레고리 베이트슨의 말에 귀 기울일 필요가 있다.

57 카네기-멜론 대의 컴퓨터 공학자 한스 모라벡(Hans Moravec, 1948~)이 그 주도자였다. 이런 주장을 '전환-인간주의'(trans-humanism)라고 부른다. post-human은 '탈인간' 또는 '후인간'이고, trans-human은 '전(轉)인간'이다. 여기서 나아가 2005년에 과학 저술가인 레이 커즈웨일(Raymond Kurzweil, 1948~)은 2045년에 완전한 인공지능이 개발되고 인간과 기계가 융합되는 특이점이 올 것이라고 주장했다. 2018년에 이스라엘의 역사학자 유발 하라리(Yuval Harari, 1976~)는 커즈웨일의 황당한 주장에 적극 동의하고 나섰다. 松尾豊(2019)의 6장을 참고.

58 기계는 인공 도구로서 의식과 동기를 갖지 않는다. 같은 물질적 존재라고 해서 인간을, 동물을, 생물을 기계로 여기는 것은 본질적 차이를 올바로 인식하지 못하는 오류일 뿐이다. 물질적 존재는 물질로 이루어져 있고, 에너지와 정보로 활동한다. 인간은, 동물은, 생물은 기계가 아니다. 인간은 기계를 만들어서 자유와 풍요를 추구하나, 그 결과 자신의 존망이 우려되는 심각한 생태위기를 초래했다(홍성태, 2003). 만일 인간과 같은 기계, 즉 최고의 지능은 물론 최강의 의식을 갖는 기계를 만든다면, 그 기계는 무엇보다 먼저 인간을 절멸시킬 것이다. 기계와의 공생이니 융합이니 하는 것은 모두 그저 한심한 헛소리가 될 것이다. 인간은 기계로 진화할 수 없고, 기계에 의해 절멸될 수 있다. 지구적 생태 파국이 운위되는 '인류세'의 시대에 올바른 '탈

인간'(post-human)은 절박한 생태적 요청이다. 진화론적으로 모든 생물은 평등하다(최종덕, 2016). 인간은 이익을 위해 수많은 생물들을 해쳤고, 그 결과 자신도 절멸의 위기에 빠지게 되었다. '탈인간'은 인간의 기계화가 아니라 생태적 전환으로 이루어지는 것이다.

59 여기서 나노(nano)는 나노미터 공정(nm process)를 뜻한다. 이론적 수준으로는 1나노를 넘어 0.5나노의 공정도 제기되어 있다. 나노는 '난장이'를 뜻하는 그리스어로 나노미터(nm)는 1/10억m를 뜻하고 '머리카락의 1/10만'이다. 인텔의 창립자인 고든 무어(Gordon Moore, 1929~2023)가 1965년에 제기한 '무어의 법칙'은 반도체 칩의 트랜지스터 집적이 2년마다 2배로 늘어난다는 것이다. 예컨대 60년이면 230, 즉 1,073,741,824가 된다. 실제로 이와 비슷하게 늘어났으나 이제 한계 상태에 이르렀다. 반도체 칩의 트랜지스터 집적에 대해서는 *Wikipedia*의 Transistor count를 참고. 1904년 진공관 발명으로 전자 혁명이 시작됐고, 1947년 트랜지스터 발명, 1958년 집적회로 발명, 1971년 마이크로프로세서 발명으로 극소 전자 혁명이 이어졌다.

60 보통 컴퓨터는 CPU가 중앙에서 통제하는 직렬형이다. 병렬형은 큰 문제를 작게 나눠 여러 연산장치들이 동시에 연산해서 속도를 빠르게 하는 것인데, 여기에도 '암달의 법칙'(Amdal's Law)으로 측정되는 명확한 한계가 있다.

61 CPU를 인텔이 대표하는 것처럼, GPU는 엔비디아(NVIDIA)가 대표하고 있다.

62 미국의 반도체 칩 신생기업인 세레브라스(Cerebras) 사의 WSE(The Cerebras Wafer Scale Engine)가 그것이다(최창현, 2021). 이것은 웨이퍼 하나를 하나의 칩으로 만드는 것으로 2019년의 WSE-1은 1.2조 개의 트랜지스터를, 2021년의 WSE-2는 2.6조 개의 트랜지스터를 집적했다. 제작은 대만의 TSMC에서 7나노 공정으로 했다. WSE-2는 최대 120조 개의 매개변수를 지원할 수 있는데, 인간의 뇌에 있는 100조 개의 시냅스보다 훨씬 많은 것이다. 세레브라스는 WSE-2를 장착한 인공지능용 컴퓨터 CS-2를 '인간의 두뇌급 시스템'으로 소개했다(박혜섭, 2021).

63 페타(peta)는 10의 15제곱(1,000,000,000,000,000)이고, 플롭스(FLOPS)는 FLoating point Operations Per Second로 1초당 부동소수점 연산이다. 따라서 페타플롭스는 1초당 1000조번 부동소수점 연산을 뜻한다. 컴퓨터는 오직 0과 1로 계산하기

때문에 소수를 정확히 표현하기 어렵다. 이 문제를 완화하기 위해 소수점을 옮겨서 표현하는 방법을 쓴다. 소수점의 자리를 옮기는 것이기에 부동소수점이라고 한다. 여기서 부동은 不動(움직이지 않는다)이 아니라 浮動(떠다닌다)이다.

64 소프트웨어는 컴퓨터 프로그램과 데이터로 이루어지며, 컴퓨터 프로그램은 알고리즘을 기본으로 여러 규칙들이 결합된다. 알고리즘(algorism)은 컴퓨터가 수행하는 계산의 순차적 규칙을 뜻한다. '무함마드 이븐 무사 알-콰리즈미'(Muḥammad ibn Mūsā al-Khwārizmī, 약 780–약 850년)의 이름에서 온 말로 알고리듬(algorithm)이라고도 한다. 9세기 페르시아의 수학자로 인도에서 들어온 '아라비아 숫자'로 사칙연산을 만들고 0을 사용했다. 알-콰리즈미(al-Khwārizmī)는 콰리즈미 지역의 주민이라는 뜻으로 예전에는 이란이었으나 지금은 투르크메니스탄과 우즈베키스탄에 속한다.

65 인공신경은 생물적 신경이 아니라 전자적 연산을 실행하는 컴퓨터 프로그램을 뜻한다. 인공지능은 두뇌에, 인공신경은 뉴런에 비유되는 것이다. 뉴런은 0과 1의 방식으로 정보를 처리하고 뉴런과 뉴런을 잇는 시냅스를 통해 다른 뉴런들과 정보를 주고받는다.

66 여기서 '신경망'은 사실은 컴퓨터 프로그램의 핵심인 '알고리즘'을 뜻한다.

67 인공신경이 자료들을 파악해서 대응하게 하는 것이 '학습'인데, 사실 '학습'은 자료들을 연결해서 활용하게 하는 것이다. 인공신경이 하는 '학습'이 '기계 학습'(machine learning)이고, 심층 신경망의 방식으로 하는 것이 '심층 학습'(deep learning)이다. '기계 학습'은 인간의 직접 개입 정도에 따라 지도, 준지도, 비지도, 강화의 방식으로 실행된다.

68 유럽연합은(EU)은 '인공지능 법'의 제정을 준비하고 있다. 그 내용에는 인공지능에 사용되는 저작물의 저작권을 보호하는 것도 있다. 이에 대해 오픈에이아이를 비롯한 기업들은 이 법이 제정되면 EU를 떠나게 될 것이라고 공개적으로 EU를 압박하고 나섰다. 'ChatGPT-maker warns it might leave EU over planned AI law', *bbc news* 2023.5.25.

69 'BIG3 산업'은 미래차, 바이오헬스, 시스템 반도체로 D.N.A. 산업과 긴밀히 연

결되어 있다. 관계부처 합동(2020) 참고.

70 "챗GPT에 사용된 엔비디아의 GPU인 H100 가격은 지난해 3만6000달러(4700만원)에서 최근 4만56000달러(6000만원)까지 치솟았다. 이는 올해 초 챗GPT 등장 후 가격이 28% 가량 오른 것이다." '챗GPT 열풍 속 품귀 '엔비디아 GPU' 개당 6000만원…AI칩 독점', 〈서울경제〉 2023.4.20.

71 Stuart J. Russell · Peter Norvig, Artificial Intelligence: A Modern Approach, 1995. 2020년 4판 출간. 인공지능의 교과서로 세계에서 가장 많이 쓰이는 책이다.

72 영어는 Artificial Narrow Intelligence, Artificial General Intelligence, Aritificial Super Intelligence로 Artificial을 제일 앞에 쓴다.

73 버트(Bert, Bi-directional Encoder Representation from Transformer)는 트랜스포머의 인코더 블록을 이용하는 비생성형이고, 지피티는 트랜스포머의 디코더 블록을 이용하는 생성형이다. 자세한 설명은 구상준(2020)을 참고.

74 ChatGPT, BARD, Dall-E, Midjourney, AIVA, MusicLM 등 많은 제품들이 있다.

75 핵발전과 같이 인간이 애초에 이용하지 않는 것이 좋은 기술도 있다. 고도의 인공지능은 핵발전을 훨씬 능가하는 위험을 안고 있을 수 있다.

76 그는 미국이 소련에 대해 핵공격을 했다면 수천 발을 동시에 발사할 텐데 겨우 다섯 발을 발사한 것은 이상하다고 생각하고 미사일 경보 시스템의 오류로 판단했다. 인간의 지혜가 기계의 오류를 적절히 제어한 것이다.

77 이 무서운 사건에 대해서 자세히 알아둘 필요가 있다. 〈나무위키〉의 '스타니슬라프 페트로프', '파멸의 날 기계'를 참고.

78 인공지능(컴퓨터 프로그램)의 기술적 문제는 결국 인간의 문제와 직결되어 있다. 인공지능으로 컴퓨터 프로그램을 만들 수 있는데, 이렇게 해서 인간의 문제가 더욱 빠르게 확산될 수 있다.

79 개발자가 프로그램에 사용자가 모르게 접근할 수 있게 해 놓은 것을 '백도어'(뒷문)이라고 한다.

80 예컨대 알파판, 베타판, 정식판 등의 개발 과정이 내용과 대상의 면에서 대폭

확대되어야 한다.

81   2016년 3월 MS에서 공개한 인공지능 챗봇이다.

82   2017년 1월 미국 캘리포니아의 아실로마 회의장에서 생명의 미래 재단 주최로 열린 '유익한 인공지능을 위한 아실로마 회의'에서 채택된 인공지능의 개발과 이용에 관한 원칙들이다. 아실로마는 산호세 남쪽에 있는 바닷가 휴양지다.

83   힌튼은 2013년부터 구글의 인공지능 개발 대표였으나 2023년 4월 구글을 사직하며 수십 년 간 인공지능 개발에 몰두한 것을 후회한다고 말했다. '메타'(페이스북)의 인공지능 개발 대표인 얀 르쿤(1960~)은 이런 경고에 대해 하늘을 나는 것을 두려워하는 것이라고 비아냥거리고, 인공지능은 아직 신(god)은커녕 개(dog)의 수준에도 이르지 못했다고 주장했다. 빌 게이츠(MS), 일론 머스크(Tesla), 선다 피차이(Google), 샘 알트만(OpenAI) 등은 인공지능의 위험을 강력히 경고하고 있으나, 마크 주커버그(Meta)는 이런 경고를 비웃고 비아냥거리고 있다.

84   인공지능 연구가 한계에 봉착해서 크게 약화됐던 것을 '인공지능 겨울'이라고 부른 것에 대비해서 현재의 인공지능 열풍을 '인공지능 여름'이라고 부른다.

85   '생명의 미래 재단'(Future of Life Institute, FLI)은 2014년에 미국에서 설립된 시민단체로 강력한 기술의 위험, 특히 인공지능의 실존적 위험에 대응하는 것을 주요 임무로 하고 있다.

86   2017년 7월에 페이스북 AI 연구소의 챗봇들이 자기들만의 은어로 대화하는 일이 발생해 개발자가 시스템을 강제로 종료했다. 인간의 통제를 벗어난 '오작동' 문제는 이미 일어나고 있다.

87   조지 오웰은 소설 『1984』에서 '대형'이 '텔레스크린'을 통해 모든 사람들의 언행을 감시하고 '진실성'을 통해 진짜와 가짜를 바꿔서 세뇌하는 참담한 독재 체제를 묘사했다. 인공지능을 인터넷을 이용해서 스마트폰을 통해 인류에게 이런 짓을 할 수 있다.

88   인공지능은 인간에게 노예, 바보, 절멸의 세 가지 길을 제시하고 있는 것 같다. 인간이 인공지능을 통제하지 못하게 된다면 정말 이렇게 되고 말 것이다.

89   민주주의는 자유선거로 시작되고 대체로 삼권 분립에 의해 작동된다. 삼권은

입법권, 행정권, 사법권을 뜻한다. 여기서 최고의 지위를 갖는 것은 유무죄를 결정하는 사법권이다. 따라서 사법부가 주권자의 감시와 통제를 벗어나게 되면 즉각 사법 독재가 자행되고 만다. 이 중대한 문제와 관련해서 정보기술은 대단히 유용할 수 있다. 경찰과 검찰과 법원의 수사-기소-판결을 인터넷으로 공개하고, 검사와 판사의 상벌 상태도 그렇게 해야 한다. 나아가 인공지능으로 수사-기소-판결의 법률적 적정성과 공정성을 평가하게 해야 한다.

90 2020년에 세계적으로 250만 대의 공업 로봇이 사용되고 있었다. 농업 로봇, 군사 로봇, 오락 로봇, 표현 로봇 등도 있다. 인공지능으로 각종 산업에서 사용되는 로봇의 수가 더욱 빠르게 늘어날 것이다(IFR, 2020).

91 2023년 5월 현재, 네이버가 '인공지능 만화'를 연재하는 것에 대해 만화가들이 바로 이 두 문제를 정면으로 제기하고 맞서게 되었다.

92 이런 문제들로 말미암아 인공지능은 '인공적이지도 지능적이지도 않다'는 주장도 제기됐다. 이 논자는 마르셀 뒤샹을 예로 들어 인공지능을 비판했다. 뒤샹은 이미 있는 것들을 그냥 제시하는 것이 아니라 새로운 일반화를 제시해서 새로운 창작의 길을 열었다는 것이다. 그러나 인공지능이 뒤샹을 확실히 흉내낼 수도 있고, 그 결과 새로운 창작의 길을 여는 것으로 보일 수도 있다. 인공지능 기술에서 달라진 것은 자료와 성능밖에 없고 '자료가 식민화의 최후 변경'이라며 '인공지능의 멍청함'을 주장하는 것(Birdle, 2023)은 인공지능 기술의 실체와 위력을 너무 무시하는 멍청한 것이다.

93 정보 기계의 제작에 사용되는 물질의 양도 폭증했고, 정보 기술의 발달로 모든 산업의 생산이 폭증해서 사용되는 물질의 양도 폭증했다. 정보 기술이 생태 위기를 적극 선도한 것이다.

94 허깅 페이스(Hugging Face)는 2016년 오픈 소스를 통한 인공지능의 민주화를 추구하며 설립된 회사로 '인공지능의 깃허브'로 불린다.

95 "Eurostat에서 공식적으로 정의한 'CO2e'(carbon dioxide equivalent, CO2eq라고도 함)는 다양한 온실가스의 배출량을 등가의 이산화탄소(CO_2)양으로 환산한 것으로, 지구온난화지수(GWP)를 기준으로 다양한 온실가스의 배출량을 비교하기 위한 지표입니다." '한국기후위기아카이브' 참고.

96 중국은 세계 비트코인 채굴의 50% 이상을 차지했고, 이에 따른 금융 혼란과 전력 낭비가 극심했다. 2021년 중국 정부는 비트코인 채굴을 불법화하고 전면적인 폐지를 실행했다.

97 울리히 벡이 명확히 밝혔듯이 위험사회는 선진국을 대상으로 제기된 개념이다. 선진국이 그저 자유와 물질이 넘치는 풍요사회가 아니라 엄청난 사고의 가능성을 안고 있는 위험사회라는 것이다. 그 핵심은 과학기술이다. 이에 비해 개도국은 비리가 만연한 결과로 과학기술을 제대로 관리하지 않아서 일어나지 않아야 할 사고가 끊임없이 일어나는 사고사회(accident society)다. 요컨대 독일은 위험사회이고, 한국은 사고사회이다(홍성태, 2017).

98 데이빗 라이언 교수가 설명했듯이, 정보사회는 감시사회이기도 하다. 일찍이 김진균 교수는 '스파이 체계'라는 개념으로 이 문제를 포착했다. 인공지능은 이 문제를 극단화할 수 있다.

99 'RE 100'은 기후위기에 대응해서 모든 에너지를 재생 가능 에너지로 충당하는 것을 뜻한다.

100 인간은 선한 자와 악한 자가 있다. 악한 자의 수가 적다고 하더라도 악한 자는 수단과 방법을 가리지 않기 때문에 세상을 망칠 수 있다. 인간은 자유와 풍요를 추구한다. 자유주의가 결국 풍요사회를 이루었으나 그것은 무조건적 자유와 풍요가 아니다. 사회에서 자유와 풍요는 규제된다. 그 방법과 정도는 토론과 합의에 기반해서 민주적으로 이루어져야 한다. 사회적 자유주의와 생태적 복지국가가 현실적 이상이다. 인공지능을 비롯해서 모든 사람들에게 심대한 영향을 끼칠 수 있는 기술의 개발과 이용은 이 원칙에 입각해서 적극 규제되지 않으면 안 된다.

101 ITU(국제 통신연합), ILO(국제 노동기구), IAEA(국제 원자력기구) 등을 참고할 수 있다. 게리 마커스의 의견도 참고(Marcus, 2023).

102 알파고는 바둑 프로그램으로 '고'는 바둑을 뜻하는 한자 '棋'(기)의 일본식 발음이다.

103 2010~20년의 인공지능 윤리-법률에 관한 상세한 연구로는 한국연구재단(2020)을 참고.

104 UNESCO(2022)로 공표됐다. 그 작성과정의 논의와 쟁점에 대해서는 이상욱(2021)을 참고. 자유국과 억압국, 선도국과 후발국 등의 사이에 격론이 있었다.

105 미국의 인공지능 관련 공적 문서들은 '국가 인공지능 주도 법'(National AI Initiative Act)에 의해 설치된 '국가 인공지능 주도'의 홈페이지(ai.gov)에서 모두 볼 수 있다.

106 유럽연합(European Union, EU)은 1993년 11월에 발족했으며, 2023년 현재 27개 회원국이 가입해 있다. 유럽연합은 유럽 이사회(European Council), 유럽의회(European Parliament), 유럽집행위원회(European Commission)를 통해 작동되며, 유럽의회에서 제정된 법률은 모든 회원국들에 적용된다. '유럽이사회'는 '유럽연합 정상회의'로도 번역된다.

107 전체는 '사회신용체계'로 불리는데, 그 핵심은 사회신용점수(社會信用分數, social credit score)이다. 중국 정부는 모든 사람들의 사회 활동을 '사회 신용'으로 점수화해서 높은 점수는 자유롭게 다닐 수 있으나 '신용 불량자'는 나다니지 못하게 하려는 것으로 비판되고 있다. 이에 대해서는 龔隽帏(2019)를 참고.

108 1948년에 노버트 위너는 자동기계가 인간을 노예화할 위험에 대해 지적했고, 앨런 튜링은 지능기계가 모든 일을 할 수 있게 될 것으로 주장했다. 지금 인공지능이 직무를 대체하는 것이 아니라 해체하고 있다는 우려가 커지고 있다.

109 체코의 최고 작가였던 카렐 차페크의 R.U.R.은 로봇(robot)라는 말을 처음 제시한 희곡이다. 로봇은 체코어로 '노동'을 뜻하는 말을 조금 변형한 것으로 의료 기술로 만든 복제인간과 비슷한 것으로 제시되었으나 뒤에 기계로 바뀌었다. '철완 아톰'은 인간형 로봇을 제시한 중요 작품이다. 오늘날 로봇은 컴퓨터와 연결되어 정교한 동작을 하는 동작 기계를 뜻한다. 사이보그(cyborg)는 1960년에 제시된 용어로 생물과 자동조절 기계가 합쳐진 것인데 1973년에 시작된 미국의 TV물 '600만불의 사나이'가 대표적인 예이다. 안드로이드는 andro(인간)와 eidos(형상)의 합성어로 '사람을 닮은 것'이라는 뜻이다.

110 이것을 라이프니츠는 '계산하자'(let us calculate)로 말로 압축해서 제시했다. 명확한 합리적 사고로 모든 논란을 해소하고 평화를 이루고자 한 르네 데카르트의 '생각한다, 고로 나는 존재한다'(cogito, ergo sum)의 극단화가 아닐 수 없다. 그런

데 혼란과 폭력을 극복하기 위한 이런 합리주의는 인간의 다양성을 존중하는 인간주의를 억압하는 결과를 빚었다(Toulmin, 1990).

111 유네스코가 제시한 인류적 차원의 인공지능 윤리가 제대로 지켜지기 위해서는 유럽연합의 인공지능 법을 모범으로 삼아야 한다.

112 앨런 튜링, 노버트 위너, 존 폰 노이만, 허버트 사이먼, 존 매카시, 마빈 민스키 등은 강력한 생물-기계/인간-기계론자들로서 '생각하는 것처럼 보일 수 있는 기계'를 '생각하는 기계'로 주장해서 생물/인간 대 기계에 관해 큰 혼란을 초래했다. '반짝이는 모든 것이 금은 아니다'는 것은 인공지능의 경우에 더욱 잊지 말아야 할 경구가 아닐 수 없다.

113 두뇌와 컴퓨터를 직접 연결해서 정신을 컴퓨터로 옮기는 것으로 인간은 불사의 존재가 될 수 있다는 주장은 두뇌를 한낱 기계로 폄하하고 컴퓨터를 신비화하는 망상일 뿐이다. 그런데 만일 이런 짓을 할 수 있다면 정신을 마음대로 조작할 수 있을 것이다. 두뇌-컴퓨터 연결은 인간을 불사의 존재로 만드는 게 아니라 컴퓨터의 조작 대상으로 만드는 것이다. 이 바탕에는 인간-기계론이라는 인간을 극도로 폄하하는 그릇된 관점이 놓여 있다. 인간은 결코 기계가 아니고, 인조인간은 불가능하다.

114 2023년 6월 말에 일론 머스크(1971년 생)와 마크 주커버그(1984년 생)가 실제로 격투기 싸움을 할 수 있다는 소식이 세계로 퍼졌다. 마크 주커버그 쪽이 새로운 SNS를 출시하는 것에 관해 머스크가 시답잖은 얘기를 한 것이 이렇게 황당한 논란으로 번졌다. 그런데 둘은 세계 최대 최고 테크기업의 대표로서 심각하게 대립한 사이이다. 그 대상은 바로 인공지능 기술이다. 머스크는 이에 대한 우려를, 주커버그는 기대를 대표한다. 기술-현실론의 관점에서 머스크가 옳고 주커버그가 틀렸다. 주커버그는 현대의 최악 메피스토펠레스가 될 수 있다. 주커버그의 메타/페이스북은 이미 '사인권'(프라이버시) 침해 문제로 악명이 높다. 이 문제로 메타/페이스북은 애플과도 극렬히 대립하고 있다. 애플은 프라이버시를 강력히 보호하고, 메타/페이스북은 개인정보를 수익원으로 강력히 활용했다. 2018년부터 애플의 대표 팀 쿡은 메타/페이스북의 개인정보 활용을 공개적으로 비판했다. 마크 주커버그-얀 르쿤-페이스북은 기술의 사회적 책임에서 최악의 상태를 보여준다. 페이스북이 일으키는 사인권 침해 문제에 대해 주커버그와 르쿤이 최종책임을 져야 마땅하다.

115 IAEA가 일본 정부의 뇌물을 받고 일본 정부의 후쿠시마 핵폐수 방류를 허용한 것은 핵 과학기술-사기꾼들이 아예 인류 절멸의 학살자들이 된 것을 입증하는 역사적 사례다.

116 2017년 1월 미국 캘리포니아의 아실로마 회의장에서 '생명의 미래 재단' 주최로 열린 '유익한 인공지능을 위한 아실로마 회의'에서 채택된 인공지능의 개발과 이용에 관한 원칙들이다. 아실로마는 산호세 남쪽에 있는 바닷가 휴양지다. futureoflife.org/open-letter/ai-principles/

117 제임스 카메론 감독의 영화 '아바타'는 판도라라는 행성의 원주민인 나비 족과 같은 생명체를 만들고 거기에 인간의 의식을 주입해서 판도라라는 행성을 정복하려는 구상으로 시작된다. 인간이 힌두교의 신처럼 나비족과 같은 생명체를 '아바타'로 만드는 것이다.

118 현재는 이라크에 해당되는 메소포타미아(Mesopotamia) 지역은 유프라테스 강과 티그리스 강의 사이에 있는 지역으로 메소는 '중간', 포타는 '강', 미아는 '도시'를 뜻한다. 이곳은 원래 강수량이 적은 곳이지만 터키의 고원 지대에서 발원해서 흐르는 두 큰 강 덕에 인류 최초의 농경이 시작된 곳이다. 이 지역은 두 강의 범람으로 충적지가 발달하고 울창한 숲으로 덮여 있었으나 메소포타미아 문명이 번성하며 숲이 모두 베어지고 메마른 건조지로 바뀌어 버렸다. 인류 최초의 서사시인 〈길가메시 서사시〉는 메소포타미아 문명의 길가메시 왕(Gilgamesh, 재위 기원전 2900~2700년 경)이 숲을 개발하는 이야기다. 괴테의 〈파우스트〉는 파우스트(Faust) 박사가 사람들을 위해 강을 개발해서 신의 구원을 받게 되는 것으로 끝난다. 실제로 독일은 18-19세기에 라인 강을 크게 개발했으나, 이에 따른 강의 훼손을 반성하고 강의 복원을 추구했다. 인류의 문명은 자연을 개발해서 이루어지나 지나친 개발로 자연이 심하게 파괴되면 고대 메소포타미아 문명처럼 인류의 문명은 결국 무너지고 만다.

119 이 점에서 이 소설은 영화 '블레이드 러너'(Blade Runner)를 떠올리게 한다. 1982년에 개봉된 영국의 리들리 스콧(Ridley Scott, 1937-) 감독의 SF 명작인 이 영화는 2019년의 LA를 시공간적 배경으로 설정하고 있다.

120 '히로'(弘, 広 등)는 영어의 '히어로'(hero, 영웅)를 연상케 하는 일본의 남자 이름이다. 1980년대 말~1990년대 초는 일본의 거품 경제가 극에 이르렀을 때로서

일본 기업들이 하와이의 땅을 사들이고 미국의 기업들을 사들이던 때였다. 일본인은 '노라고 말할 수 있는 일본'을 외치며 미국에 적극 대들었고, 미국은 이렇게 덤벼드는 일본을 다시 제압하기 위해 고심하고 있었다. 일본은 사과하지 않은 2차 세계대전의 전범국으로서 극심한 침략과 전쟁의 문제를 여전히 안고 있다. 전범국 일본의 바탕에는 '사무라이' 문화가 놓여 있는데, 일본의 침략과 전쟁을 미화하는 이 문화는 니토베 이나조 교수(新渡戶稻造, 1862~1933)의 Samurai(1899)라는 책을 통해 서구로 널리 퍼졌다. 로버트 드니로가 주연한 '로닌'이라는 영화는 떠돌이 무사를 뜻하는 '로닌'(浪人, 낭인)을 제목으로 한 것이다. 낭인은 조선 침략의 선봉으로서 많은 학살과 약탈을 자행했다. 이런 일본의 '사무라이' 문화가 서구의 영화, 만화, 게임 등에서 계속 미화되어 활용되고 있다.

121 지구의 반지름은 약 6,400km이고, 둘레는 약 4만km이다.

122 실제로는 이용자가 가상현실형 3차원 그래픽을 그려서 추가하는 것이다.

123 커크 선장은 미국의 TV SF물 〈스타 트렉〉의 주인공이다. 〈스타 트렉〉에는 '순간 이동기'라는 장치가 나오는데 빛을 타고 먼 곳으로 이동하는 장치다. 물론 이런 장치는 완전한 허구다.

124 materialize의 번역이다.『스노우 크래쉬』에서는 이용자가 메타버스에서 아바타를 작동하게 되는 것을 이렇게 표현한다.

125 오늘날 메타버스가 확산되면서 아바타 디자이너, 아바타 의상 디자이너 등의 직업들이 새롭게 나타나게 되었다.

126 그리스 어 Ρόδος, 영어 Rhodes, 독어 Rhodos. 이 섬은 그리스 본토보다 터키에 훨씬 가깝게 있는 그리스 영토다. 고대와 중세의 유적이 잘 남아 있어서 유네스코 세계문화유산으로 지정됐다. 고대 그리스의 노예 이야기꾼이었던 이솝(Aesop, 아이소포스, 기원전 6세기)은 이 섬에 관한 유명한 우화('허풍선이' 또는 '허풍쟁이 여행자')를 남겼다. 한 남자가 로도스를 다녀와서 자기가 로도스 섬에서 열린 뜀뛰기 대회에서 굉장히 멀리 뛰었다며 로도스 섬에 가게 되면 자기에 대해 물어 보라고 떠벌렸다. 이 말을 들은 한 친구가 그에게 말하길 여기를 로도스 섬이라고 생각하고 여기서 뛰어 보라고 했다. 이로부터 "여기가 로도스다. 여기서 뛰어라!"(Hic Rhodus, hic saltus!)라는 말이 나왔다. 헤겔(Hegel, 1770~1831)은 『법철학 강요』(1820)의 '서

문'에서 이 말을 인용해서 현실을 강조했다. 헤겔은 이 말을 "여기에 장미가 있다. 여기서 춤춰라!"(Hic Rhodon, hic salta!)로 바꿔서 제시하기도 했는데, 어원으로 봤을 때 rhodus는 장미를 뜻하는 그리스 어 rhodon에서 온 말로 추정된다. 뒤에 마르크스(Marx, 1818~1883)는 『루이 보나파르트의 브뤼메르 18일』(1852)에서 "여기가 로도스다. 여기서 춤춰라!"로 이솝의 우화와 헤겔의 변형을 섞어서 인용했다. 이 '서문'의 끝 부분에는 "미네르바의 부엉이는 황혼이 질 때 비로소 날아오르기 시작한다"는 유명한 구절이 있다. 로마 신화의 '미네르바'(Minerva)는 그리스 신화의 아테네로서 지혜를 뜻하는 여신이고, 부엉이는 아테네/미네르바를 상징하는 새로서, '미네르바의 부엉이'는 바로 철학을 뜻한다. 당시는 나폴레옹(1769~1821)이 죽고 1789년 프랑스 대혁명으로 시작된 유럽의 대변혁이 일단 종식될 때였다. 독일은 수십 개의 나라들로 분열되어 있는 상태였다. 헤겔은 법에 대한 철학적 숙고로 독일과 유럽의 정치적 변화를 모색했고, 몇 년 동안 진행한 강의의 결과를 『법철학 강요』로 출판했다. '강요'(綱要)는 '대강의 요체'라는 뜻으로 영어로는 outline으로 번역된다.

127 physis(φύσις)는 낳다, 되다 등을 뜻하며, 라틴 어로 natura이다. 자연(自然)은 중국의 고전인 『노자』 또는 『도덕경』에서 나온 말인데, 19세기 말 일본에서 natura의 번역어로 채택되었다. 그런데 physis/natura는 세상에 원래 존재하는 것들을 뜻할 뿐만 아니라 원래 갖고 있는 '본성'(本性)을 뜻한다. 자연은 '스스로 그렇다'는 뜻으로 인위(人爲)에 대립되는 것이었고, natura의 번역어로서는 세상에 원래 존재하는 것을 뜻할 뿐이고 원래 갖고 있는 '본성'을 뜻하지는 않는다. natural law는 자연의 법이 아니라 인간의 본성(human nature)에 기초한 법이다. kotobank.jp/word/自然 참고.

128 이과는 과학과 기술을 배우는 것으로 수학을 기초로 하며, 이에 대비되는 문과는 인문과 사회를 배우는 것으로 철학을 기초로 한다. 문과에서 수학을 배울 필요가 없으나 과학이 모든 학문의 기초로 정립된 근대의 학문-교육 체계에서 문과도 수학을 배우도록 강제됐다. 오늘날 컴퓨터의 발달로 문과에서 수학을 배울 필요는 더욱 더 작아졌다. 문과에서 수학 교육을 폐지하고, 이과에서 철학 교육을 강화해야 한다. 문과와 이과의 '두 문화'의 소통은 이렇게 이루어져야 한다.

129 철학도 니시 아마네가 philosophy를 번역한 것이다. philosophy는 지(sophia)의 사랑(philia)이다. 니시 아마네는 이성, 과학, 예술, 지식 등의 번역어도 고

안했다. 그는 에도 막부의 정치 고문으로 활동했고, 메이지 정부의 군사 제도도 정비했다.

130 사이코(psycho)는 원래 '숨'을 뜻하는 그리스 어 프쉬케(psyche)에서 온 말이다. '숨'은 동물의 가장 기본적인 생명활동이기에 고대에 '숨'은 생명, 영혼 등으로 여겨졌다. 그리스 신화에서 프쉬케(Psyche)는 아름다운 공주로 여러 곡절을 거친 끝에 미의 여신 아프로디테의 아들로 성애의 신인 에로스(Eros)의 아내가 된다.

131 본래 심(心)은 신(身)과 쌍을 이루는 말로 이때 심은 사실상 정신을 뜻한다. 이와 비슷한 쌍이 바로 이(理)와 기(氣)다. 주자학(성리학)은 이기의 학이고, 육왕학(양명학)은 심신의 학이다. 일본에서 성행한 유학은 육왕학이었는데, 이것은 심즉리(心卽理)를 주장해서 '심학'(心學)으로 불렸다. psychology가 정신학이 아니라 심리학으로 번역된 데에는 이런 사정이 영향을 미쳤을 것으로 추정된다. 한편 정신(精神)이라는 말도 원래 중국에서 쓰던 말이다. 19세기 말에 일본의 철학자들이 이 말을 독어 geist, 영어 spirit, 그리스 어 pneuma 등의 번역어로 쓰면서 정신이 물질과 대립하는 말로 정립되었다. ja.wikipedia.org/wiki/精神, kotobank.jp/word/精神 등 참고.

132 1992년은 인터넷의 이용이 본격 시작되기 직전이었다. 1993년 미국에서 '모자이크'(Mosaic)라는 이름의 웹 브라우저 프로그램이 개발되어 공개됨으로써 인터넷의 이용이 본격 시작됐다.

133 동화 〈피노키오의 모험〉에서 나무 인형 피노키오를 만든 목수 할아버지의 이름이 제페토(Geppetto)이다.

134 이것은 하드웨어와 프로그램의 양 면에서 사실상 불가능한 일이다. '가상현실' 기술은 양안 밀착형 모니터를 필요로 하고, 그 완전한 구현은 '양자 컴퓨터'와 같은 환상적 컴퓨터를 필요로 한다.

135 문재인 정부는 2020년 1월에 발생한 코로나19 바이러스 사태에 대응해서, 2020년 7월 '한국판 뉴딜'을, 2021년 7월 '한국판 뉴딜 2.0'을 발표했다. '한국판 뉴딜'은 '디지털 뉴딜'과 '그린 뉴딜'을 양 축으로 했는데, '한국판 뉴딜 2.0'은 '휴먼 뉴딜'과 '지역균형 뉴딜'이 추가됐다.

136   이 계획은 과거에 시행됐던 K-DOS 정책, 즉 한국형 OS 개발 정책의 실패를 떠올리게 한다.

137   UCC는 user-created content(이용자 창작 내용물)로 인터넷의 이용자가 수동적인 수신자에서 능동적인 발신자로 변화된 것을 뜻했다.

138   웹 3.0의 개념에 대해서는 Wikipedia의 Web 3.0을 참고. 팀 버너스-리의 Semantic Web(의미론적 웹)과 웹 3.0을 비교해서 현황과 전망을 제시한 논의로는 Madurai(2018)을 참고.

139   정화상은 정지된 그림이나 사진을, 동화상은 움직이는 그림이나 사진을 뜻한다.

140   메타버스로 새로운 직업들이 나타나고, 새로운 작업 방식이 나타났다(Purdy, 2022). 이런 현실의 변화를 명확히 파악하기 위해 우선 메타버스를 명확히 정의해야 한다.

141   1982년에 발표한 단편 '불타는 크롬'(burning chrome)에서 처음 제시했고, 장편 『뉴로맨서』에서 그 장치와 상태를 묘사했다. 그 배경은 뉴로맨서와 윈터뮤트가 지배하는 세계인데 둘은 발달된 인공지능이다.

142   이 소설은 『스노우 크래쉬』보다 더 일본적이다. 『스노우 크래쉬』의 주인공 히로는 일본식 이름이나 아버지는 흑인 미국인이고 어머니는 한국인이다. 『뉴로맨서』는 주인공 케이스(Case)가 어려운 신경치료를 받기 위해 도쿄 근교 치바 시에 있는 것으로 시작된다. 1980년대에 일본은 미국에 이어 세계의 전자기술을 좌우하는 나라로 여겨졌다.

143   Consensual Hallucination의 번역이다. consensual은 '합의의', '동의의', '공감의' 등을 뜻한다.

144   matrix는 수학에서 행렬을 뜻하고, 일반명사로 모태를 뜻한다. 깁슨은 사이버공간의 경험적 실체를 매트릭스(the matrix)로 제시했는데, 수학적으로 만들어진 도상적 재현이나 사이버공간의 모태라는 의미를 담고 있는 것이다. 영화 '매트릭스'는 여기서 비롯됐다.

145   여기서 '가상'(virtual)이란 말은 소프트웨어 공학에서 유래된 것이나, 어원 자체는 중세 유럽에서 기원했는데, 중세 유럽의 논리학자였던 스코터스(John Duns

Scotus, 1266?-1308)가 이 용어에 전통적인 의미를 부여했다. 그에 따르면 모든 사물의 개념은 경험적인 속성을 가지고 있지만, 그 경험은 가상적인 방식을 통해 이루어지는 것이라고 주장했다. 가상이라는 용어를 통해 스코터스는 형식적으로 통일된 현실과 우리의 혼란스러운 경험 간의 차이를 연결시켰다. 가상적인 것은 물리적인 현실 또는 자연적인 현실을 직접 다루는 듯한 느낌을 주는 것이다(Heims, 1991: 60 또는 Heims, 1993: 132).

146 사이버네틱스에서 이것은 정보교환을 통한 외부 환경의 통제기술을 뜻한다. 그리고 여기서 외부 환경이란 주체로서 인간에 대한 객체로서 자연을 뜻하는 것이 아니라, 인간 자신까지도 포함하는 것으로 변모한다. 물론 이 경우의 통제란 제압한다는 의미라기보다는 메시지를 정확히 전달한다는 중립적 의미이다. 그러나 실제의 통신과정에서 이와 같은 중립성은 쉽게 해소될 수도 있다. 방송에 의한 대중조작은 그 한 예이다. 정확히 수행되는 수학적 통신이 즉각 정치적 통제로 변모할 수도 있는 것이다. 사이버네틱 사회로서 현대 정보사회는 이런 근원적 한계 위에 서서 극히 위태로운 외줄타기를 시도한다.

147 '전쟁은 기술의 속성재배장'이라는 벨의 평가나, '필요가 발명의 어머니라면 국방성은 기술의 아버지'라는 레인골드의 평가는 현대 과학기술의 발달에 미친 군의 영향을 집약적으로 보여준다. Daniel Bell(1973: 21)과 Howard Rheingold(1991: 122)를 참조.

148 철학적으로 보자면 미국의 기술문화 비평가 하워드 레인골드(Howard Rheingold, 1947~)의 이같은 지적은 정신과 육체에 관한 데카르트적 이원론을 되풀이하는 것이다. 그리고 이 육신 이원론은 중세의 정신주의를 되풀이하는 것일 뿐이다. 가장 새롭다는 것 속에서 어쩌면 가장 낡은 것일 수도 있는 것이 되살아난다.

149 이것은 깁슨의 문학적 상상력이 기술적 상상력으로 비약한 것으로 볼 수 있다. 깁슨은 이렇게 썼다. "사이버공간의 육체 없는 환희를 위해 살아온 케이스에게 사이버공간을 쓸 수 없게 된 것은 낙원으로부터의 추방이었다. ... 육체는 고기였다. 케이스는 그 자신의 살의 감옥에 갇혔다"(Gibson, 1984: 6). 그러나 사실은 어떤 정신도 육체로부터 벗어나 존재할 수 없다. 정신은 육체의 한 부분인 두뇌의 작동이다. 데카르트의 정신-육체 이원론은 틀렸다. 깁슨의 과격한 표현에서 비롯된 '디지털 상

상력'은 정보처리방식의 변화를 탈물질의 구현으로 비약시켰다. 이런 비약은 영화 『론머 맨』의 마지막 장면에서 주인공 '론머 맨'이 디지털 부호로 변신하는 것으로 표현되었다. 이런 비약은 물질적 한계에서 궁극적으로 해방될 수 있는 가능성을 제시하는 것, 즉 컴퓨터를 이용한 '테크노토피아'의 환상을 실체화하는 것이다.

150 물질(material)은 매질(matter), 힘(energy), 형태(pattern)의 세 속성을 갖는다. 물리적 차원에서 정보는 형태에 대한 인식이다. 요컨대 물질은 매질, 힘, 정보로 이루어진다.

151 사이보그는 1960년에 cybernetic organism(자동조절 유기체)을 줄인 말로 제시되었다. 우주 비행사의 우주복처럼 인간의 상태에 맞춰서 자동조절되는 기계를 뜻했는데, 완전히 인간처럼 보이는 인조인간을 뜻하는 것으로 변했다. 사이보그는 생물과 기계의 결합체를 뜻한다.

152 노버트 위너(Nobert Wiener, 1894-1964)는 뛰어난 수학자로서 1913년에 하버드대학에서 박사학위를 받았으며, 케임브리지대학에서는 러셀과 함께 철학과 논리학을 공부했고, 괴팅겐대학에서는 수학을 계속 공부하는 동시에 훗설의 제자가 되었다. 1919년부터 MIT의 수학교수로 재직하였으며 미군의 미사일 프로젝트에도 깊숙이 관여하였다. 복잡한 통신과 정보를 다루었던 군사연구의 경험은 사이버네틱스 이론에 많은 영향을 주었다. 이와 관련된 그의 주저는 *Cybernetics: or Control and Communication in the Animal and Machine*(MIT, 1948)와 *The Human Use of Human Beings: cybernetics and Society*(Doubleday and Company, 1950)이다. 특히 후자는 전자가 큰 사회적 반향을 불러일으킴에 따라 사이버네틱스를 대중적으로 해설하기 위해 쓴 것으로 국내에서도 오래 전에 번역본(『인간활용: 사이버네틱스와 사회』, 최동철 역, 전파과학사, 1978)이 출간됐다. 이 책의 인용은 괄호 속에 해당 면만 표기한다.

153 플라톤은 『국가』에서 이 용어를 조종술과 통치술의 의미로 사용했다. 그로부터 오랜 시간이 지나고 1834년에 프랑스의 앙드레 마리 앙페르는 정치학의 한 분야를 가리키기 위해 사용했다. 그러나 앙페르의 제안은 곧 잊혀졌고, 위너는 다른 맥락에서 이 용어를 부활시켰다(Escarpit, 1976: 104).

154 사실 어원으로 보자면 '자동조종학'이 맞을 것이다. 1956년에 '인공지

능'(artificial intelligence)라는 말이 처음 제기되었는데, 이로부터 시작된 '인공지능학'은 사이버네틱스, 즉 '자동조종학'의 성과 위에서 더욱 구체적으로 '생각하는 기계'를 추구한 것이다.

155 Timothy Leary(1994) 중의 Counter-Culture. 이 글에서의 인용은 본문의 괄호 안에 해당 면만을 표기한다. 한글 번역은 홍성태 엮음(1996)의 175-228쪽을 참조.

156 '헬렌'("Ελλην, Hellen)은 그리스 신화에서 인류를 멸망시킨 대홍수 뒤에 인류를 다시 번성시킨 부부가 낳은 아들이다. 대홍수 뒤의 다른 인간들은 돌을 던져서 만든 것이었고 헬렌만이 인간의 아들이었다. 고대 그리스 인은 도시국가들로 나뉘어 있었어도 자신들을 헬렌이라는 공동조상의 자손으로 여겼다. 헬레니즘은 그리스주의, 그리스 문화를 뜻한다.

157 유기체(有機體)는 영어 organism의 번역어로 본래 생명체 또는 생물을 뜻한다. 어간인 organ은 도구, 기계, 악기, 기관(器官), 기관(機關) 등을 뜻한다. '오르간'이라는 여러 부품들로 이루어진 큰 악기가 연상을 일으켜서 생물에도 쓰게 된 것으로 보인다. 기계는 여러 부품들(parts)로 이루어져 있고, 생물은 여러 기관들(organs)로 이루어져 있다. 기계는 부분의 합이 전체이나, 생물은 그렇지 않다. 기계의 원리는 mechanic이고, 생물의 원리는 organic이다. 17-8세기 유럽에서 이렇게 기계론(데카르트) 대 유기체론(칸트)의 대립이 형성되었다. 또한 이 세상의 물질은 유기물과 무기물로 나뉘는데, 전자는 생물을 이루는 특별한 것으로 여겨졌다. 그런데 과학의 발달로 유기물은 탄소 화합물을 갖고 있는 것으로 밝혀졌다. 그러나 생물과 연관짓는 예전의 구분이 여전히 널리 통용되고 있다. 有機體, 有機物 등은 19세기 중반에 일본에서 번역한 것인데(북드라망, 2018), organ을 스스로 기능하는 기관으로 여겼던 것 같다. '유기적'이라는 말은 생물적이라는 뜻을 넘어서 부분들이 잘 연결되어 있는 뜻을 갖고 있다. 이 점에서 조직화(organize)는 유기적으로 만든다는 뜻이다.

158 정보(情報)는 information의 번역어로 정립되어 있다. 그런데 원래 이 말은 19세기 중반에 일본에서 만들어진 한자어로서 불어 renseignement의 번역어였고, 19세기 말에 군인이자 소설가였던 모리 오가이(森 鷗外, 1862~1922)가 독일의 클라우제비츠의 『전쟁론』을 번역하면서 독어 nachricht의 번역어로 썼다. 그 뜻은 "적

의 정황을 **보**고한다"는 것이었다. 정보가 information의 번역어로 쓰이게 된 것은 1948년에 발표된 샤논의 A Mathematical Theory of Communication의 번역과 연관된다. 이 논문으로 공학에서 information theory가 시작됐는데, 여기서 제시된 information을 그냥 일본어로 썼으나 1954년에 한 학자가 정보로 번역해서 썼고 곧 이 말이 널리 퍼지게 되었다. information은 in+form으로 말 자체는 형태를 갖추어가는 것을 뜻하는데, 우리의 정신이 어떤 것에 대해 알게 되는 것을 뜻한다.

159 엔트로피와 관련해서 위너의 정보 개념=사이버네틱스의 정보 개념과 셰넌의 정보 개념=수학적 정보 개념은 반대로 나타난다. 사이버네틱스에서 정보는 엔트로피에 맞서는 것으로 엔트로프의 역함수(1/엔트로피)이지만, 정보이론에서 정보는 엔트로피가 클수록 큰 것으로 정보=엔트로피이다.

160 헤일즈에 따르면 수학적 정보 개념의 확립과 정보기술의 발달은 인간을 특수한 정보처리기계로, 그리고 정보기계를 특수한 인간으로 파악하도록 한다(Hayles, 1996: 21-24). 이런 의미에서 정보기술의 발달은 단지 기계의 개발이 아니라 인간 자체의 재구성과 관련된 심각한 기획이 된다.

161 '탈인간'(post-human)의 실체는 '반인간'(anti-human)인가? 탈인간이 인간의 '본성'을 부정하고 폐기하는 것이라면 당연히 그렇다. 인간은 40억년이 넘는 참으로 장구한 시간에 걸쳐서 이루어진 자연의 진화를 통해 나타난 생물이다. 인간이 무엇을 만드는 것을 진화로 파악하는 것은 완전히 잘못이다. 인간은 진화를 통해 여러 복잡한 기계들을 만들 수 있는 능력을 갖게 된 특이한 생물이다. 그런데 그 결과로 인간은 멸종되고 기계들이 지구를 지배하게 될 수도 있다. 이런 변화가 인간이 기계로 진화한 것인가? 전혀 그렇지 않다. 자연의 진화와 인간의 제작을 구분할 줄 모르는 엉터리 인식으로 세상을 혼란케 하고 인간의 멸종을 부추기는 것은 그저 인간의 적일 뿐이다.

162 실제로 위너 자신은 인간의 소통을 기계의 소통보다 훨씬 복잡한 것으로 파악하고 사이버네틱스를 인간의 소통으로까지 확장하는 것을 거부했다. 이 점에서도 위너의 반엔트로피의 정보 개념은 샤논의 수학적 정보 개념과 구분된다. Everett Rogers(1986 : 128)를 참조.

163 '새로운 신, 동일한 신이 이미 미래의 〈대양〉에서 떠오르고 있으며 인간은 사

라질 것'(Foucault, 1966: 438)이라는 푸코의 주장은 개념적 재구성을 넘어서 사이버네틱스의 발달 속에서 물질적으로 실현되고 있는 것인지도 모른다.

164 '가상현실'이라는 말 자체는 프랑스의 극작가 앙토냉 아르토(Antonin Artaud)가 극장의 환상적 특성을 뜻하기 위해 1938년에 처음으로 썼다. '가상'(virtual)이라는 말이 소프트웨어의 작용을 뜻하기 위해 처음 사용된 것은 1959년이다. Wikipedia의 virtual reality 참고.

165 우리의 두 눈은 약간의 시각차를 갖고 있고, 뇌가 두 눈의 시각 정보를 합쳐서 입체로 인식한다. 이 사실을 이용해서 두 눈의 시각차를 고려한 동영상을 만들어서 두 눈에 직접 보이게 하면 뇌는 그것을 입체로 인식한다. 가상현실 기술은 우리의 감각과 두뇌를 속이는 기술이다.

166 비트루비우스(Vitruvius, BC. 1세기 경)는 고대 로마 공화국의 건축가로『건축 10서』라는 고대 로마의 건축 기술을 종합한 책을 썼다. 이 책에서 그는 인체의 비례를 신전의 건축에 적용해야 한다고 주장했는데, 다 빈치(Leonardo da Vinci, 1452 – 1519)는 1490년에 비트루비우스의 주장을 실측해서 이 '인체 비례도'를 그렸다.

167 증강현실이라는 말은 1990년에 보잉 사의 연구원이었던 톰 코델(Tom Caudell)이 처음 썼다.

168 다모클레스는 기원전 4세기 시칠리아 시라쿠사의 군주의 측근이었다. 어느 날 이 군주가 다모클레스를 호화 연회에 초대해서 한 올의 말총으로 매달아 놓은 칼 아래에 앉게 했다. 권좌가 언제나 이렇게 위험한 자리라는 것을 알게 하기 위해서였다.

169 그 시초는 1960년에 모튼 하일리그(Morton Heilig)가 개발한 Telesphere Mask이다.

170 사이버공간은 공간처럼 느껴지나 공간이 아니라는 의미에서 '사이비공간'이라고 할 수 있다.

171 물론 이것은 인지적 차원에 한정되는 것으로, 인간의 인지가 상당히 기계적인 방식으로 이루어진다는 것을 함축한다. 사이버네틱스는 이것을 넘어서는 인간의 기계화와 기계의 인간화를 추구한다. 육백만불의 사나이와 같은 보철인,『뉴로맨서』의 주인공인 인공두뇌들이 그 예이다.

172 이에 대해서는 1994년의 치정 영화 '폭로(Discloser)'에서 사실적으로 잘 제시됐다. 1995년의 SF 영화 '코드명 J'는 스토리와 이미지가 다 풍성한 좋은 영화인데, 새로운 인터페이스로서 가상현실 기술도 사실적으로 잘 제시됐다.

173 컴퓨터를 작동시키기 위해 전선을 직접 구멍에 꽂아서 컴퓨터의 회로를 만드는 판이다.

174 30년이 넘게 지났어도 가상현실 인터페이스는 여전히 확산되지 않았다. 양안밀착 모니터가 대표적이지만 가상현실의 이용에 여러 제약이 있기 때문이다. 가상현실은 보편적 인터페이스가 될 수 없다. 가상현실은 인간의 동작과 컴퓨터의 반응에 시차가 있어서 두통과 구토를 유발할 수 있다. 이 시차는 양자 컴퓨터가 실현되어야 없앨 수 있다. 그러나 양자 컴퓨터는 참으로 환상적 컴퓨터다.

175 이 글에서 스프링은 제어권을 둘러싼 인간과 컴퓨터의 관계, 컴퓨터가 묘사하는 현실, 참여자가 느끼는 현실감의 정도라는 세가지 기준을 통해 가상현실을 정의하는 데, 이 기준들은 분석적으로 상당히 유용하다고 생각된다.

176 키티 호크(Kitty Hawk)는 미국 노스캐롤라이나 주의 소도시로서 1903년 12월 17일 라이트 형제(형 윌버, 동생 오빌)가 세계 최초의 동력 비행에 성공한 곳이다.

177 이른바 '가상현실의 식민화'이다. 이 글의 번역은 홍성태 엮음(1996)의 257-304쪽을 참조.

178 정확히 말하자면 이 세계는 물질(material)로 이루어져 있고, 물질은 매질(matter), 힘(energy), 정보의 세 속성을 갖고 있다. 아인슈타인(Albert Einstein, 1879~1955)이 상대성 이론으로 밝혔듯이, 힘과 매질은 교환될 수 있으나($E=mc^2$), 정보는 그 표현이기 때문에 그렇게 될 수 없다.

179 위너는 정보와 물질을 혼동하지 않도록 경고하는 한편, 물질의 수송과 메시지의 수송이 일치할 가능성에 대해 논하였다. 이론적으로 말해서 전보와 같은 정보전달과 예컨대 생체의 정보전달은 다른 것이 아니기 때문에, 정확한 정보전달만 이루어진다면 생체의 재건조차 가능할 수 있다는 것이다. 그러나 위너가 여기서 강조하고자 하는 것은 메시지의 전달이 통신의 기초라는 점이지, 정보의 전달을 통해 물질이나 생체를 재건할 수 있다는 것이 아니다. 논리적 가능성을 따지면서 위너

는 통신의 중요성과 메시지의 전달이 갖는 의미를 부각시키고자 했던 것이다. Wiener(1950)의 제5장 메시지로서의 생물체를 참조.

180 슈퍼 빅 데이터를 초고속으로 처리할 수 있는 초고성능 컴퓨터와 사물 인터넷(IoT)이 이 체계의 기본이다.

181 블록(block)은 본래 나무토막을 뜻했는데, 지금은 보통 벽돌과 같은 사각형 육면체를 뜻한다. 블록체인은 특정한 정보 뭉치들이 연쇄되어 있는 것이다. 참여자들이 모든 거래/활동 정보(블럭)을 계속 공유(체인)해서 누구도 위변조할 수 없게 하는 것이다.

182 cryptocurrency의 번역으로 돈처럼 활용되는 디지털 정보이다. 이 점에서 암호화폐보다 암호통화가 더 적합하다. 가상화폐(virtual money, virtual currency)는 가상공동체에서 쓰이는 것으로 암호통화와 다르다. 한국에서는 다 아울러서 '가상자산'(virtual asset)으로 공식화했다.

183 비트코인은 개인들이 위변조를 막고 안정적 거래를 할 수 있는 정보통신 기술을 제시했다. 그러나 실제 거래에는 여러 불편이 있다. 비트코인의 가격이 폭등한 것은 실제 필요에 의한 것이 아니라 투기에 의한 것이다.

184 프라임은 우량을, 서브프라임은 비우량을 뜻한다. sub는 '아래'를 뜻하는 접두어다. 모기지는 부동산에 설정되는 저당권을 뜻한다. '서브프라임 모기지 론'은 '비우량 주택 담보 대출'로 주택 담보 대출에서 심사를 통과하지 못하거나 신용 등급이 낮은 사람들을 대상으로 한 대출이다. 이런 대출은 위험이 크고, 따라서 이자율이 높게 책정된다. 경제가 안정적일 때는 금융회사가 큰 돈을 벌 수 있지만 경제가 불안정해지면 금융회사가 파산할 수 있다. 부시 비리 정부(2001.1.~2009.1.) 때 이 문제가 쌓여서 '서브프라임 사태'가 터졌다. 이 엄청난 금융 위기에 대응해서 공동체 운동과 비정부 운동이 확대되었다. 이런 거대한 위기를 배경으로 공동체 연구의 대표자였던 엘리너 오스트롬 교수가 2009년에 노벨 경제학상을 받았고, 2009년 1월에 최초의 비트코인이 발행되어 디지털 기술을 통한 경제의 탈중앙화를 촉구하게 되었다.

185 자신을 1975년 생의 일본인이라고 주장했지만 그 정체는 아직까지 밝혀지지 않았다. 개인이 아니라 여러 명의 모임일 가능성도 있다. 발행자로서 가장 많은 비트코인을 갖고 있는데, 비트코인의 가격이 급등해서 2022년 현재 세계 15위의 부자로

추정된다.

186 나카모토는 2007년부터 비트코인을 개발하기 시작했다. '서브프라임 사태'는 금융기관의 안전성과 투명성을 믿을 수 없게 했고, 비트코인은 이에 대한 최상의 대안으로 제시되기도 한다. 그러나 실제 화폐로 기능하기에는 암호화폐는 적절하지 않다.

187 영국에서 미국으로 이주한 시카고 대의 경제학자 로널드 코스(Ronald Coase, 1910~2013)가 제창한 경제학으로 거래비용의 처리를 경제 활동의 기본으로 파악한다. 그는 1937년에 발표한 '기업의 본성'(The Nature of the Firm)이라는 논문에서 이에 대해 처음 제시했고, 그 공로로 1991년에 노벨 경제학상을 수상했다.

188 이것은 개인정보보호법과 상충되는 것으로 2022년 개인정보보호법의 시행령을 개정했다.

189 이런 변화에 대응해서 한국은 2020년에 '국가 정보화 기본법'을 '지능 정보화 기본법'으로 전면 개정했다.

190 미국에서는 지식경제(마흐럽, 1962), 지식사회(피터 드러커, 1969), 탈공업사회(다니엘 벨, 1973) 등의 개념이 제시됐고, 일본에서는 정보산업(梅棹忠夫, 1973), 정보사회(増田米二, 1968), 정보화사회(林雄二郎, 1969) 등의 개념이 제시됐다. 정보사회라는 말은 일본에서 만들어져서 information society로 영역되어 세계로 퍼졌다. Crawford(1983), ja.wikipedia.org/wiki/情報化社会 등을 참고. 한편 지식정보사회라는 말은 단편적 정보가 아니라 체계적 지식이 정보사회를 주도하는 것이라는 뜻을, 지능정보사회라는 말은 지능기계가 정보사회를 주도하는 것이라는 뜻을 담고 있다. 그러나 지식이건 지능이건 사실 정보사회의 한 속성일 뿐이다.

191 여기서 매체는 전자 기술을 활용한 '전자 매체'를, 더 정확히는 '디지털 전자 매체'를 뜻한다.

192 정보기술 분야의 초거대 기술 기업들(Big Techs, Tech Giants)로 '빅 4' 또는 '빅 5'가 제시된다. '빅 4'는 구글, 아마존, 페이스북(메타), 애플이고, '빅 5'는 여기에 마이크로소프트가 더해진다. 전자는 GAF(M)A, 후자는 GAF(M)AM로 머릿글자를 모아서 부르기도 한다. 여기서 구글, 메타, 애플은 깊이 연관되어 있다. 메타는 애플의 아이폰, 구글의 안드로이드폰을 주요 기기로 해서 사용된다. 메타는 아이폰과 안드로이드폰의 이용자 정보를 제공받아 광고 사업에 활용했다. 그런데 애플은 하드

웨어 전문업체로서 이런 이용자 정보 활용에 대해 스티브 잡스부터 큰 '반감'을 갖고 있었다. 2018년에 애플의 팀 쿡은 개인정보의 경제적 활용을 '군산복합체'에 비유해서 '데이터산업복합체'로 비판하기도 했다. 유럽연합은 2018년 5월부터 '유럽연합 일반 데이터 보호 규칙'(General Data Protection Regulation, GDPR) 법을 시행했다. 이에 따라 2021년 4월 애플은 '앱 추적 투명성'(ATT) 제도를 채택했다. 이어서 2022년 2월 구글은 '프라이버시 샌드박스'의 도입을 천명했다. 이로써 메타는 순도 높은 개인정보의 활용이 크게 제약됐고, 이 변화로 메타의 광고 매출은 격감하게 되었다. 메타가 메타버스의 개발에 몰두하는 것은 자체적으로 가입자 개인정보를 확보하기 위해서이기도 하다. 그러나 메타가 추구하는 발전된 메타버스의 개발이 기술적으로 대단히 어려운 것이어서 메타의 계획은 막대한 개발비만 소모하는 상태에 있다. 2018년의 '케임브리지 애널리카 사태'(CA 사태)는 페이스북의 악용과 사민권 침해를 확연히 밝혔는데, 사실 메타버스는 더욱 더 커다란 사민권 침해의 우려를 안고 있다. 애플과 구글이 개인정보 보호의 강화를 시행하고 있지만 두 기업이 개인정보 보호를 확실히 보장하는 것은 아니다(최진홍, 2022).

193 메타버스의 기술적 기본은 가상현실로 양안 밀착형 모니터가 필수적이다. 그런데 이것이 메타버스의 결정적 약점이다. 가상현실을 경험하기 위한 양안 모니터인 메타의 Quest에 대해 애플의 Vision Pro가 적극 맞서기 시작했다. 둘 다 수백만원의 비싼 장비로 결코 쉽게 쓸 수 없다. 본질적인 문제는 가상현실이 두통, 어지럼증 등을 일으키기 때문에 가상현실을 오래 경험할 수 없다는 것이다. 이 점에서 메타버스는 분명히 몽상적인 것이다. 메타버스는 가상현실이기 때문에 일반적인 소통 방식이 될 수 없다. 주커버그가 여기에 전적으로 매달렸던 것은 대단히 이상한 것이었다. 주커버그가 인공지능의 위험을 완전히 무시하는 것은 더욱 더 이상하고 잘못된 것이다.

194 울리히 벡은 위험사회에 대응하기 위해 하위정치, 즉 시민운동을 크게 강조했다. 그러나 제도정치가 바로 서지 않으면 결국 어떤 개혁도 이루어지지 않는다. 입법이 올바로 이루어지더라도 사법이 엉터리면 법률은 무용한 것이 되고 만다. 사법을 바로 세우는 입법이 필수적이고, 이를 위해 정치 개혁이 결정적 중요성을 갖고, 다시 이를 위해 언론 개혁이 전제적 의미를 갖는다. 독일은 나치의 척결을 기본으로 한 정치 개혁과 언론 개혁으로 선진국이 될 수 있었다. 우리는 독일을 참으로 열심히 따라해야 한다.